DIE DONAU

KULTURSCHÄTZE AN EINEM EUROPÄISCHEN STROM

BERNHARD SCHÜTZ · AUFNAHMEN VON ACHIM BUNZ

DIE DONAU

KULTURSCHÄTZE AN EINEM EUROPÄISCHEN STROM

HIRMER

INHALT

EINLEITUNG

Der Rhein und die Donau: Diese beiden großen Ströme haben wie Vater und Mutter die Länder von der Nordsee bis zum Schwarzen Meer genährt und werden sie auch weiterhin nähren. Am Schwarzwald und Bodensee kommen sie sich bis auf wenige Kilometer nahe. Gemeinsam bilden sie über knapp 4 200 Kilometer die längste und wichtigste Lebensader Europas, wobei sie Mitteleuropa und Südosteuropa auf natürliche Weise verbinden. Die Fließrichtung ist jedoch entgegengesetzt. Der Rhein fließt, so wie die meisten anderen mitteleuropäischen Ströme auch, hauptsächlich in Süd-Nord-Richtung, die Donau aber als einziger im Wesentlichen von Westen nach Osten. Sie ist nach der Wolga (3 688 km) mit etwa 2 850 km der zweitlängste europäische Strom, mehr als doppelt so lang wie der Rhein, der mit 1 320 km in Europa Rang elf einnimmt.

Am Rhein gibt es sechs Anrainerstaaten, doch gilt er spätestens seit der Romantik, die sogar, initiiert von reisenden Engländern, eine besondere »Rheinromantik« hervorgebracht hat, als der deutsche Strom schlechthin, als Lebensader deutscher Geschichte und Hort deutscher Kultur.

Die Donau hingegen ist nicht nur in der Fließrichtung dem Rhein entgegengesetzt. Sie war immer schon der Strom vieler Völker. Auf der heutigen politischen Landkarte durchfließt oder berührt sie nicht weniger als zehn Staaten: Deutschland, Österreich, die Slowakei, Ungarn, Kroatien, Serbien, Bulgarien, Rumänien, Moldawien und die Ukraine. Vier Hauptstädte liegen an der Donau: das österreichische Wien, das slowakische Bratislava (Pressburg), das ungarische Budapest und das serbische Belgrad.

Über mehr als ein Drittel ihrer Länge ist die Donau zwischen den Staaten der Grenzfluss: zuerst zwischen der Slowakei und Ungarn (153 km), dann ein kurzes Stück zwischen Kroatien und Serbien. Für Rumänien bildet sie die Südgrenze, zunächst gegen Serbien, dann gegen Bulgarien (zusammen etwa 400 km), und zuletzt ist sie Rumäniens Nordgrenze gegen Moldawien, allerdings nur über 950 m, und gegen die Ukraine (168 km).

Zahlreicher als die modernen Staaten sind die Völker und Volksgruppen, die im mittleren und unteren Donaugebiet leben und gelebt haben. Hier herrschte immer ein buntes, oft kleinteiliges Gemisch der Völker, Sprachen und Konfessionen. Insgesamt lassen sich um die 40 verschiedene Volksgruppen zählen.

Diese Vielfalt führte dazu, dass es in allen Staaten der mittleren und unteren Donau bedeutende ethnische Minderheiten gibt, was immer wieder Spannungen mit der Mehrheit der Bevölkerung zur Folge gehabt hat. Weitere Spannungen, sogar kriegerische Konflikte ergaben sich naturgemäß durch die vielen Grenzsituationen. So kam es, dass der mittlere und untere Donauraum bis heute ein ständiger Unruheherd geblieben ist. Noch 1991 wurde die kroatische Donaustadt Vukovar von serbischen Milizen dem Boden gleichgemacht, und 1999 zerstörte die Nato alle serbischen Donaubrücken mit Ausnahme der Pačevo-Brücke in Belgrad. Ein Unruheherd wird die Region wegen der Minderheitenprobleme und einiger ungeklärter Gebietsansprüche wohl auch bleiben.

An den Ufern der Donau kann man alte Städte und Klöster, Burgen, Schlösser und Festungen in so reicher Vielfalt und schneller Folge erleben, als hätten sich hier Geschichte und Kultur verdichtet. Geprägt wurde die Baukunst zunächst von der Spätgotik, dann vom Barock. In der Spätgotik entstanden zahlreiche Stadtpfarrkirchen, zumeist stattliche Hallenkirchen mit Gewölben, die in großer Vielfalt phantasievolle, bisweilen hochvirtuose Rippenfigurationen aufweisen. Die stolzesten Monumente der gotischen Architektur an der Donau sind die Türme des Ulmer Münsters und des Wiener Stephansdoms. Sie zählen zu den höchsten Kirchtürmen der Welt und fassen wie alles überragende Wahrzeichen die Kulturlandschaft des deutschen und österreichischen Donauraums am Anfang und Ende ein. Im Barock entfaltete sich nach dem 30-Jährigen Krieg und der Vertreibung der Türken eine beispiellose Baukonjunktur, die aus der Donauregion letztendlich ein Barockland gemacht hat. Die Konjunktur bereitete den Architekten einen fruchtbaren Boden, in den Städten genauso wie bei den Klöstern und Schlössern auf dem Lande. Kaum ein Kloster, das damals nicht neu gebaut hätte, oftmals in Form repräsentativer Klosterschlösser in Dimensionen, wie sie bis dahin kaum vorstellbar gewesen waren. Österreich entlang der Donau wurde mit seinen Stiften, die wie herrscherliche Residenzen anmuten, zu einem wahren Klösterreich, und das bayerische Donaugebiet stand dem nur wenig nach.

In Bayern und Österreich war der Barock die Zeit großer Architekten von ausgeprägter künstlerischer Eigenart: in Bayern die Brüder Cosmas Damian und Egid Quirin Asam, weiterhin Johann Michael Fischer und Dominikus Zimmermann, in Oberösterreich Johann Michael Prunner, Jakob Prandtauer und Matthias Steinl, in Wien die in den Adelsstand erhobenen Johann Bernhard Fischer von Erlach und Lukas von Hildebrandt. In gegenseitiger Konkurrenz spornten sie alle sich zu Höchstleistungen an und wurden dabei gelegentlich zu scharf voneinander abgegrenzten Antipoden wie Fischer von Erlach und Hildebrandt, aber auch der bayerische Fischer und Zimmermann, selbst die Brüder Asam untereinander. In diesem lebendigen Klima entwickelten die Architekten eine nie versiegende Gestaltungskraft, die durchgängig die Gewähr für hohe und höchste baukünstlerische Qualität bot.

Das gilt jedoch nur für den oberen Teil der Donau bis Wien und, etwas eingeschränkt, noch bis Budapest. Ab hier ändert sich das Bild. Der mittlere und untere Lauf sind zwar landschaftlich von hohem Reiz wie z. B. der Durchbruch des Eisernen Tors oder das Mündungsdelta, bleiben aber kulturgeschichtlich wenig ergiebig, allein schon wegen der Zerstörungen in den zahllosen Kriegen wie z. B. in Belgrad, das von allen europäischen Städten am häufigsten in Schutt und Asche gelegt worden ist. Da dieses Buch im Donauraum vor allem die großen Leistungen der Kunstgeschichte zusammenfassend vorstellen will, konzentriert es sich folgerichtig auf den oberen Teil bis Budapest.

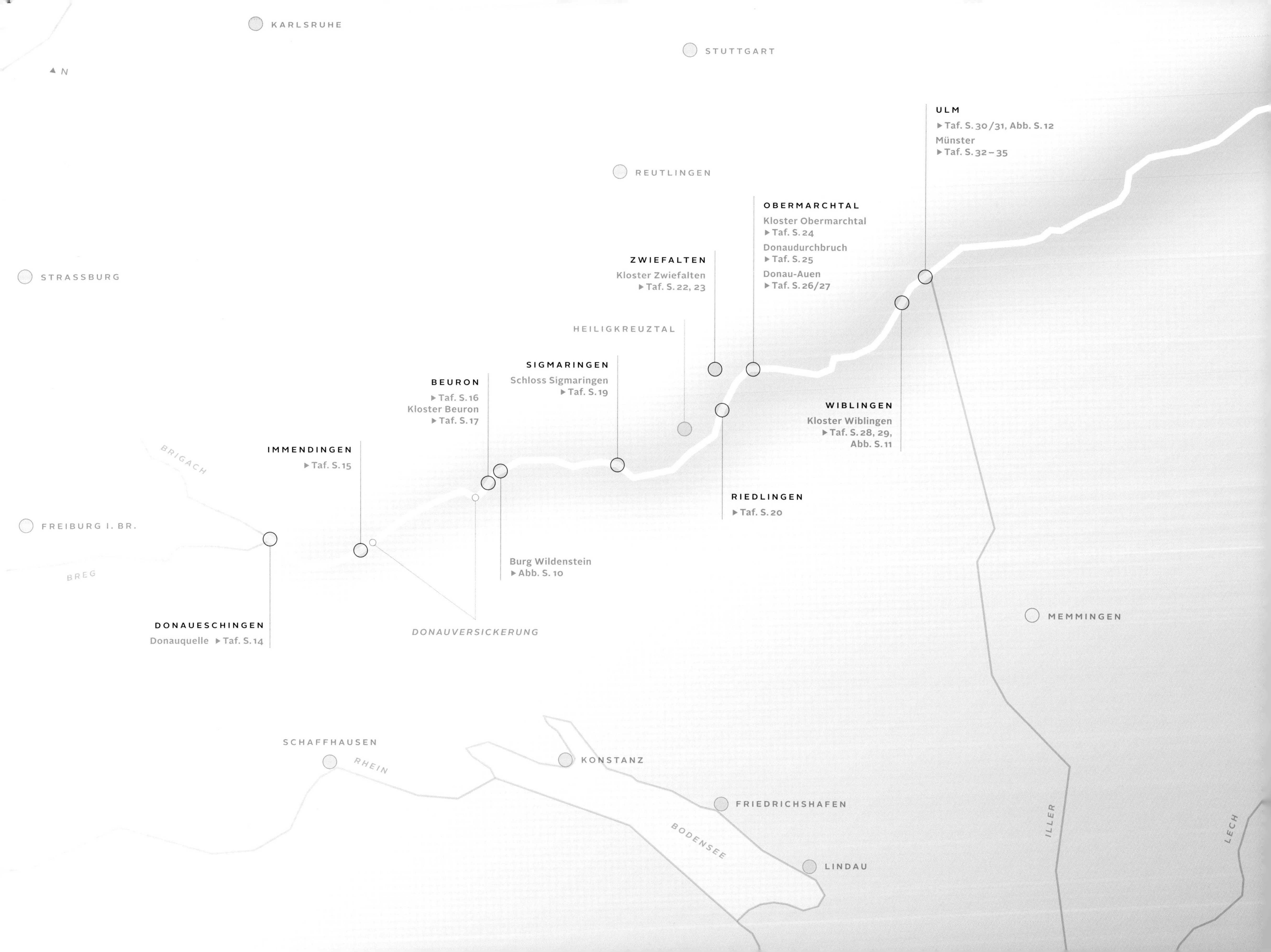

KARLSRUHE
STUTTGART
N
ULM
▸ Taf. S. 30/31, Abb. S. 12
Münster
▸ Taf. S. 32–35
REUTLINGEN
OBERMARCHTAL
Kloster Obermarchtal
▸ Taf. S. 24
Donaudurchbruch
▸ Taf. S. 25
Donau-Auen
▸ Taf. S. 26/27
ZWIEFALTEN
Kloster Zwiefalten
▸ Taf. S. 22, 23
STRASSBURG
HEILIGKREUZTAL
SIGMARINGEN
Schloss Sigmaringen
▸ Taf. S. 19
BEURON
▸ Taf. S. 16
Kloster Beuron
▸ Taf. S. 17
WIBLINGEN
Kloster Wiblingen
▸ Taf. S. 28, 29,
Abb. S. 11
BRIGACH
IMMENDINGEN
▸ Taf. S. 15
RIEDLINGEN
▸ Taf. S. 20
FREIBURG I. BR.
Burg Wildenstein
▸ Abb. S. 10
BREG
MEMMINGEN
DONAUESCHINGEN
Donauquelle ▸ Taf. S. 14
DONAUVERSICKERUNG
SCHAFFHAUSEN
RHEIN
KONSTANZ
FRIEDRICHSHAFEN
BODENSEE
ILLER
LECH
LINDAU

DONAUESCHINGEN ——— ULM

DONAU

SALZACH

ISAR

INN

Als Ursprung der Donau gilt seit dem römischen Feldherrn Tiberius, der im Jahre 15 v. Chr. zusammen mit Drusus die Provinzen Raetien und Noricum eroberte, die Quelle im heutigen Donaueschingen ▸ **Taf. S. 14.** 1875 wurde sie von Adolf Weinbrenner architektonisch gefasst, und 1896 kam eine Skulpturengruppe von Adolf Heer dazu. Sie stellt dar, wie Mutter Baar, also die Landschaft um Donaueschingen, der jungen Donau den Weg nach Osten weist. Hinter dem Schlosspark von Donaueschingen treffen zwei Quellflüsse auf die hier noch völlig unscheinbare Donau: die Brigach und die Breg, die beide im Schwarzwald entspringen und hier schon über 40 km lang sind. »Brigach und Breg bringen die Donau zuweg«, sagt der Volksmund, ein ähnlicher Fall wie bei der Fulda und Werra, den beiden Quellflüssen der Weser. Eine Inschrift vermerkt, bis zum Meer seien es 2 840 km und über dem Meer 678 m. »Deine Wasser tragen Erinnerungen und Hoffnungen von Millionen von Europäern«: Diesen Satz ließ hier die Ukraine anbringen, und Serbien verneigt sich mit der Inschrift: »Donau. Du große Majestät«.

Die junge Donau erreicht bald die westlichen Ausläufer der Schwäbischen Alb. Hier bietet sich in trockenen Sommermonaten ein einzigartiges Naturschauspiel: die »Donauversickerung«. Das Wasser verschwindet an mehreren Stellen im Untergrund, und das Flussbett liegt trocken, manchmal wochenlang. Das Wasser fließt, was erst 1877 mithilfe von eingeleitetem Kochsalz erwiesen worden ist, unterirdisch durch das löcherige Kalkgestein des Weißen Jura und tritt südlich in 14 km Entfernung nach 30 bis 60 Stunden im etwa 180 m tiefer gelegenen »Aachtopf« wieder hervor, der größten Quelle Deutschlands und Ursprung der Hegauer Aach (Ache), die in den Bodensee mündet und somit das ursprüngliche Donauwasser letztendlich dem Rhein zuführt. Normalerweise, insbesondere nach der Schneeschmelze und nach starken Regenfällen, ist das Flussbett jedoch so gut gefüllt, dass das Wasser nur zu einem kleinen Teil von dem unterirdischen System aufgenommen werden kann. Dann nimmt der Besucher von der Versickerung gar nichts wahr; die Donau strömt schnell darüber hinweg ▸ **Taf. S. 15.**

Nach den Versickerungen fließt die junge Donau mit zahlreichen Kurven und Kehren bis zur Stadt Sigmaringen durch ein enges, von Felsen umstandenes Tal ▸ **Taf. S. 16.** Hier hat sie sich ihren Weg bis zu einer Tiefe von 200 m durch das Kalkgestein der Schwäbischen Alb gebahnt. Die steil aufragenden, manchmal von einer Burg bekrönten Felsen inmitten von Wäldern machen diesen Teil des Donautals zu einer malerischen, besonders reizvollen Flusslandschaft, in deren Mitte die benediktinische Erzabtei Beuron liegt.

Dann passiert die Donau in Nord-Ost-Richtung den Rand der Schwäbischen Alb, bis sie bei Kloster Obermarchtal noch einmal die Alb in einem kurzen, tief eingeschnittenen Felsental ▸ **Taf. S. 25** durchbricht und schließlich bis Ulm ihren Weg in einem flacheren Becken nimmt ▸ **Taf. S. 26/27.** Der ursprüngliche Verlauf von Ehingen bis Ulm war jedoch das in einem weiten Bogen nach Norden bis Blaubeuren ausgreifende Tal der Flüsschen Schmiech und Blau. Erst nach den Eiszeiten schuf sich die Donau den heutigen kürzeren Verlauf.

Kurz vor Ulm nahe dem Kloster Wiblingen mündet die Iller in die Donau, ein wasserreicher Fluss aus den Allgäuer Alpen, der mit 165 km kürzer als die bis hierhin 262 km lange Donau ist, aber etwa doppelt so viel Wasser führt und entsprechend breiter ist. Hier endet die »junge« Donau. Ab Ulm, von wo aus der Fluss schiffbar ist, bis zur Grenze Österreichs nach Ungarn und der Slowakei spricht man vom »Oberlauf«.

Die Reise donauabwärts beginnt mit **DONAUESCHINGEN**, der Residenzstadt der Fürsten von Fürstenberg, die sich hier bald nach ihrer 1716 erfolgten Erhebung vom Grafen- in den Fürstenstand seit 1723 ein lang gestrecktes Schloss errichten ließen. Dieses steckt als Kern in dem heutigen neubarocken, von einer Kuppel bekrönten Prachtbau, einem Werk des Wiener Architekten Amand Bauqué. Von kulturgeschichtlicher Bedeutung ist der Karlsbau, der 1869 von Theodor Dibold als Museum für die fürstlichen naturwissenschaftlichen Sammlungen errichtet worden ist. Beherrscht wird das Stadtbild von der doppeltürmigen Barockkirche des Prager Architekten Maximilian Franz Kanka, erbaut 1724 bis 1747.

Nicht weit von Donaueschingen folgt die Abtei **BEURON** ▸ **Taf. S. 17**, seit 1887 als Erzabtei Zentrum einer benediktinischen Kongregation. Die Kirche (1732–1738 von Matthäus Scharp) ist ein barocker Wandpfeilerbau mit Emporen. In Beuron gründete der Bildhauer Peter Lenz (1832–1928), als er 1868 von der Fürstin Catherine von Hohenzollern den Auftrag für Bau und Ausstattung einer direkt neben der Donau gelegenen Kapelle zu Ehren des hl. Maurus erhielt, zusammen mit Jakob Wüger die später berühmt gewordene »Beuroner Kunstschule«. Die Künstler traten ins Kloster ein, wo Lenz sich Desiderius und Wüger sich Gabriel nannte. Tief beeindruckt von der altägyptischen Kunst bemühten sie sich programmatisch um die Erneuerung der christlichen Kunst mit den Mitteln einer geometrisch formelhaften Stilisierung in der Fläche, um in strengster hieratischer Feierlichkeit den Eindruck zeitloser Sakralität zu erreichen. Neben der Mauruskapelle ist ein weiteres Hauptwerk der Beuroner Kunstschule die 1899 in byzantinischem Stil errichtete Gnadenkapelle neben der Klosterkirche mit flächendeckender Ausmalung, bei welcher der Künstler Pater Paulus Krebs Goldmosaiken imitierte. Zu Beginn des 20. Jahrhunderts entfaltete die Schule ihre umfangreichste Tätigkeit. Ihre Aktivität reichte bis Montecassino, Prag, Maria Laach und in die Schweiz, selbst bis in die USA und nach Brasilien. Nach 1930 überlebte die Schule sich allmählich selber.

Die kurz hinter Beuron auf zwei schroffen Felsen über dem Donautal steil aufragende **BURG WILDENSTEIN** war einst eine uneinnehmbare Festung der Grafen von Zimmern. Die Stichwiedergabe von Matthäus Merian (1644) übertreibt die Lage der Burg in schwindelerregender Höhe allerdings dramatisch, insbesondere was den im Burggraben stehenden Riesenpfeiler betrifft, der die beiden Brücken trägt ▸ **Abb. rechts.**

Burg Wildenstein bei Beuron, Stich von Matthäus Merian, 1644

SIGMARINGEN am Ende des Durchbruchtales der Donau war historisch bedeutsam als Residenzstadt der katholischen Linie der Hohenzollern, die 1632 in den Reichsfürstenstand erhoben wurde. Das kleine Fürstentum erhielt 1806 aufgrund privater Beziehungen zu Napoleon volle landesherrliche Souveränität, die jedoch 1850 an die preußische Linie der Hohenzollern, aus der seit 1871 die letzten drei deutschen Kaiser hervorgehen sollten, abgetreten wurde. Prinz Karl (Carol) von Sigmaringen wurde 1866 zum Fürsten von Rumänien gewählt und 1881 zum rumänischen König proklamiert. Er regierte dort bis zu seinem Tode 1914.

Das große Schloss auf einem Felsen direkt über der Donau ist ein Konglomerat unterschiedlicher Teile vom späten 15. bis ins 18. Jahrhundert ▸ **Taf. S. 19**. Die heutige Erscheinung erhielt das Schloss nach einem Brand des Jahres 1893 durch den romantisierenden Wiederaufbau, den 1895 Hofbaumeister de Pay begann und danach Emanuel von Seidl aus München, einer der führenden süddeutschen Villen- und Schlossbaumeister des Historismus, 1900 bis 1906 fortsetzte.

Kurz vor der Fachwerkstadt **RIEDLINGEN**, die sich in vielfacher ansteigender Staffelung am Hang des Donauufers aufbaut ▸ **Taf. S. 20**, liegt etwas abseits das ehemalige Zisterzienserinnenkloster **HEILIGKREUZTAL**, eine gut erhaltene spätgotische Anlage, die im Wesentlichen aus dem 15. und 16. Jahrhundert stammt. Die ältere Kirche, begonnen vor 1315, ist von typisch zisterziensischer Kargheit. Sie enthält zwei kunsthistorisch bedeutende Ausstattungsstücke: das als Zielpunkt der ganzen Kirche in der Ostwand eingesetzte Maßwerkfenster, dessen farbige Verglasung mit Heiligendarstellungen um 1312 in einer Konstanzer Werkstatt entstanden ist, und die berühmte, mit der ursprünglichen Farbfassung erhaltene Christus-Johannes-Gruppe von etwa 1320, ein Bildwerk der sog. Johannes-Minne, wie sie zur Zeit der Mystik vor allem in oberdeutschen Frauenklöstern beliebt war, weil sie die von den Nonnen angestrebte mystische Vereinigung mit Christus vor Augen führte.

Hoch über dem linken Ufer der Donau bei Riedlingen hat sich aus der Eisenzeit der stellenweise über 10 m hohe Ringwall der **HEUNEBURG** erhalten, eines Fürstensitzes wohl des 8. Jahrhunderts v. Chr., dessen Wall um 550 v. Chr. durch eine Lehmziegelmauer auf Steinfundament verstärkt wurde. Diese Mauer samt dem zur Donau gerichteten Tor ist heute über eine Länge von 80 m rekonstruiert. In direkter Nachbarschaft zur Heuneburg ragen zudem zwei große Hügelgräber auf. In dieser Region wurden in jüngster Zeit 18 weitere Siedlungen der Eisenzeit entdeckt.

In einem Seitental links der Donau kurz hinter Riedlingen stifteten 1089 die kinderlosen Grafen Kuno und Luitpold von Achalm das Benediktiner-Priorat **ZWIEFALTEN**. Wenig später wurde dieses zum Kloster erhoben und schloss sich der Hirsauer Reform an. Die 1109 geweihte Kirche, die Abt Wilhelm von Hirsau selber geplant haben soll, war eine große Säulenbasilika Hirsauer Prägung mit Querhaus, ausgeschiedener Vierung und einem platt schließenden Sanktuarium, dem sich seitlich je ein Nebenraum anschloss. Eine erste Blütezeit war das 12. Jahrhundert. Damals lebten 70 Priestermönche und 150 Laienbrüder im Kloster, das mit dieser Konventstärke eines der größten in Süddeutschland war. Im Skriptorium betrieben Mönche die Buchmalerei und in den Werkstätten die Goldschmiedekunst.

Nach dem 30-Jährigen Krieg wurde das ganze Kloster neu errichtet. Zuerst entstanden die Klostertrakte. Man begann sie nach Plänen von Tommaso Comacio. Dann folgten Vorarlberger Baumeister: 1684 Michael Thumb und 1692 Franz Beer, der später den Adelstitel »von Bleichten« erhielt. Die heutige Kirche wurde 1739 von den Klostermaurermeistern Joseph und Martin Schneider begonnen, doch angesichts der Probleme bei der Einwölbung übergab man den Bau dem renommierten Architekten Johann Michael Fischer aus München, der die Pläne so weit überarbeitete, dass die Kirche als ein »Fischer«-Bau gelten kann. Noch während der Arbeiten wurde die Abtei 1750 reichsunmittelbar.

Die Kirche, ein Wandpfeilerbau mit doppelten Säulen und vorschwingenden Emporen ▸ **Taf. S. 23**, bietet im Inneren trotz der Länge von 96 m einen optisch verkürzten Schauprospekt, der ganz von dem Würdemotiv der Säule aus poliertem farbigem Stuckmarmor bestimmt wird. Die Rokokoausstattung gibt dem Raum zudem einen Ornat von kaum mehr überbietbarer Pracht ▸ **Taf. S. 22**. Am Außenbau vermitteln die typisch schwäbischen Chorflankentürme, die mit 94 m fast so hoch sind wie die Kirche lang ist, und die leicht vorgewölbte Fassade mit ihrer monumentalen Eingangsädikula weithin sichtbar eine Anschauung von Zwiefaltens neu gewonnenem Status einer Reichsabtei. Die Kirche zählt zu den bedeutendsten Bauten des süddeutschen Barock und Rokoko.

10 km von Zwiefalten entfernt durchbricht die Donau in einer Felsenschlucht einen Ausläufer der Alb. Direkt oberhalb der Schlucht wurde im 8. Jahrhundert Kloster **OBERMARCHTAL** gegründet. Dieses ging 1171 an den Prämonstratenserorden über und erlangte um 1500 die Reichsunmittelbarkeit. Seit 1685 entstand östlich der alten Konventsgebäude eine völlig neue schlossartige Klosteranlage nach einem Holzmodell des Michael Thumb. Die Kirche, geweiht 1701, ist als tonnengewölbter Wandpfeilersaal mit Emporen der entscheidende Gründungsbau des sog. Vorarlberger Münsterschemas und fand bei den Kirchenneubauten der oberschwäbischen Klöster bis in die Schweiz große Nachfolge ▸ **Taf. S. 24**.

Vor den Toren Ulms auf der rechten Donauseite folgt eine weitere ehemalige Benediktinerabtei: **WIBLINGEN**, gegründet 1093 und besiedelt von St. Blasien im Schwarzwald. Die Stifter übergaben dem Kloster eine aus dem Heiligen Land mitgebrachte Hl.-Kreuz-Reliquie, und so wurde die Kirche ▸ **Abb. rechts**, eine Säulenbasilika Hirsauer Prägung, zugleich auch Ziel von Wallfahrern. Im 16. Jahrhundert hatte Wiblingen einen hohen Ruf als Ort der Wissenschaften. 1701 fiel das Kloster an Österreich und erhielt die Hohe Gerichtsbarkeit sowie Sitz und Stimme unter den vorderösterreichischen Landständen. 1714 begann Christian Wiedemann aus Elchingen den Bau einer regelmäßigen Klosteranlage mit Eck-

Wiblingen, ehem. Benediktiner-Klosterkirche, Kircheninnenraum und Langhausfresko »Christi Wiederkunft am Jüngsten Tage« von Januarius Zick, 1780

und Mittelpavillons. Der Platz im Zentrum blieb für die Kirche ausgespart. Im nördlichen Trakt wurde um 1740 die Bibliothek eingebaut, künstlerisch ein vollendetes Meisterwerk, das mit elegant geschwungenen Säulengalerien neue Maßstäbe für barocke Bibliotheksräume setzte und wenig später im oberschwäbischen Kloster Schussenried nachgeahmt wurde ▸ **Taf. S. 28, 29.**

Für den Neubau der Kirche lieferte 1757 Johann Michael Fischer aus München Pläne, doch erst 1772, als der süddeutsche Barock bereits zum Klassizismus tendierte, konnte mit dem Bau nach Plänen von Johann Georg Specht begonnen werden. Specht wurde 1778 von dem Kurtrierer Hofmaler Januarius Zick abgelöst, der Maler und Architekt in einem war und zum »Bau- und Verzierungs-Direktor« ernannt wurde. Zick malte auch die vier großen Deckenfresken mit der Legende des Hl. Kreuzes. In der Wiblinger Kirche klingt die große Tradition der barocken Kirchenbaukunst Süddeutschlands aus. Barock und früher Klassizismus verbinden sich in einzigartiger Weise zu einem großräumigen Werk von ausgeprägtem Eigencharakter.

ULM

In Sichtweite zum Kloster erreicht der Fluss auf der linken Seite die ehemalige Freie Reichsstadt **ULM**, deren Wahrzeichen, der Turm des Münsters, die Stadt und das Flussufer gewaltig überragt ▸ **Taf. S. 30/31 und Abb. rechts.** Die Geschichte von Ulm im Mittelalter ist die eines unaufhaltsamen Aufstiegs: Karolingische Pfalz – Hauptstützpunkt der Staufer – Verleihung der Reichsunmittelbarkeit 1274 durch König Rudolf von Habsburg – florierender Handel von der Nordsee bis zur Adria und zum Schwarzen Meer – Führung des Schwäbischen Städtebundes, der 1376 gegen die von Kaiser Karl IV. betriebene Politik der Verpfändung freier Reichsstädte geschlossen wurde – im 15. Jahrhundert Anstieg der Bevölkerungszahl von 9 000 auf 17 000, d. h. Entwicklung zur Großstadt – Erwerb eines umfangreichen reichsstädtischen Territoriums (des zweitgrößten in Süddeutschland nach Nürnberg) – sprichwörtlicher Reichtum (»Ulmer Geld regiert die Welt«) – in der Spätgotik Zentrum des Buchdrucks, des Humanismus und der Künste. Hier wirkten Hans Multscher, Hans Syrlin d. Ä. und d. J., Niklaus Weckmann, Michel und Gregor Erhart, Daniel Mauch, Bartholomäus Zeitblom, Hans Schüchlin und Martin Schaffner. Die Werke Ulmer Künstler waren begehrte Exportartikel und stellten für die Stadt einen nicht unbeträchtlichen Wirtschaftsfaktor dar.

In der Neuzeit stagnierte die Entwicklung. 1803 verlor Ulm den Status einer freien Reichsstadt und fiel 1810 an Württemberg, das auf der rechten Donauseite gelegene Neu-Ulm hingegen an Bayern. Ab 1842 machte der Deutsche Bund Ulm zu einer Festungsstadt. Der mittelalterliche Kern wurde von einer gewaltigen Umwallung umgeben, die fünfmal größer als die mittelalterliche Stadtmauer war und zahlreiche Forts enthielt. Die Luftangriffe 1944/45 zerstörten die Altstadt zu 85 Prozent. Neues Leben brachten die Ingenieursschule und Universität, gegründet 1963 bzw. 1968.

Das Ulmer Münster, das mit etwa 126 m Länge und 52 m Breite nach dem Kölner Dom die zweitgrößte Kirche in Deutschland ist, wurde 1377 begonnen, kaum dass im Schwäbischen Städtekrieg die Belagerung durch Truppen Kaiser Karls IV. erfolgreich abgewehrt war und der Schwäbische Bund unter Ulms Führung 1377 Herzog Ulrich von Württemberg geschlagen hatte. Einen Monat nach dem Sieg erfolgte die Grundsteinlegung. Die bis dahin außerhalb der Mauern gelegene Stadtpfarrkirche, deren Neubau man soeben begonnen hatte, wurde aufgegeben. Der erste Münsterbaumeister Heinrich Parler (tätig bis 1383) plante eine gewaltige Hallenkirche mit drei annähernd gleich breiten Schiffen. Die nachfolgenden Parler Michael (bis 1387) und Heinrich d. J. (bis 1391) gingen dann zum Bau einer Basilika über, die von Ulrich von Ensingen (1392–1419), einem der berühmtesten Baumeister der Gotik, fortgeführt wurde. Gewölbt wurden Chor und Langhaus bis 1471 von Ulrichs Sohn Matthäus und dessen Sohn Moritz ▸ **Taf. S. 33.**

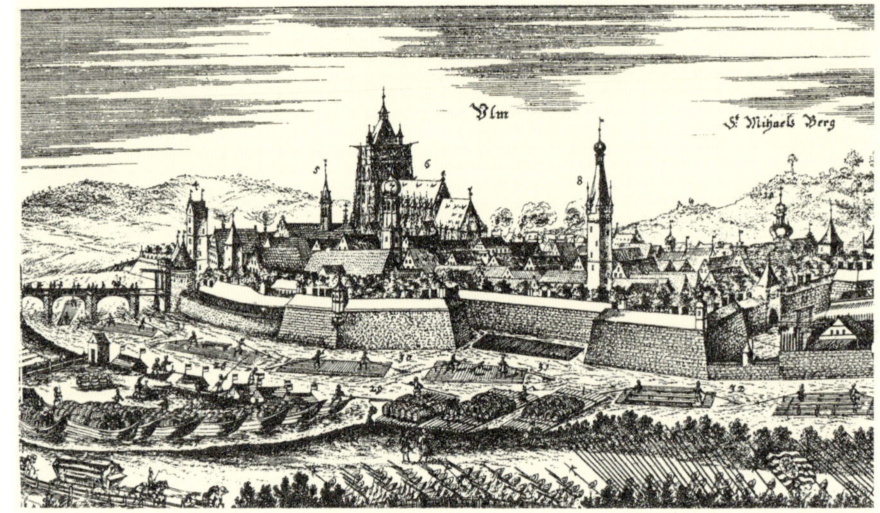

Ulm, Stich von Matthäus Merian, 1644

Ulrich von Ensingen begann zudem den Turmriesen im Westen, der 157 m hoch werden sollte. Auf die Ensinger folgte 1477 Matthäus Böblinger, der den Turmbau nach neuem, eigenem Plan bis ins dritte Geschoss fortsetzte ▸ **Taf. S. 32.** Als es sich 1493 erwies, dass beim Turm die Fundamentierung unzulänglich und die tragende Pfeiler-Bogen-Konstruktion an der Ostseite zu schwach war, was beides noch auf Ulrich von Ensingen zurückging, wurde Böblinger entlassen. Der Augsburger Burkhart Engelberg († 1512), der Meister der dortigen Abteikirche St. Ulrich und Afra, sicherte den Turmunterbau und unterteilte die allzu breiten Seitenschiffe, deren Gewölbe die Mauern auseinander drückten, durch eingestellte hohe Rundpfeiler und zog hier neue Netzgewölbe ein. So wurde aus jedem der Seitenschiffe eine eigene zweischiffige Hallenkirche, ganz im Gegensatz zum steil aufsteigenden, schachtartig engen Mittelschiff mit seinen kargen Hochwänden. Der Umbau durch Engelberg machte die Kirche fünfschiffig. Den Turmbau stellte man 1543 ein ▸ **Abb. oben**, nachdem die Stadt 1530 per Abstimmung evangelisch geworden war.

Vorher hatte man die Kirche ungewöhnlich kostbar ausgestattet. Die vier Langhausportale erhielten in den Tympana figurenreiche Reliefs, die zum Teil von der alten Pfarrkirche übernommen wurden. Für das Westportal mit dreitoriger Vorhalle schufen um 1420/21 Meister Hartmann und seine Werkstatt zahlreiche Statuen des »Weichen Stils«. Herausragend in diesem Zyklus ist der Schmerzensmann vom Mittelpfeiler (heute im Inneren), ein ausdrucksstarkes frühes Meisterwerk des Hans Multscher aus dem Jahre 1429.

Von der Ausstattung des Inneren wurden die Altäre, ehemals um die 60, im Bildersturm 1531 vernichtet. Verschont blieben die Kanzel und das 1462 bis 1471 entstandene Sakramentshaus, eines der prächtigsten überhaupt und mit 26 m Höhe das höchste in Deutschland. Den Bildersturm überstand zudem der Zyklus farbiger Chorfenster, den seit 1385 nach und nach die Zünfte gestiftet hatten. 1480 war er durch zwei neue vorzügliche Fenster aus der Werkstatt des damals führenden, in Straßburg tätigen Glaskünstlers Peter Hemmel von Andlau ergänzt worden, deren silbriger und goldgelber Farbklang sich leuchtend von den stumpferen älteren Verglasungen abhebt.

Weltruhm erlangte das in Eichenholz gearbeitete Chorgestühl mit einem Dreisitz an der Seite zum Mittelschiff und insgesamt 89 Sitzen in zwei gestuften Reihen an den Längsseiten, ausgezeichnet durch reiches Schreinermaßwerk am oberen Abschluss und durch Büsten in drei übereinander angeordneten Reihen: unten an den Wangen der vorderen Sitze befinden sich 16 vollplastische Büsten, die auf der Südseite acht Sibyllen darstellen und auf der Nordseite acht Weise des Altertums: den Dichter Virgil ▸ **Taf. S. 35**, den Philosophen Secundus, den Rhetoriker Quintilian, den Philosophen Seneca, den Geographen Ptolemäus ▸ **Taf. S. 34**, den Dichter Terenz, den Redner Cicero und den Mathematiker Pythagoras. Die Büsten wirken in ihrer prägnanten Lebensnähe alle wie Porträts und bieten eine Gesamtschau unterschiedlicher menschlicher Charaktere. An der Rückwand des Gestühls sind unter Baldachinen im Relief die Büsten von Gestalten des Alten Bundes und zuoberst in den Kielbögen der Baldachine Apostel und Heilige wiedergegeben. Dass die Sibyllen und Weisen der heidnischen Antike den besten Platz erhielten, dürfte auf den frühen Humanismus zurückzuführen sein, der gerade in Ulm, der Stadt des aufblühenden Buchdrucks, gut vertreten war.

Den Auftrag für das Chorgestühl erhielt 1469 Jörg Syrlin d. Ä., nachdem er ein Jahr zuvor mit dem Dreisitz das Probestück abgeliefert hatte. Syrlin signierte und datierte das Werk gleich viermal. 1474 war es vollendet. Die Bildschnitzereien schuf im Wesentlichen Michel Erhart, an den der Unternehmer Syrlin die Arbeit verdingte. Dieselben Künstler fertigten als krönenden Abschluss der Chorausstattung 1473/74 zudem den Hochaltar an. Erhalten blieb ein Altarvisier auf Pergament (Stuttgart, Landesmuseum Württemberg), das mit 2,31 m Höhe erstaunlich groß ist und somit zeigt, welche Bedeutung man dem Werk beimaß. Der Hochaltar ging jedoch wie die übrigen Altäre im Bildersturm 1531 unter. Das Chorgestühl hingegen hatte der Rat unter Schutz gestellt.

Im Zuge der nationalen Begeisterung des 19. Jahrhunderts für die Denkmäler der Vorfahren erhielt das Ulmer Münster, ganz wie eine französische Kathedrale, das äußere Strebewerk, das bis dahin gefehlt hatte, also gar nicht unbedingt nötig war. Alsdann wurden die beiden Osttürme mit Maßwerkhelmen ausgebaut, und zuletzt vollendete August Beyer von 1885 bis 1890 auf der Grundlage des Böblinger-Planes den Westturm. Hierbei verkürzte er gegenüber Böblinger das Turmoktogon um 2 m, streckte aber den Turmhelm von 47 m auf 59 m, was die Proportionen merklich veränderte und, wie man postulierte, verbesserte. Entscheidend dabei war, dass die Gesamthöhe statt der von Böblinger vorgesehenen 151 m nunmehr 161,53 m betrug ▸ **Taf. S. 32**. Die Türme des Kölner Domes, die 156 m hoch sind und 10 Jahre früher hatten vollendet werden können, waren übertroffen. Statt Köln hatte nun Ulm den höchsten Kirchturm der Welt. Um das zu erreichen, waren sogar aus Amerika Geldspenden eingegangen.

Allerdings erreicht die zur selben Zeit für die Weltausstellung 1889 in Paris errichtete Eisenkonstruktion des Eiffelturms mit 300 m fast die doppelte Höhe. Übertroffen wird der Ulmer Münsterturm seit Neuestem vom Minarett der Moschee Hassans II. in der marokkanischen Stadt Casablanca, die 1993 zum 60. Geburtstag des Königs fertiggestellt wurde. Mit 210 m Höhe ist das Minarett derzeit das höchste sakrale Gebäude der Welt. Die Höhenjagd der Türme und Wolkenkratzer hat jüngst mit dem 2010 vollendeten Burj Khalifa in Dubai die Rekordhöhe von 828 m erreicht. Der Tower ist etwa fünfmal so hoch wie der Ulmer Münsterturm.

DIE DONAUSCHWABEN

Im 18. Jahrhundert, insbesondere während der Regierung von Maria Theresia (1717–1780), wanderten Teile der Landbevölkerung von Württemberg, Baden und Bayerisch Schwaben in einige Landstriche Ungarns aus, die infolge der vielen Kriege weitgehend entvölkert waren. Die Neubesiedlung hatte für die innerstaatliche Konsolidierung der Donaumonarchie große Bedeutung, weshalb die Regierung fremde Bauern, vor allem aus Deutschland, ins Land rief. Die Aussiedler fuhren auf breiten, floßartigen Fahrzeugen, den sog. Ulmer Schachteln, donauabwärts und besiedelten als katholische »Donauschwaben« das Banat und kleinere Regionen, z. B. um Fünfkirchen (Pécs), wo die Dörfer heute noch zweisprachig sind, und Neusatz an der Donau (Novi Sad). Der Anteil der ungarisch sprechenden Bewohner an der Bevölkerung sank auf etwas mehr als ein Drittel. Auf den ersten »Schwabenzug« von 1723/26 folgten 1763/73 und 1782/87 zwei weitere. Die Kolonisten machten ihre Gebiete zu Kornkammern der Monarchie und wurden nach schwierigen Anfängen wohlhabend, was zu Spannungen mit den anderen Bevölkerungsteilen führte.

Donaueschingen, Donauquelle
Donau bei Immendingen

Donautal bei Beuron
Erzabtei Beuron

Schloss Sigmaringen

BRILLEN · STÖHR · HÖRGERÄTE

Zwiefalten, ehem. Benediktiner-Abteikirche,
links: Kanzel, »Die Hoffnung und der Glaube erwecken die Toten zum Leben«, Figuren von Johann Josef Christian

Obermarchtal, ehem. Prämonstratenser-Reichsabtei
Donaudurchbruch unterhalb von Obermarchtal

Donau-Auen bei Obermarchtal

Wiblingen, ehem. Benediktiner-Abtei, Bibliothek,
rechts: Allegorie der Geschichtswissenschaft, Holzskulptur von Dominikus Hermenegild Herberger, 1744/45

vorhergehende Doppelseite: Ulm, Stadtpanorama
Ulm, Münster mit Stadthaus, rechts: Kircheninneres

Ulm, Münster, Chorgestühl,
Büsten der Stuhlwangen, links: Ptolemäus, rechts: Virgil

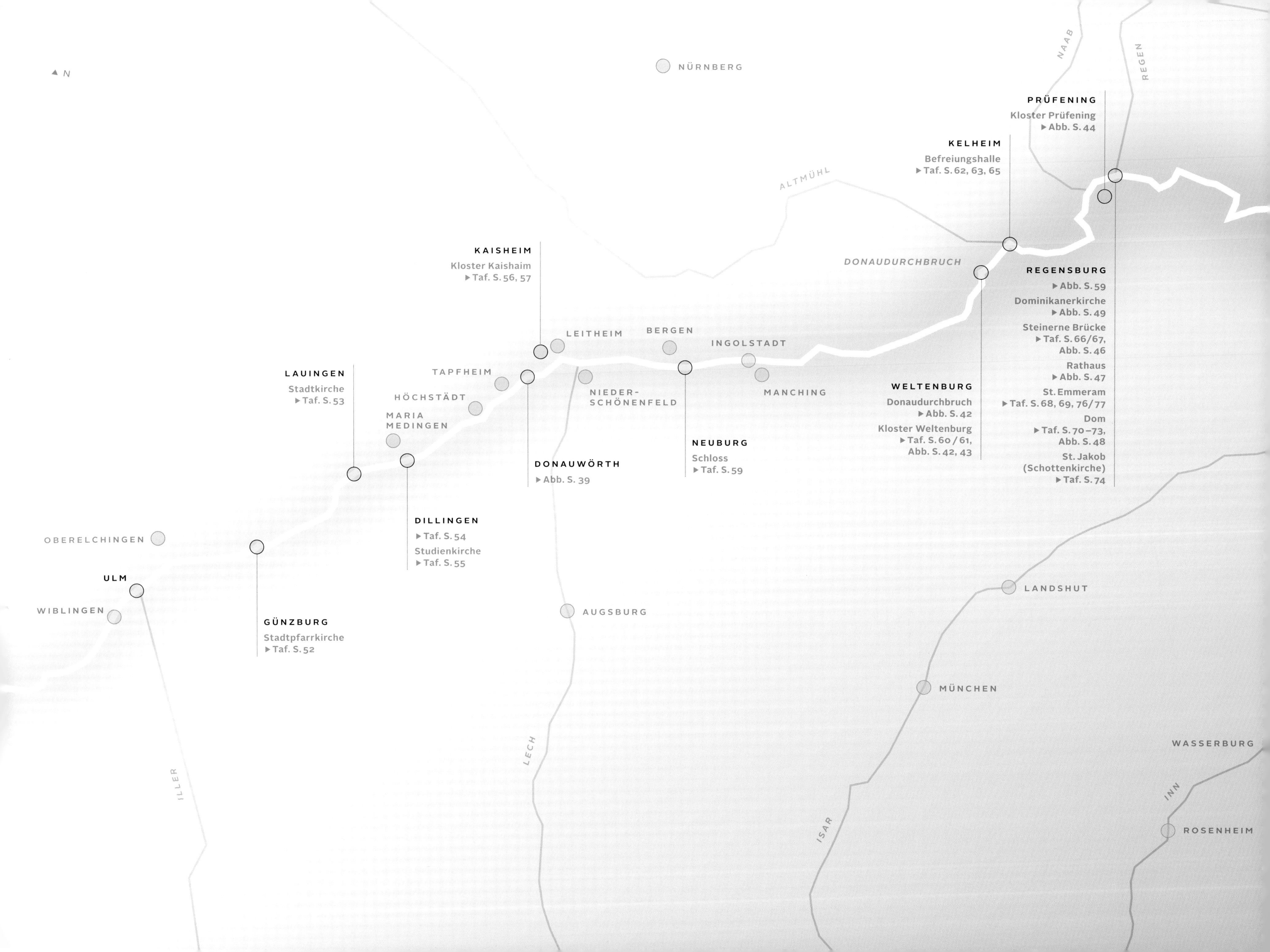
▲ N
NÜRNBERG
NAAB
REGEN
PRÜFENING
Kloster Prüfening
▸ Abb. S. 44
KELHEIM
Befreiungshalle
▸ Taf. S. 62, 63, 65
ALTMÜHL
DONAUDURCHBRUCH
REGENSBURG
▸ Abb. S. 59
Dominikanerkirche
▸ Abb. S. 49
Steinerne Brücke
▸ Taf. S. 66/67,
Abb. S. 46
Rathaus
▸ Abb. S. 47
St. Emmeram
▸ Taf. S. 68, 69, 76/77
Dom
▸ Taf. S. 70–73,
Abb. S. 48
St. Jakob
(Schottenkirche)
▸ Taf. S. 74
KAISHEIM
Kloster Kaishaim
▸ Taf. S. 56, 57
LEITHEIM
BERGEN
INGOLSTADT
MANCHING
WELTENBURG
Donaudurchbruch
▸ Abb. S. 42
Kloster Weltenburg
▸ Taf. S. 60 / 61,
Abb. S. 42, 43
LAUINGEN
Stadtkirche
▸ Taf. S. 53
TAPFHEIM
HÖCHSTÄDT
MARIA
MEDINGEN
NIEDER-
SCHÖNENFELD
NEUBURG
Schloss
▸ Taf. S. 59
DONAUWÖRTH
▸ Abb. S. 39
DILLINGEN
▸ Taf. S. 54
Studienkirche
▸ Taf. S. 55
OBERELCHINGEN
ULM
WIBLINGEN
GÜNZBURG
Stadtpfarrkirche
▸ Taf. S. 52
AUGSBURG
LANDSHUT
MÜNCHEN
LECH
ILLER
ISAR
WASSERBURG
INN
ROSENHEIM

ULM —— REGENSBURG

Unterhalb von Ulm bildet das Donautal mehrere Niederungen: das schwäbische Donaumoos und das Donauried, doch sind diese ehemals versumpften Gebiete, in denen sich der Verlauf des Flusses in breiter Aue mit Inseln und Altwasserarmen ständig verändert hat, längst durch Regulierung und Trockenlegung zu Ackerland kultiviert worden. Hier hat die Donau nur noch wenig Gefälle und strömt träge dahin.

Bei Donauwörth mündet der Lech in die Donau, ein Fluss aus den Alpen, der manchmal sehr wasserreich ist. Er bildet die Grenze zwischen dem alemannischen und bayerischen Sprachgebiet. Am linken Ufer der Donau erstreckt sich die südliche Frankenalb, am rechten das ebene bayerische Donaumoos, eine eintönige landwirtschaftliche Nutzfläche. Die Donau, die hier zwischen Neuburg und Vohburg ehemals in vielen Kurven mäanderförmig durch das Tal floss, wurde im 19. Jahrhundert begradigt. Seither trocknete die ursprüngliche Auenlandschaft immer mehr aus. In jüngster Zeit wurde in einem kostspieligen und umfangreichen Renaturisierungsprogramm versucht, die alte Auenlandschaft wiederherzustellen, was inzwischen zu ersten Erfolgen geführt hat. In Schloss Grünau bei Neuburg, einem vom Neuburger Pfalzgrafen Ottheinrich ab 1530 errichteten Jagdschloss, sind die Arbeiten mustergültig dokumentiert.

Zwischen Kloster Weltenburg und Kelheim bietet der Strom mit dem berühmten Donaudurchbruch ein besonderes Naturschauspiel ▸ Abb. S. 42. Mit einigen Windungen ist er in einer Länge von 15 km in das Jura-Kalkgestein der Fränkischen Alb eingeschnitten. Auf beiden Seiten des Flusses ragen bis zu 40 m hohe steile Felswände empor, stellenweise direkt neben dem Wasser, weshalb der Bau von Straßen oder auch nur von schmalen Wegen unmöglich war. So konnte das Tal sein ursprüngliches Erscheinungsbild eines Canyons nahezu unverfälscht bewahren. Die Touristen aus aller Welt, die im Sommer massenhaft hierherkommen, genießen diese wildromantische Flusslandschaft von Ausflugsschiffen oder kleinen Kähnen aus.

Ursprünglich hatte die Donau einen anderen Verlauf. Kurz vor der heutigen Stadt Neuburg bog sie nach links in das Wellheimer Tal, heute ein Trockental, ab und durchfloss dann das Altmühltal bis zu dessen Ende. Der heutige viel kürzere Weg entstand erst in der Riß-Eiszeit.

In Sichtweite zum Ulmer Münsterturm und nur 12 km von Wiblingen entfernt liegt links der Donau auf einer Anhöhe die Kirche der ehemaligen benediktinischen Reichsabtei **OBERELCHINGEN**. Anfang des 12. Jahrhunderts wurde das Kloster unten im Donautal gegründet, aber schon wenig später auf den Berg in den Schutz einer Burg verlegt und dem Heiligen Stuhl unterstellt. 1485 verlieh Kaiser Friedrich III. anlässlich einer Durchreise die Reichsunmittelbarkeit. Der romanische Gründungsbau mit Querhaus, ausgeschiedener Vierung und dreigeteiltem Sanktuarium entsprach dem Kirchenschema der Hirsauer Reform, doch hatte das Langhaus Pfeiler statt der sonst bei den Hirsauern üblichen Säulen.

Der Chor der heutigen Kirche entstand als Neubau nach dem Brand von 1773. Die Planung hatte Joseph Dossenberger, der Baumeister des oberschwäbischen Augustiner-Chorherren-Reichsstiftes Wettenhausen. Er war ein Meister von lokaler Bedeutung, bei dem die Rokoko-Architektur, wie sie Dominikus Zimmermann geprägt hatte, allmählich zum Klassizismus überging. Hierfür ist der Chor von Oberelchingen ein charakteristisches Beispiel. Das Langhaus ist im Kern noch die romanische Basilika des 12. Jahrhunderts, doch erhielt es ab 1782 eine Wölbung von Flachkuppeln und einen frühklassizistischen Ornat. Die Deckenfresken malte 1782/83 Januarius Zick, nachdem er kurz zuvor die Fresken von Wiblingen vollendet hatte. Es sind dies ebenso wie Zicks auf Oberelchingen folgende Fresken der Reichsabtei Rot an der Rot Meisterwerke spätbarocker Deckenmalerei in schräger Untersicht mit realistischer Formengebung und recht dunklem Kolorit, was beides für diesen Maler typisch ist.

Rechts der Donau folgt auf einer leichten Anhöhe an der Stelle des unter Kaiser Vespasian 77/78 n. Chr. angelegten Römerlagers Guntia, das den Donauübergang sicherte, die Stadt **GÜNZBURG**, einst Amtssitz der vorderösterreichischen Markgrafschaft Burgau, seit 1806 bayerisch. Ein Stadtbrand 1735 gab den Anlass zum barocken Wiederaufbau der Stadt und zum Neubau der Stadtpfarrkirche 1736 bis 1741 ▸ Taf. S. 52. Dominikus Zimmermann, Bürger von Landsberg am Lech, der vorher unter anderem die Wallfahrtskirche Steinhausen bei Schussenried geschaffen hatte, plante für Günzburg einen mit Steinhausen vergleichbaren Bau: eine längsovale Rotunde mit Umgang und frei gestellten Säulen, doch mussten die Säulen auf Geheiß des Stadtrates an die Wand gerückt werden, um die Kosten zu senken. Statt mit einem Umgang ummantelte Zimmermann nun die Rotunde mit einer reich durchfensterten Wand, die mehrfach geschichtet und in der Mitte schwungvoll nach außen gekurvt ist. Die Säulen mit ihren aufgesetzten Gebälkblöcken bilden die strukturbestimmende architektonische Ordnung und geben dem Aufbau anschaulich Festigkeit. Mit der buntscheckigen Marmorierung aus poliertem Stuckmarmor, die auf die letzte Renovierung 1998 bis 2002 zurückgeht, steigern die Säulen das Wandrelief zu satter Pracht. Ein weiteres Prägemotiv sind die Fenster und dreiteiligen Fenstergruppen. Ihre aus der Mauer ausgeschnittenen geschweiften Umrisslinien kommen vor dem hellen Licht als ornamentale Muster zur Geltung, wie sie Zimmermann besonders gerne verwendet hat. Einen Umgang, und zwar in Form einer umlaufenden Empore wie später in Zimmermanns Wieskirche, hat nur der Chor. Die Kirche zählt zu den Hauptwerken der bayerischen Barockarchitektur.

Die Stadt **LAUINGEN** am linken Donauufer, 20 km von Günzburg entfernt, ist der Geburtsort des Albertus Magnus (1193–1280), eines der größten Gelehrten des 13. Jahrhunderts, der in Physik, Chemie und Botanik ebenso tätig war wie in Philosophie und Theologie. Als Theologe legte er die Grundlagen der Scholastik. In Köln an der neu gegründeten Hochschule der Dominikaner zählte Thomas von Aquin, der spätere Kirchenlehrer und führende Scholastiker, zu den Schülern des Albertus. 1931 heiliggesprochen, wurde Albertus zum Patron der Naturwissenschaftler.

Lauingen ist eine systematisch angelegte Neugründung der Staufer anstelle älterer Siedlungen. 1268 fiel die Stadt an die Wittelsbacher und 1505 an die Pfalzgrafen von Pfalz-Neuburg, die hier ihre zweite Residenz einrichteten und später eine evangelische Universität als Gegenstück zur jesuitischen des nur 5 km entfernten Dillingen ins Leben rufen wollten. Im 16. und 17. Jahrhundert musste Lauingen sechsmal zwischen dem evangelischen und katholischen Glauben wechseln, bis die Stadt 1634 unter dem zum Katholizismus konvertierten Pfalzgrafen Wolfgang Wilhelm endgültig katholisch wurde.

Die Stadtkirche, begonnen 1516, ist die letzte der großen süddeutschen Hallenkirchen der Spätgotik, ein weiträumiger, nüchtern kahler Backsteinbau mit drei Parallelapsiden und drei etwa gleich breiten Schiffen ▸ Taf. S. 53. Die Pfeiler sind nackte Rundpfeiler. Sie stehen so weit auseinander, dass kaum noch der Eindruck von »Schiffen«, sondern eher der eines Gesamtraumes entsteht, in welchem die Pfeiler, hohen Baumstämmen vergleichbar, frei hineingestellt erscheinen. Bei der Planung wurde 1513 der aus dem bayerischen Burghausen gebürtige Stephan Weyrer d. Ä. herangezogen, der Werkmeister der Stadtkirche von Nördlingen, die er 1505 eingewölbt hatte und die ähnliche Rundpfeiler aufweist.

Das etwas abseits der Donau linksseitig gelegene Dominikanerinnenkloster **MARIA MEDINGEN**, eine Gründung aus der Mitte des 13. Jahrhunderts, ist im heutigen Zustand ein kompletter Neubau, den Dominikus Zimmermann in mehreren Abschnitten von 1717 bis 1758 erstellte. Zimmermann wird hier urkundlich erstmals als Architekt fassbar. Das Kloster ist eine völlig einheitliche Gesamtanlage in der Art eines herrschaftlichen, jedoch bescheidenen Klosterschlosses, in welchem die Kirche, ein schlichter Saalbau, im Nordflügel liegt und außen nur mit dem Turm in Erscheinung tritt.

Der kirchliche Mittelpunkt dieses Donauabschnitts ist die direkt am Fluss angelegte Stadt **DILLINGEN**. Gegründet im 13. Jahrhundert durch die Grafen von Dillingen, fiel der Ort 1258 an das Hochstift Augsburg und entwickelte sich zur Residenz der Augsburger Bischöfe. 1549 gründete hier Kardinal Otto Truchsess von Waldburg eine Hohe Schule. Papst Julius III. erhob diese zwei Jahre später zur Universität, die wiederum 1564 an die Jesuiten überging. So wurde Dillingen zu einem der wichtigsten Zentren der Gegenreformation in Süddeutschland.

Die Studienkirche, ehemals die Universitätskirche der Jesuiten, wurde seit 1610 von dem Graubündener Baumeister Johann Alberthal, dem »welschen Hans«, errichtet ▸ Taf. S. 55. Die Pläne dürften aber in Augsburg von den Malerarchitekten Joseph Heintz und Matthias Kager, vielleicht unter Mitwirkung des Stadtwerkmeisters Elias Holl, angefertigt worden sein. Die Kirche ist ein breiter tonnengewölbter Saalbau mit Wandpfeilerabseiten, die von Quertonnen auf gleicher Höhe wie die Haupttonne gewölbt sind. Die Abseiten sind als Kapellen genutzt und bieten Platz für eine ganze Parade gut überschaubarer Nebenaltäre. Der stark eingezogene Chor wird seitlich von Emporen mit Freipfeilern begleitet. Das Ganze ist einfach, statisch solide und kultisch gut nutzbar, weshalb die Studienkirche für den folgenden süddeutschen Barock zu einem der bestimmenden Prägemuster geworden ist. 1750 bis 1765 erhielt die Kirche eine reiche Rokoko-Ausstattung, die das ursprünglich schlichte Erscheinungsbild ins Pomphafte veränderte.

In der an Kirchen und Kapellen reichen Barockstadt ist das ehemalige Jesuitenkolleg mit dem gleich anschließenden Universitätsgebäude von 1688 der urbanistisch herausragende Profanbau ▸ Taf. S. 54. Die lange, reich mit Fenstern und Giebelverdachungen gegliederte Straßenflucht bestimmt das Stadtbild an wichtiger Stelle. Demgegenüber ist das bischöfliche Schloss mit unregelmäßigen Trakten aus verschiedenen Zeiten ein karger Nutzbau, der noch seinen mittelalterlichen Wehrcharakter gewahrt hat.

Donauwörth, Blick auf die Stadt

In der Umgebung von **HÖCHSTÄDT**, etwa 6 km weiter donauabwärts, wurde im Spanischen Erbfolgekrieg die französische Armee von den Österreichern und Engländern unter Prinz Eugen und dem Herzog von Marlborough geschlagen. In dem kleinen Landstädtchen ließ Pfalzgraf Philipp Ludwig von Pfalz-Neuburg seit 1589 ein imposantes Schloss errichten, eine Vierflügelanlage mit vier runden Ecktürmen, ganz wie ein Kastell. Die Stadtkirche ist eine spätgotische Staffelhalle mit Netzrippengewölben, deren Rauten hin und her springen.

Von Höchstädt gelangt man über das schon von Weitem an dem ungewöhnlich hohen Kirchturm erkennbare **TAPFHEIM**, dessen stattliche barocke Pfarrkirche 1747 Abt Cölestin Meermoos von Kloster Kaisheim dem von ihm bevorzugten Baumeister Johann Georg Hitzelberger in Auftrag gab, in die ehemalige Freie Reichsstadt **DONAUWÖRTH** ▸ Abb. oben. Sie entstand an der Mündung der Wörnitz, wo die alte Reichsstraße von Nürnberg nach Augsburg die Donau überquert. Der Streit der Bürgerschaft um die Konfessionszugehörigkeit wurde 1607 von Kaiser Rudolf II. zugunsten der Katholiken entschieden, was Herzog Maximilian von Bayern energisch in die Tat umsetzte. Die Stadtkirche ist wie in Höchstädt eine spätgotische Staffelhalle. Von größerer architekturhistorischer Bedeutung ist die erhöht und stadtbeherrschend gelegene Benediktinerkirche Hl. Kreuz (1717–1722), das Erstlingswerk des Joseph Schmutzer aus Wessobrunn, der hier in kleinerem Format und stark vereinfacht die gewaltige Abteikirche von Weingarten nachbaute, die damals kurz vor ihrer Vollendung stand. Die Tambourkuppel und Fassade von Weingarten ließ Schmutzer allerdings weg.

In einem Seitental der Donau, dem Kaibachtal nahe bei Donauwörth, wurde 1134 die Zisterzienserabtei **KAISHEIM** gegründet, deren Konvent aus Kloster Lützel im Elsass kam. 1656 erlangte Kaisheim die Reichsunmittelbarkeit. Die Klosterzucht war hier im Mittelalter so streng, dass Kaisheim den Ruf des »carcer ordinis«, des Gefängnisses des Ordens, hatte. Die Kirche (1352–1387) ist eine große, zisterziensisch karge Basilika mit Querhaus und einem kathedralartigen Chorumgang, dessen Kapellenkranz baulich einen zweiten Umgang mit frei gestellten Pfeilern bildet ▸ **Taf. S. 56, 57**. Vom Binnenpolygon des Hochchors aus sieben Seiten eines Zwölfecks vermitteln im inneren Umgang dreieckige Joche mit springenden Dreistrahlgewölben zum Polygon des Kapellenkranzes, das aus elf Seiten eines Zwanzigecks besteht. Die Kapellen sind Rechteckräume von geringer Tiefe ohne vortretende Apsiden, und so bildet die Außenmauer der Kapellen ein dem Halbkreis angenähertes Rundum, gegliedert von dicken Strebepfeilern. Dieser Chorschluss stellt eine der originellsten Chorlösungen der Zisterzienserarchitektur dar, vergleichbar dem noch aufwendigeren Chor der königlichen Abteikirche Sedlec in Böhmen (1282–1320). Die Konventsgebäude von Kaisheim sind ein typisches barockes Klosterschloss in Pavillonbauweise (1716–1721 von Franz Beer von Bleichten).

In Sichtweite des kleinen barocken Sommerschlösschens **LEITHEIM**, das sich die Kaisheimer Äbte in erhöhter Lage am linken Donauufer errichten ließen, ist im Tal am rechten Ufer gleich bei der Lechmündung und der bayerischen Grenzfestung Rain das ehemalige zisterziensische Frauenkloster **NIEDERSCHÖNENFELD** erhalten, das Kaisheim unterstand. In der Nähe wurde der bayerische Feldherr Tilly 1632 beim Lechübergang gegen die Schweden tödlich verwundet. Das Kloster, ursprünglich eine Beginenniederlassung, kam 1254 zum Zisterzienserorden. Nach schweren Zerstörungen im 30-Jährigen Krieg wurden die Konventsgebäude 1658 bis 1668 von dem Münchener Baumeister Constantin Pader neu errichtet. Die romanische Klosterkirche erhielt neue Gewölbe sowie eine reiche Stuckierung mit Modelformen und figürlichen Darstellungen. Der im Inneren des Klosters gelegenen Wallfahrtskapelle Hl. Kreuz gab Pader, ganz wie bei einer Kirche bei Hofe, die Form eines gestreckten Zentralraums mit umlaufenden Emporen. Die Gesamtanlage von Niederschönenfeld ist ein bemerkenswerter Neuanfang klösterlicher Kultur nach der Notzeit des Krieges.

Die Stadt **NEUBURG**, die sich am Rande des bayerischen Donaumoos direkt am Fluss auf einem steil über dem Ufer ansteigenden Jurarücken hinzieht, wurde nach 1500 ein wichtiger Schauplatz für die dynastischen Konflikte der Wittelsbacher. Der Ort bestand schon zu römischer Kaiserzeit. Hier gab es im Schutze des Grenzkastells Venaxamodurum eine Siedlung an der Donau-Südstraße, aus der unter den bayerischen Agilolfinger-Herzögen der Ort »Niwinpurc« (»Civitas Nova«) hervorging. 742 trennte der Bayernherzog Odilo das östlich des Lechs gelegene Gebiet vom Bistum Augsburg ab und gründete mit Sitz in Neuburg ein eigenes Bistum, doch wurde dieses schon zwischen 802 und 807 wieder mit Augsburg vereint. Neuburg kam 788 unter fränkische Herrschaft und fiel dann an die bayerischen Herzöge der Liudolfinger, einer Nebenlinie des ottonischen Kaiserhauses. 1247 wurde Neuburg vom Wittelsbacher Herzog Ludwig II. erobert und zum Landvogtamt erhoben. Seit 1392 war Neuburg Nebenresidenz von Bayern-Ingolstadt, seit 1445 von Bayern-Landshut.

Herzog Georg der Reiche von Landshut († 1503) vererbte entgegen den wittelsbachschen Hausverträgen das Landshuter Teilherzogtum seiner Tochter Elisabeth und deren Gatten, dem Wittelsbacher Rupprecht, Pfalzgraf bei Rhein, der daraufhin das Landshuter Erbe für sich beanspruchte. Dagegen erhob Herzog Albrecht IV. von Bayern Einspruch, indem er sich auf die rechtmäßige männliche Erbfolge berief. Dieser Konflikt löste den Landshuter Erbfolgekrieg aus. König Maximilian, der spätere Kaiser, beendete den Krieg 1505 im sog. Kölner Spruch dadurch, dass Landshut an die Münchener Linie Herzog Albrechts IV. fiel, während die Nachfolger Rupprechts, der wie auch seine Gattin Elisabeth ein Jahr zuvor gestorben war, als Entschädigung ein Streugebiet um Neuburg bis in die Oberpfalz erhielten: das neu gegründete selbständige Fürstentum der »jungen Pfalz«.

DIE WITTELSBACHER AN DONAU UND RHEIN

Im bayerischen Abschnitt der Reise entlang der Donau – zwischen Ulm und Passau – trifft man immer wieder auf das Geschlecht der Wittelsbacher, insbesondere in den drei ehemaligen Residenzstädten Neuburg, Ingolstadt und Straubing. Als eine der ältesten und nachhaltigsten deutschen Dynastien herrschten die Wittelsbacher von 1180 bis 1918 in Bayern, zunächst als Herzöge, seit 1623 als Kurfürsten und seit 1806 als Könige. Kaiser Friedrich Barbarossa hatte 1180 den Pfalzgrafen Otto von Wittelsbach anstelle des geächteten welfischen Herzogs Heinrich des Löwen als Herzog von Bayern eingesetzt. 1214 belehnte König Friedrich II., der spätere Kaiser, die bayerischen Wittelsbacher, weil sie Parteigänger der Staufer waren, zudem mit der rheinischen Pfalzgrafschaft.

Die dynastische Verbindung der beiden Territorien zerfiel jedoch bereits 1294 durch Erbteilung in die Hauptlinien Bayern und Pfalz. Erst 1777 kam es mit dem Aussterben der bayerischen Linie zur Wiedervereinigung. Ab dann regierte der Pfälzer Kurfürst Karl Theodor beide Länder von München aus, ganz dem Wittelsbacher Hausvertrag entsprechend. 1799 fiel das gesamte pfalzbayerische Erbe an Kurfürst Max IV. Joseph aus der Linie Zweibrücken-Birkenfeld, der 1806 von Napoleons Gnaden Bayerns erster König wurde. Sein Sohn und Nachfolger Ludwig I. schuf an der Donau mit der Kelheimer Befreiungshalle ▸ **Taf. S. 62–65** und der Walhalla ▸ **Abb. S. 80** unweit von Regensburg monumentale Denkmäler eines neuen Nationalbewusstseins.

Auch im Stammland Bayern führten während der ersten drei Jahrhunderte wiederholte Erbteilungen zu temporären Teilherrschaften: Bereits 1255 erfolgte die Teilung in Oberbayern und Niederbayern, und bei der Teilung des Herzogtums Bayern unter die Söhne Kaiser Ludwigs des Bayern entstand 1353 die Linie Straubing-Holland; beide Linien fielen schon 1340 bzw. 1429 an Bayern-München zurück. Aus einer weiteren Landesteilung gingen 1392 die Teilherzogtümer Bayern-Ingolstadt (fiel 1447 an Bayern-Landshut) und Bayern-Landshut hervor. Erst der Landshuter Erbfolgekrieg klärte die Situation mit dem sog. Kölner Spruch König Maximilians 1505 zugunsten der Linie Bayern-München, in der nun alle bayerischen Linien vereinigt wurden. Fortan galt für Bayern nur die direkte Erbfolge für den ältesten Sohn (Primogeniturgesetz).

Die Linie der Neuburger Pfalzgrafen machte alsbald Karriere in der deutschen Fürstenlandschaft: Ottheinrich, Sohn des Rupprecht und der Landshuter Elisabeth, trat 1542 in Neuburg zur evangelisch-lutherischen Konfession über. 1556 folgte er seinem Onkel Friedrich II. als Kurfürst von der Pfalz und führte auch dort die Reformation ein. Im Heidelberger Schloss zeugt der Ottheinrichsbau, eine manieristische Variante der deutschen Renaissance, vom Geschmack und hohen Anspruch des neuen Kurfürsten. Die Nachfolge in Neuburg übertrug Ottheinrich, der kinderlos war, seinem Vetter Wolfgang aus der Linie Pfalz-Zweibrücken. Dieser begründete die Neuburger Linie. Fürst Wolfgang Wilhelm von Pfalz-Neuburg erbte 1609 die Herzogtümer Jülich und Berg am Niederrhein mit der Hauptstadt Düsseldorf, doch konnte er das Erbe erst 1614 nach Beendigung des Jülich-Klevischen Erbfolgestreites, in den viele Fürstenhäuser Deutschlands, der König von Frankreich und der Kaiser verwickelt waren, durch den Erbvergleich von Xanten in Besitz nehmen. Seit Wolfgang Wilhelm residierten die Fürsten von Pfalz-Neuburg in Düsseldorf. Endgültig gewonnen wurden Jülich und Berg aber erst 1666 von Philipp Wilhelm, dem 5. Fürsten zu Neuburg. 1685 erbte Philipp Wilhelm zudem die Herrschaft der Kurpfalz, die jedoch zugleich vom französischen König Ludwig XIV. beansprucht wurde. Das führte zum Pfälzischen Erbfolgekrieg (»Orléansschen Krieg«), in welchem die kurpfälzische Residenzstadt Heidelberg mitsamt dem prachtvoll ausgebauten Schloss 1689 und dann wieder 1693 von französischen Truppen zerstört wurde.

Kurfürst Karl Philipp verlegte 1720 die Residenz von Heidelberg nach Mannheim, wo er eines der größten Barockschlösser Deutschlands errichten ließ. Hier entfalteten er und sein Nachfolger Karl Theodor eine glänzende Hofhaltung, die sogar eine eigene Musikrichtung, die »Mannheimer Schule«, hervorbrachte und über das beste Orchester Europas verfügte, bis Karl Theodor 1778 endgültig, allerdings widerwillig nach München zog. So bildet die kleine Residenzstadt Neuburg ein historisches Bindeglied nicht nur zwischen Bayern und der Pfalz, sondern auch zwischen Donau und Rhein.

Ottheinrich, der berühmteste Fürst von Pfalz-Neuburg, betätigte sich nicht nur im Heidelberger Schloss, sondern auch in Neuburg als Bauherr. Er und sein Bruder Philipp erweiterten das bereits bestehende Schloss durch großzügige neue Flügel: den Neuen Bau mit Rittersaal im Nordwesten, den Ottheinrichsbau mit Kapelle und Tordurchfahrt im Westen und den Küchenbau im Süden. Alle diese Trakte, in denen eine deutsche Spielart der italienischen Renaissance erprobt wurde, so vor allem in der Kapelle und Tordurchfahrt, erhielten zum Hof doppelstöckige Arkadengalerien mit markanten Sgrafitti. Der lange stadtbeherrschende Ostflügel mit den beiden gerundeten Kuppelrisaliten als seitlicher Begrenzung entstand erst 1664 bis 1668 unter Philipp Wilhelm ▸ **Taf. S. 59**.

Der 3. Fürst zu Neuburg, Philipp Ludwig, ließ 1607 anstelle der Kirche eines Benediktinerinnenklosters, das um 1000 vom bayerischen Herzog Heinrich IV., dem späteren Kaiser Heinrich II., gegründet worden war, eine neue Stadtkirche (seit 1782 Hofkirche) beginnen. Sie sollte ein »Trutz Michael« werden, nämlich ein protestantisches Gegenstück zur jesuitischen Michaelskirche in München. Mangels evangelischer Baumeister wandte man sich an den katholischen kaiserlichen Kammermaler und Architekten Joseph Heintz. Dessen Projekt wurde wegen zu vieler »anguli«, d. h. Seitenkapellen wie z. B. in Dillingen, abgelehnt. Stattdessen wünschte man eine zur Predigt geeignete Kirche in der Art der Hallenkirche in Lauingen. So entwarf wohl derselbe Heintz eine Hallenkirche, aber, anders als in Lauingen, mit Emporen. Das Innere erhielt eine zeitgemäße Gliederung mit Pilastern.

Doch Ironie der Geschichte: Der 4. Fürst zu Neuburg, Wolfgang Wilhelm, der Sohn Philipp Ludwigs, trat 1613 noch während der Regierungszeit seines Vaters zum Katholizismus über und heiratete im selben Jahr in München Magdalena, die jüngste Schwester des bayerischen Herzogs Maximilian, des späteren Kurfürsten. Wolfgang Wilhelm holte den Erzfeind der Protestanten, die Jesuiten, nach Neuburg und übergab ihnen den noch nicht vollendeten, bis dahin protestantischen Trutz Michael. Die Kirche wurde jetzt mit katholischer Programmatik reich stuckiert und mit drei Altarbildern ausgestattet, die man in Antwerpen bei Rubens bestellte, darunter das »Große Jüngste Gericht« von 1617. Die Bilder wurden wegen ihres hohen Ranges auf Befehl des Kurfürsten Johann Wilhelm (»Jan Wellem«) 1691 und 1703 an die Kunstgalerie in Düsseldorf abgegeben, von wo man sie 1806 mitsamt der ganzen Galerie aus Angst vor einem preußischen Überfall nach München verbrachte (heute in der Alten Pinakothek).

In Düsseldorf ließ Wolfgang Wilhelm 1622 bis 1629 für die hier seit 1619 ansässigen Jesuiten mit der Kirche St. Andreas eine fast »wörtliche« Kopie der Neuburger Kirche errichten, wobei sogar die Neuburger Stuckdekoration nachgeahmt wurde. Die beiden Kirchen sind ein sprechendes, eindringliches Symbol für die Zusammengehörigkeit von Neuburg und Düsseldorf, und das war wohl auch Wolfgang Wilhelms Absicht. Im Mausoleum am Chorscheitel der Düsseldorfer Kirche, einem innen sechseckigen und außen zwölfeckigen Polygon, wurden 1653 Wolfgang Wilhelm und später noch sechs weitere Mitglieder des Hauses Pfalz-Neuburg beigesetzt, darunter Jan Wellem.

Nördlich von Neuburg findet sich etwas abseits der Donau am Rande des Schuttertales das ehemalige Benediktinerinnenkloster **BERGEN**, gegründet 976 von Biletrud, der Witwe des bayerischen Herzogs Berthold, und ausgestattet mit einem Hl.-Kreuz-Partikel, der die Kirche zugleich zu einer viel besuchten Wallfahrtsstätte machte. Nach einem Brand um 1152/56 entstand eine neue Kirche in Form einer dreischiffigen Halle, eines in der deutschen Romanik seltenen Bautypus, der aber im Donauraum um Regensburg gebräuchlich war. Vom romanischen Bau erhalten sind die dreischiffige Krypta, die drei östlichen Parallelapsiden, die Umfassungsmauern bis in halbe Höhe und die Pfeilerstellungen im Chor. Nachdem das Kloster 1552 aufgehoben und 1635 den Neuburger Jesuiten übergeben worden war, ließen diese 1755 bis 1758 die Kirche nach Plänen des Baumeisters des Eichstätter Domkapitels, Giovanni Domenico Barbieri, umbauen. Der romanische Hallenchor wurde erhöht. Im Langhaus hingegen ließ Barbieri die Pfeiler herausnehmen und einen tonnengewölbten Saalraum schaffen, der die Breite der ursprünglichen drei romanischen Schiffe hat.

Auf Neuburg folgt in 27 km Entfernung die alte bayerische Residenzstadt **INGOLSTADT**, heute ein Industriezentrum mit Petrochemie und den Audi-Werken. Ingolstadt, das im frühen Mittelalter dem Donaukloster Niederaltaich gehörte, wurde um 1250 von Herzog Otto II. von Wittelsbach zu einer systematisch angelegten und befestigten Stadt ausgebaut. Hier am Donauübergang kreuzten sich zwei wichtige Straßen: Die eine führte von den Alpen nach Nürnberg, die andere von Ulm nach Regensburg.

Von 1392 bis 1447 war Ingolstadt Hauptstadt eines bayerischen Teilherzogtums und fiel danach an die Landshuter Linie der Wittelsbacher und 1505 nach dem Landshuter Erbfolgekrieg an die Münchener Linie. Herzog Ludwig der Gebartete († 1447) ließ am Ostende der Stadt 1418 das Neue Schloss und am Westende 1425 die Pfarrkirche Unserer Lieben Frau beginnen, deren Chor zum Erbbegräbnis der herzoglichen Familie bestimmt wurde. Das geplante Rotmarmorgrabmal, für dessen Platte der Ulmer Bildhauer Hans Multscher 1435 in Solnhofer Stein ein Modell schuf (heute im Bayerischen Nationalmuseum, München), kam nie zur Ausführung. Die Bauarbeiten an der Kirche zogen sich über ein ganzes Jahrhundert hin. Die Kirche ist eine 97 m lange, sehr streng wirkende Staffelhalle mit Chorumgang und Einsatzkapellen zwischen den Strebepfeilern, wobei der Binnenchor mit drei Seiten eines Sechsecks, der Umgang aber mit fünf Seiten eines Zehnecks schließt. Die mächtigen unvollendeten Doppeltürme im Westen stehen ungewöhnlicherweise übereck und antworten so auf die ebenfalls übereck gestellten Türme des herzoglichen Schlosses am anderen Ende der Stadt. Von einzigartiger Steinmetzvirtuosität sind die Rippenfigurationen der Langhauskapellen aus frei schwebenden und hängenden Astwerkstäben, gearbeitet um 1520 von den Regensburger Werkmeistern Erhard und Ulrich Heidenreich.

Herzog Ludwig IX. der Reiche gründete 1472 die Universität, die schon von Papst Pius II. 1459 genehmigt worden war. Zu den Gelehrten der Frühzeit gehörten der Humanist Conrad Celtis, der Geschichtsschreiber Aventinus, der Hebraist Reuchlin und der Theologe Johannes Eck, der schärfste Widersacher Luthers. Zugleich wurde Ingolstadt zu einem Zentrum des katholischen Buchdrucks. Auf Eck folgten an der Universität die Jesuiten, die sowohl die theologische als auch die philosophische Fakultät besetzten. Aus Anlass des 100-jährigen Bestehens der Universität stiftete Herzog Albrecht V. 1572 den Hochaltar der Liebfrauenkirche, einen Wandelaltar mit Flügeln und mit 91 Bildern des Hofmalers Hans Mielich. Auf der Rückseite sind bei der Disputation der hl. Katharina berühmte Ingolstädter Professoren dargestellt, auf der Vorderseite der Herzog mit seiner Familie in Verehrung der Muttergottes. 1802 wurde die Universität nach Landshut verlegt und 1826 dann endgültig nach München.

Donaudurchbruch bei Weltenburg

Ingolstadt wurde 1539 bis 1573 zur stärksten Festung Süddeutschlands ausgebaut. Den Zustand der Stadt und ihrer Befestigungen nach Abschluss der Arbeiten zeigt das große, 1573 entstandene Stadtmodell des Jakob Sandtner, heute im Bayerischen Nationalmuseum in München. Im 30-Jährigen Krieg hielt Ingolstadt 1632 der Bestürmung durch die Schweden unter König Gustav Adolf stand. Während der Belagerung starb in der Stadt der bayerische Feldherr Tilly an den Folgen seiner Verletzungen, die er sich kurz zuvor beim Lechübergang zugezogen hatte. Bald nach dem Westfälischen Frieden wurde rings um die Stadt nach dem System des französischen Militärarchitekten Vauban eine neue Befestigung mit Bastionen gelegt, die jedoch 1800 auf Befehl Napoleons geschleift werden musste. Wenig später war es König Ludwig I. von Bayern, der seit 1828 in 24-jähriger Bauzeit eine neue, möglichst uneinnehmbare Befestigung anlegen ließ, bei der seine Architekten Leo von Klenze und Friedrich von Gärtner gestalterisch mitwirkten.

Von den Kirchen Ingolstadts wurde die hochbedeutende Franziskanerkirche, die ehemalige Kirche der Augustiner-Eremiten, ein Hauptwerk des Johann Michael Fischer, 1945 so weit zerstört, dass die Ruine 1949/50 dem Abbruch zum Opfer fiel, obwohl sie durchaus hätte gerettet werden können. Erhalten blieb hingegen der Bürgersaal St. Maria de Victoria, 1731 bis 1736 als Versammlungsraum der Marianischen Studentenkongregation errichtet und mit einem riesigen Deckenfresko des Cosmas Damian Asam in perspektivischer Untersicht geschmückt. Die Altstadt wurde im 2. Weltkrieg schwer zerstört, doch blieben einige Teile erhalten, z. B. das gotische Kreuztor und der von Gabriel von Seidl erbaute malerische Gebäudekomplex des Rathauses.

Schräg gegenüber von Ingolstadt auf der rechten Donauseite wurde seit 1938 bei dem Dorf **MANCHING** eine große Stadt (Oppidum) der Keltenzeit ergraben, deren Name nicht überliefert ist. Keltische Stämme hatten während der Hallstattzeit (seit 800 v. Chr.) und der La-Tène-Zeit (seit 500 v. Chr.), ausgehend von der Region um Rhein, Mosel und Saar, das gesamte Donaugebiet bis zur Mündung besiedelt. Die Kelten legten zahlreiche Städte an. Im Oppidum von Manching hatte der älteste Siedlungskern, angelegt im 3. Jahrhundert v. Chr., den Umriss einer erstaunlich genau konstruierten Ellipse. Bei der Stadterweiterung um 130/120 v. Chr. legte man um die Siedlung, die 380 ha groß war und mehrere 1000 Einwohner hatte, einen 7 km langen und etwa 5 m hohen Ringwall in der von Cäsar beschriebenen Technik des »Murus Gallicus« aus steingefüllten Holzkästen mit Kalksteinen an der Außenseite und Erdanschüttungen innen. Im Schutze des Walles betrieb man Eisenverhüttung, Bronzeguss, Glasverarbeitung, Herstellung von Goldmünzen und einen regen Fernhandel bis in den Mittelmeerraum. Den Funden und der Größe des Walles nach zu schließen, war das Oppidum eine der wichtigsten Donausiedlungen der Keltenzeit. Es scheint bei der Landnahme durch die Römer zur Zeit des Augustus untergegangen zu sein.

Ein kunsthistorisches Glanzstück in diesem Bereich des Stromes direkt am rechten Ufer am Fuße des Frauenberges (Arzberges), auf dem sich eine spätkeltische Wallanlage befand, ist die Benediktinerabtei **WELTENBURG**. Die landschaftliche Lage des Klosters in einer Flussschleife vor den grauweißen Felsen des wildromantischen Donaudurchbruchs ist einzigartig und zu Recht weltberühmt ▸ **Taf. S. 60/61, Abb. links.** Weltenburg gilt als ältestes Kloster Bayerns. Zwei Schüler des irischen Missionars und Ordensgründers Columban, St. Eustasius und St. Agilus, sollen hier um 617 vom nordfranzösischen Kloster Luxeuil aus ein iroschottisches Missionskloster gegründet haben. Doch erst der Agilolfingerherzog Tassilo III. gab Weltenburg, wo vielleicht von Bonifatius die Benediktsregel eingeführt worden war, eine sichere wirtschaftliche Grundlage. Unter fränkischer Herrschaft wurde Weltenburg Reichskloster und im 10. Jahrhundert Eigenkloster der Regensburger Bischöfe. Während der folgenden Jahrhunderte hatte die Niederlassung immer wieder unter Kriegen, Hochwasser und Eisgang zu leiden, aber auch unter schlechter Führung, was im 14. Jahrhundert, als Abt Andreas regierte, dazu führte, dass die Mönche betteln gehen mussten. Um 1700 wurde das Kloster als das schlechteste in ganz Bayern bezeichnet und stand kurz vor der Auflösung.

Für neuen Aufschwung sorgte der 1713 gewählte Abt Maurus Bächl, ein Finanzgenie, dem es in kürzester Zeit gelang, die desolate wirtschaftliche Lage zu sanieren, wobei er auf die Überschüsse des staatlichen Weißbier-Monopols zurückgreifen durfte und außerdem noch weitere staatliche Zuschüsse einwerben konnte. Bereits 1714 wurden die Klostergebäude vom Franziskanerbruder und Architekten Philipp Blank begonnen. Der Rohbau der Kirche erfolgte von 1716 bis 1718. Die Ausstattung durch die Brüder Asam zog sich bis 1724 und in einer zweiten Kampagne bis 1736 hin. 1721 besuchte Kurfürst Max Emanuel die schon weitgehend ausgestattete Kirche und zeigte sich tief beeindruckt. Den Plan für die Kirche lieferte der Maler Cosmas Damian Asam, der 1712/13 in Rom gewesen war und dort an der Accademia di San Luca den ersten Preis der Malereiklasse gewonnen hatte. In der auf 1721 datierten Signatur des Hauptfreskos nennt er sich »pictor et architectus«.

Weltenburg, ehem. Benediktiner-Klosterkirche, Hochaltar

Die Kirche ist eine längsovale Rotunde, deren Wandgliederung aus Pilastern, Gebälken und Säulen alle Forderungen der neuzeitlichen italienischen Architekturlehre der Säulenordnungen erfüllt. Höchst ungewöhnlich hingegen ist der obere Abschluss: Die Kuppelwölbung lässt im Zenit eine große Öffnung frei, ein sog. Opaion. Dieses bietet einen Durchblick zu einer Flachdecke mit Fresko, das aus unsichtbaren Lichtquellen hell beleuchtet wird ▸ **Taf. S. 4.** Der Raum, der unten recht dunkel ist, öffnet sich oben zum Licht und zum Himmel der Heiligen, den Asam als goldene Säulenkuppel darstellte. Der Himmel ist dem Betrachter wie eine Vision nahegebracht. Für dieses Konzept war Asam durch verschiedene römische Vorbilder angeregt worden, insbesondere durch ein unausgeführtes Kirchenprojekt des Malerarchitekten Andrea Pozzo.

Das Visionäre steigert sich im »theatrum sacrum«, dem heiligen Schauspiel, des Hochaltars. Hier erscheint innerhalb des Altarrahmens, eingefasst von pompösen gedrehten Säulen, der hl. Georg auf einem Sockel; ein silberglänzendes Reitermonument vor einem gleißend hellen Lichtgrund. Georg sticht wie in beiläufiger Lässigkeit, ohne hinzusehen, den sich grässlich aufbäumenden Drachen ab, und schon ist die Königstochter, die entsetzte Furcht vor dem Drachen deklamiert, gerettet. Zeugen des Drachenstichs sind links der hl. Martin mit giftig zischender Gans und rechts der hl. Maurus, dessen Kahlkopf die Züge des Abtes Bächl trägt.

In Weltenburg brachten die Asambrüder den hochpathetischen römischen Barock nach Bayern, die Auffassung eines »Gesamt-Concettos« für den Kirchenraum, der alle Bereiche erfasst: die Architektur ebenso wie die gesamte Ausstattung. Weltenburg ist der früheste Kirchenraum in Bayern, der von einem buntfarbigen Ornat aus Marmor, Deckenstuck und einem großformatigen Deckenfresko umkleidet ist. In das römische Pathos mischt sich jedoch ein freundlicher Humor, mit dem vor allem der Drachenstich vorgeführt wird. So scheint die Königstochter beinahe mehr Angst vor der Gans als vor dem Drachen zu haben. Am Rand der Kuppelöffnung brachte Egid Quirin die Büste seines Bruders an. Cosmas Damian beobachtet also von oben her die Besucher, die sein Werk staunend bewundern, und was tut er? Er schmunzelt. Das ist eine der schönsten Interpretationen, die ein Künstler jemals seinem eigenen Werk gegeben hat.

Am Ende des Donaudurchbruchs setzt die berühmte **KELHEIMER BEFREIUNGSHALLE** auf dem 126 m aufragenden Michelsberg, einem Bergsattel zwischen Donau und der hier einmündenden Altmühl, einen weithin sichtbaren landschaftsbeherrschenden Akzent ▸ **Taf. S. 62**. Auf dem Berg hatte sich in keltischer Zeit das Oppidum von Alkimoenis befunden. König Ludwig I. von Bayern (1825–1848) ließ hier seit 1838 eine Ruhmeshalle zur Erinnerung an die Befreiung Deutschlands vom napoleonischen Joch errichten. Die ersten Pläne lieferte Friedrich von Gärtner, der den Bau begann: ein 18-eckiges Polygon mit Umgang, wobei die Zahl 18 auf Wunsch des Königs an den 18. Oktober 1813, den Tag der Entscheidung der Völkerschlacht von Leipzig, und an den 18. Juni 1815, den Tag der Schlacht von Waterloo, erinnern sollte. Nachdem Gärtner 1847 plötzlich gestorben war, wurde Leo von Klenze sein Nachfolger, der den Plan vereinfachte. Statt des Umgangs gab er dem Bau kräftige Strebepfeiler, auf denen Statuen der deutschen Volksstämme stehen (auch die Österreicher, Böhmen und Mährer zählen hier dazu), und darüber legte er eine Ringkolonnade an, wie sie nach dem Vorbild von Bramantes Plan für die Peterskuppel in Rom weltweit von St. Petersburg bis Potsdam oder Paris, von London bis Washington bei großen Kuppeln immer beliebter geworden war. Aus der von Gärtner geplanten frei heraustretenden Kuppelschale machte Klenze ein flaches Kegeldach.

Im Inneren, das einen Durchmesser von 29 m und eine Höhe von 45 m hat, zieht sich über einem Kranz von Wandpfeilern und Mauernischen abermals eine Ringkolonnade herum, über der eine kassettierte Kuppel aufsteigt ▸ **Taf. S. 63, 65**. Die 34 nach Entwurf von Ludwig Schwanthaler aus weißem Marmor gefertigten Statuen von Victorien, die sich die Hände reichen, halten vergoldete Bronzeschilde. Diese wurden aus erbeuteten Geschützen gegossen. Auf den Schilden sind die Schlachten von 1813 bis 1815 verzeichnet. Die Idee für die Victorien stammte vom König persönlich. Die Inschrifttafeln über den Nischen enthalten die Namen von Feldherren der Befreiungskriege, und im Fries des umlaufenden Gebälks liest man die Namen der eroberten Festungen. König Ludwig finanzierte das Werk mit ca. 2,5 Millionen Mark aus seinen Privatmitteln; so wichtig war ihm die Erinnerung an die Befreiung, aber auch an die Einheit Deutschlands. 1863 wurde der Bau am 50. Jahrestag der Völkerschlacht von Leipzig eingeweiht.

Gegenüber der Naabmündung im Vorfeld von Regensburg an der Straße nach Nürnberg gründete 1109 der Bamberger Bischof Otto I. der Heilige, der früher Bauleiter des Speyerer Domes gewesen war, das Benediktinerkloster **PRÜFENING**. Er unterstellte es dem bischöflichen Stuhl von Bamberg und besetzte es mit Mönchen aus dem Reformkloster Hirsau, woher auch Erminold, der erste Abt, kam. Dieser wurde 1121 von einem Mönch erschlagen und daraufhin seliggesprochen. Während der 41-jährigen Amtszeit von Erminolds Nachfolger Erbo aus dem Schwarzwaldkloster St. Georgen entwickelte sich Prüfening für mehr als ein Jahrhundert zu einem hochbedeutenden Zentrum der Schreibkunst und Buchmalerei. Die Klosterkirche, laut Inschrift 1119 geweiht, aber wohl erst um 1130 vollendet, ist einer der frühesten romanischen Quaderbauten im Regensburger Gebiet: eine Pfeilerbasilika mit ausladendem Querhaus, dreiteiligem Sanktuarium und Vierkanttürmen jeweils über dem Ostjoch der beiden Nebenchöre. Die Kreuzgratgewölbe des Ostbaus zählen zu den ältesten monumentalen Wölbungen der süddeutschen Romanik. Eng verwandt mit Prüfening ist die wenig später entstandene Klosterkirche Biburg in der Nähe von Weltenburg.

Prüfening, ehem. Benediktiner-Klosterkirche, südliche Chorwand, »Bischof Otto von Bamberg – vier Einsiedler – sieben Märtyrer«

Zwischen 1897 und 1916 wurden im Ostbau von Prüfening figürliche und dekorative flächendeckende Wandmalereien aus der Zeit des Abtes Erbo aufgedeckt und gleich darauf, zumindest im Presbyterium, so weit übermalt und aufgefrischt, dass sie nicht mehr als original romanisch gelten können. Aber wenigstens vermitteln sie eine Ahnung vom Ursprungszustand. Hingegen wurden die inzwischen fast bis zur Unkenntlichkeit verblassten Malereien in den Nebenchören und an den Vierungspfeilern nur konserviert und nicht übermalt. Das Thema der hieratisch strengen Darstellungen im Presbyterium ist die Allerheiligenlitanei. Das Hauptbild befindet sich am Scheitel des Gewölbes: Es zeigt die thronende Maria als Ecclesia und Braut Christi. Das ursprünglich sicherlich noch wichtigere Bild in der Hauptapsis ist nicht erhalten, da die romanische Apsis im frühen 17. Jahrhundert durch eine neue ersetzt wurde.

Ein kunsthistorisch wichtiges skulpturales Ausstattungsstück ist das Hochgrab des seligen Erminold mit Liegefigur des Abtes in faltenreichem vollen Ornat, das Werk eines Bildhauers von ausgeprägtem Eigencharakter, der vorher am Baseler Münster die Archivolten des Westportals geschaffen hatte und in der Wissenschaft nach dem Prüfeninger Hochgrab mit dem Notnamen »Erminold-Meister« bezeichnet wird. Datierbar ist die Tätigkeit des Bildhauers im Regensburger Raum in die Zeit um 1283, da in diesem Jahr Erminolds Gebeine erhoben und in dem neuen Hochgrab beigesetzt wurden.

REGENSBURG

Am nördlichsten Punkt der Donau, dort, wo der Strom aus der Nord-Ost-Richtung nach Südosten umbiegt und der Nebenfluss Regen einmündet, liegt Regensburg, die historisch und kunsthistorisch bedeutendste Stadt am bayerischen Verlauf der Donau, heute Hauptstadt der Oberpfalz und Sitz einer Universität. Die Altstadt ist seit 2006 Welterbe der UNESCO. Bereits zur Keltenzeit, etwa seit 500 v. Chr., gab es hier eine befestigte Siedlung, »Radasbona« genannt. Die Römer errichteten im Zuge der Sicherung des ostraetischen Limes auf dem Königsberg bei Kumpfmühl (heute einem flussaufwärts gelegenen Stadtteil) ein Kastell für die II. aquitanische Kohorte, das um 170/175 n. Chr. während der Markomannenkriege von Germanen zerstört wurde. Kaiser Mark Aurel ließ daraufhin direkt am Fluss das Legionslager »Castra Regina« (auch »Reginum« oder einfach nur »Legio« genannt) für die III. Italische Legion, also für etwa 5 000 bis 6000 Infanteristen und 200 Reiter, errichten, eine 25 ha große Anlage mit Seitenlängen von 542 × 453 m, die durch eine ca. 8 m hohe und bis zu 2,50 m dicke Quadermauer mit einer an der Innenseite angebrachten verstärkenden Erdhinterschüttung umfasst war. Die Mauer und die zur Donau gerichtete »Porta Praetoria«, die wie die berühmte Porta Nigra in Trier und die Stadttore in Rom zwei halbrund vortretende bastionsartige Türme hatte, sind bis heute in Resten erhalten.

Das Lager mit vier Toren, 22 Türmen und dem Achsenkreuz der beiden Hauptstraßen entsprach dem üblichen streng rechtwinkligen römischen Anlageschema. Im Bereich des Osttors, der »Porta principalis dextra«, wurde eine große, 7 m breite und 1 m hohe steinerne Inschrifttafel aus dem Jahre 179 n. Chr. gefunden (Historisches Museum, Regensburg), die in schönster Capitalis-Schrift vermeldet, dass der kaiserliche Legat Marcus Helvius Clemens Dextrianus unter Mark Aurel und Commodus die Mauern, Tore und Türme vollendet habe. Castra Regina blieb Sitz des raetischen Militärkommandos und des kaiserlichen Provinzstatthalters im Range eines Legaten. Außerhalb des Lagers entstanden ausgedehnte Zivilsiedlungen (»canabae«) mit drei großen Gräberfeldern. Die Festungsmauern scheinen mehrfach ergänzt und repariert worden zu sein, so z. B. unter Kaiser Diokletian. Später, als der Boden anwuchs, wurden sie erhöht. Sie dienten auf der Südseite 1 600 Jahre lang bis in die frühe Neuzeit als Stadtmauer.

Castra Regina wurde 358 von den Juthungen, einem Stamm der Alemannen, zerstört. Die römische Oberschicht zog ab, und im 6. Jahrhundert drangen die Bajuwaren nach. Deren Herzöge aus dem Geschlecht der Agilolfinger richteten im ehemaligen Legionslager ihre Pfalz ein. Regensburg, nunmehr »urbs radaspona« oder »Reganesburc« genannt, wurde zur Hauptstadt der Bajuwaren. Die Herzöge förderten das Christentum und zogen die später heiliggesprochenen fränkischen Wanderbischöfe Emmeram († um 685) und Erhard († um 700) an ihren Hof. Beide Bischöfe fanden in Regensburg ihre Ruhestätte: Emmeram im westlich vor den Mauern gelegenen Kloster St. Emmeram und Erhard im Niedermünster innerhalb der Mauern, wo in karolingischer Zeit die Pfalzkapelle der bayerischen Herzöge entstand, der wiederum eine ottonische Basilika folgte, in der Herzog Heinrich I. und seine Gattin Judith bestattet wurden.

Im Jahre 739 machte Bonifatius zusammen mit Herzog Odilo die Stadt zum Sitz eines neu gegründeten Bistums. Doch 798 wurde nicht Regensburg, sondern Salzburg zum Erzbistum und somit zur Metropole der bayerischen Kirchenprovinz erhoben. Bischof Arbeo von Freising beschrieb um 765 Regensburg, das er »Metropolis« der Bajuwaren nannte, als »weit ausgedehnt ... mit Mauern bewehrt ... uneinnehmbar aus Quadern erbaut, mit hoch ragenden Türmen und vielen Brunnen«.

Nach Absetzung Herzog Tassilos III. 788 machte Karl d. Gr. Regensburg, wo er eine Schiffsbrücke anlegen ließ, zu einer fränkischen Residenz und zugleich zur Operationsbasis für die Awarenkriege. Seither fanden hier zahlreiche Reichsversammlungen statt. Ludwig der Deutsche, Karls Enkel, erhob die Residenz zum wichtigsten Herrschaftszentrum der deutschen Karolinger und erwarb für seine Gemahlin Hemma das Stift Obermünster, das nun im Tausch gegen Stift Mondsee den Rang eines Reichsstiftes erhielt. 1002 wurde auch Niedermünster reichsunmittelbar, und 1295 folgte St. Emmeram. So hatte Regensburg nicht weniger als drei Reichsstifte innerhalb der Mauern, ein einmaliger Fall im Hl. Römischen Reich. In St. Emmeram kaufte 1732 Abt Anselm Godin um 12 400 Gulden vom Kaiser sogar den Reichsfürstenstand.

Der Erbe der Karolinger, Arnulf von Kärnten (König seit 887, Kaiser von 896 bis 899), verlegte die Residenz in die Nähe des Klosters St. Emmeram, wo sie nicht durch Mauern geschützt war. So ließ wenig später um 920 der Stammesherzog Arnulf der Böse aus dem Geschlecht der Luitpoldinger um den Westteil der Stadt, die Kaufmannsstadt (civitas nova), eine neue Mauer herumlegen, wodurch das Areal um etwa ein Drittel vergrößert wurde. Das war nördlich der Alpen die erste nachrömische Stadterweiterung mit Befestigung. Um 1050 war die Stadt, wie der Mönch Otloh von St. Emmeram berichtet, in drei getrennte Bezirke unterteilt: den pagus regius (Königsstadt), den pagus clericorum (Stadt des Klerus) und den pagus mercatorum (Stadt der Kaufleute und Bürger). Mit etwa 10000 Einwohnern war Regensburg im 12. Jahrhundert die größte Stadt Süddeutschlands, vergleichbar allenfalls der niederrheinischen Metropole Köln. In den dicht bebauten Vierteln mit engen Gassen errichteten die Geschlechter des Patriziats nach dem Muster italienischer Städte um die 60 Wohntürme, von denen 20 erhalten sind, darunter der knapp 50 m hohe Goldene Turm und der Baumburger Turm. Die Geschlechtertürme prägen noch heute zu einem Gutteil das Stadtbild. Regensburg zog seinen wachsenden Reichtum weniger aus dem eigenen Handwerk als aus dem Fernhandel. Er führte nach Westen ebenso wie nach Italien, wo in Venedig Regensburger Kaufleute den Vorsitz im Fondaco

Regensburg, Steinerne Brücke, Stich von Matthäus Merian, 1644

dei Tedeschi, dem Kaufhaus der Deutschen, hatten. Der Osthandel reichte über Prag, Krakau und Lemberg bis nach Kiew und Nowgorod.

Für den Handel war es unabdingbar, mit Fahrzeugen die Donau überqueren zu können. So begann man unter der Regierung von Herzog Heinrich dem Stolzen, dem Vater Heinrichs des Löwen, im extrem heißen und trockenen Sommer 1135, als der Wasserstand niedrig war, mit dem Bau der noch heute vom Fußgängerverkehr genutzten Brücke, die nach elfjähriger Bauzeit 1146 vollendet war ▸ Taf. S. 66/67, Abb. oben. Sie überspannt den Fluss, den man möglicherweise während des Baus umgeleitet hat, mit 16 Bögen auf 15 Pfeilern über eine Länge von 350 m. Im 12. und 13. Jahrhundert sicherte man den Übergang durch drei Tortürme: je einen an beiden Ufern und einen weiteren auf dem zwölften Pfeiler. Erhalten ist nur das Tor zur Altstadt. Die beiden anderen wurden 1784 und 1810 abgebrochen. Der Schwarze Turm am nördlichen Brückenkopf war eine starke Torburg mit vorgelagerten Flankentürmchen, vergleichbar dem erhaltenen, um 1300 entstandenen Regensburger Ostentor. Der Merianstich von 1644 gibt die Brücke, die für Regensburg zum Wahrzeichen geworden ist, im ursprünglichen Zustand wieder. Im Mittelalter war die Brücke, für die 1182 Kaiser Friedrich Barbarossa Zollfreiheit verfügte, die einzige steinerne Donaubrücke überhaupt und zugleich der einzige feste Übergang zwischen Ulm und Wien. Die Konstruktion galt als ein Weltwunder.

Gleich darauf entstand seit 1158 in Prag die erste steinerne Moldaubrücke, die sog. Judithbrücke, die jedoch 1342 infolge von Hochwasser einstürzte. Es folgten nach 1170 der Vorläufer des heutigen Ponte Vecchio in Florenz, 1176 bis 1209 die Themsebrücke in London, 1177 bis 1185 die Rhônebrücke in Avignon und um 1265 im südböhmischen Písek die heute noch benutzte 111 m lange und gut 6 m breite Brücke über die Otava. Seit 1357, also fast aufs Jahr 200 Jahre nach dem Baubeginn in Regensburg, ließ Kaiser Karl IV. in Prag durch Peter Parler die heutige Karlsbrücke errichten, die gegen Ende des 14. Jahrhunderts fertig wurde. Sie hat wie die Regensburger Brücke 16 Bögen, ist aber mit 516 m Länge und fast 10 m Breite um ein Drittel größer.

In Regensburg war die Stadtherrschaft lange zwischen Bischof und Herzog strittig. 1205 wurde sie zwischen beiden aufgeteilt, bis schließlich der Stauferkaiser Friedrich II. 1245 die Stadt zur freien Reichsstadt erhob. Regensburg blieb im alten Herzogtum Bayern bis zur Säkularisation die einzige freie Reichsstadt, abgesehen von einem kurzen Intermezzo, als die Stadt wegen hoher Verschuldung 1486 freiwillig die Reichsfreiheit aufgab und sich Herzog Albrecht IV. dem Weisen unterwarf. Wie es scheint, wollte Albrecht statt München wieder Regensburg zur bayerischen Hauptstadt machen und hier nicht nur ein Schloss errichten, sondern auch eine Universität gründen, doch erzwang Kaiser Friedrich III. 1492 die Rückgabe der Stadt an das Reich. Die desolate wirtschaftliche Lage führte 1519 zur Vertreibung der Juden und Niederlegung des Ghettos. An Stelle der um 1220/30 errichteten Synagoge, die ein romanischer zweischiffiger Gewölbebau mit Säulen war (abgebildet auf einer Radierung von Altdorfer), entstand eine viel besuchte christliche Kultstätte: die Wallfahrt »Zur Schönen Maria«. Für deren Neubau lieferte der Augsburger Baumeister Hans Hieber um 1521 ein aufwendiges Holzmodell (Historisches Museum, Regensburg), das in Mischformen der Spätgotik und deutscher Renaissance einen originellen sechseckigen Zentralbau mit einem von zwei Türmen flankierten westlichen Langchor vorsah.

Zu dieser Zeit wirkte in der Stadt der aus Regensburg gebürtige Maler und Graphiker Albrecht Altdorfer († 1538), der hier 1505 das Bürgerrecht erhielt und 1526 sowohl Mitglied des Stadtrates als auch städtischer Baumeister wurde. Er war der Hauptmeister der sog. Donauschule und gilt neben Dürer, Grünewald und Cranach als der bedeutendste Künstler der deutschen Renaissance ▸ Taf. S. 149.

1542 beschloss der Rat der Stadt den Übertritt zur Reformation und gewährte daraufhin nur noch Protestanten das Bürgerrecht. Der Weiterbau der »Schönen Maria« wurde eingestellt und der bereits fertiggestellte Langchor zur ersten evangelischen Kirche der Stadt (Neupfarrkirche) umfunktioniert. Evangelischer Gottesdienst fand außerdem im Langhaus der Dominikanerkirche statt ▸ Abb. S. 49, deren Chor aber bei den Mönchen verblieb. Als die paritätische Nutzung dieser Ordenskirche 1626 durch einen Reichsbeschluss verboten wurde, baute die protestantische Bürgergemeinde gleich danach in direkter Nachbarschaft die evangelische Dreieinigkeitskirche, die 1631, also mitten im 30-Jährigen Krieg, vollendet werden konnte. Es war dies nach dem »Trutz Michael« in Neuburg an der Donau der zweite rein protestantische Kirchenbau in Bayern.

Trotz des Übertritts der Stadt zur Reformation blieben die katholischen Hoheitsbereiche bestehen: das Hochstift, die drei Reichsstifte und die übrigen acht Männerklöster und zwei Frauenklöster. 1589 konnten mit Unterstützung Herzog Wilhelms V. von Bayern sogar die Jesuiten einziehen, die als Speerspitze der Gegenreformation die schärfsten Feinde der Protestanten waren. 1613 folgten die Kapuziner und 1634 die Karmeliten, beide gefördert vom kaiserlichen Haus. Die katholischen geistlichen Hoheitsbereiche nahmen ein Areal von etwa gleicher Größe wie die Quartiere der evangelischen Bürgerschaft ein. Dieses Nebeneinander der Konfessionen machte die Stadt zum neutralen Ort für Versammlungen der konfessionell gespaltenen Reichsstände. Ab 1594 fanden die Reichsversammlungen ausschließlich in Regensburg statt. Der Versammlungsort war das gotische Rathaus ▸ Abb. rechts.

Einen Aufschwung nahm die Stadt nach dem 30-Jährigen Krieg, als hier 1663 der »Immerwährende Reichstag« ins Leben gerufen wurde, ein etwa 70-köpfiger Gesandtenkongress der Reichsstände, der ebenfalls im Rathaus tagte. Das politische Zentrum des Hl. Römischen Reiches blieb allerdings der Kaiserhof in Wien. In Regensburg stritten sich die Gesandten, statt Entscheidungen zu treffen, mit Vorliebe um ihre protokollarische Rang- und Sitzordnung, doch gaben sie mit ihrem standesgemäßen gesellschaftlichen Leben, oftmals in neu errichteten Palais, der Stadt einen gewissen neuen Glanz. Der »Reichs-Prinzipalkommissär«, d. h. der Vertreter des Kaisers beim Reichstag, war 1699 der Passauer Fürstbischof von Lamberg geworden. Dieses Amt ging 1748 an den bis dahin in Frankfurt ansässigen »General-Reichs-Erb-Postmeister« über, den Fürsten von Thurn und Taxis und dessen Nachkommen. Dem Fürstenhaus wurden nach der Säkularisation als Ersatz für das verlorene Postregal die Liegenschaften und Gebäude der jetzt aufgelösten Reichsabtei St. Emmeram zugewiesen. Die Fürsten ließen den Klosterkomplex im Verlauf des 19. Jahrhunderts durch neue Trakte, u. a. auch durch eine neugotische Gruftkapelle am Kreuzgang, erweitern und zu einer Residenz ausbauen.

Nach der Säkularisation 1803 wurde für den Fürstprimas, Erzkanzler und Kurfürst von Mainz, Carl Theodor Reichsfreiherr von Dalberg, das Fürstentum Regensburg geschaffen, das jedoch schon 1810 an den König von Bayern fiel. Im 19. Jahrhundert stagnierte die Entwicklung der Stadt. Erst im 20. Jahrhundert siedelte sich Industrie an, und 1967 wurde die Universität gegründet. Heute ist Regensburg eine mittlere Großstadt von etwa 148000 Einwohnern.

Das historische Regensburg ist eine Stadt der Kirchen und Klöster. Schon um 740 wurde St. Emmeram gegründet, das sich zu einem der wichtigsten Klöster Süddeutschlands entwickelte. In der Frühzeit hatten dessen Äbte zugleich auch das Bischofsamt inne, bis 975 der später heiliggesprochene Bischof Wolfgang diese Verbindung auflöste. Wolfgang, der aus Kloster Einsiedeln in der Schweiz gekommen war und von Regensburg aus das Bistum Prag gründete, zählt zu den bedeutendsten Bischöfen dieser Zeit. Für St. Emmeram holte er den Abt, Ramwold mit Namen, aus Kloster St. Maximin in Trier, das sich der monastischen Reformbewegung des lothringischen Klosters Gorze angeschlossen hatte. Ramwold machte nun auch St. Emmeram zu einem Reformkloster. Viele der hier ausgebildeten Mönche wurden als Äbte in anderen Klöstern eingesetzt, so z. B. in Tegernsee, St. Peter in Salzburg, Seeon, Weltenburg oder Prüll bei Regensburg. Von größter Folgewirkung war die Berufung des gelehrten, vor allem in Astronomie und Musik bewanderten Priors Wilhelm zum Abt des Schwarzwaldklosters Hirsau, wo er nach dem Vorbild von Cluny die strenge, auch in die Politik eingreifende Hirsauer Reformbewegung ins Leben rief.

Regensburg, Rathaus

In Regensburg entstanden vom 8. bis ins 12. Jahrhundert zahlreiche Pfeilerbasiliken, ausgehend von St. Emmeram. Hier hatte Abt Sintpert (768–791) eine Basilika errichten lassen, deren bis heute erhaltene, ursprünglich außen um die Apsis herumgeführte Ringkrypta zum Grab des hl. Emmeram und zur vorgeschalteten Confessio, einer Betkammer vor dem Grab, führte. Östlich davon ließ Abt Ramwold eine zweite Außenkrypta errichten, die als frei stehende Kapelle mit zwei eingestellten Säulen für seine eigene Grabstätte bestimmt war. 980 wurde sie von Bischof Wolfgang geweiht.

Die Sintpert-Basilika von St. Emmeram steckt als Kern im heutigen Bau, dessen gelagerte Weiträumigkeit noch an Basiliken der Spätantike erinnert ▸ Taf. S. 76/77. Die Kirche ist Begräbnisstätte nicht nur von 13 Regensburger Abtsbischöfen bis hin zum hl. Wolfgang († 994), sondern auch von Kaiser Arnulf von Kärnten († 899) und dessen Sohn Ludwig dem Kind († 911). Weiterhin liegen in St. Emmeram die bayerischen Herzöge Arnulf der Böse († 937) und Heinrich der Zänker († 995), der Vater Kaiser Heinrichs II. Nach alter Klostertradition soll in St. Emmeram auch Hemma († 876), die Gattin König Ludwigs des Deutschen, begraben sein, der man hier später einen berühmt gewordenen frühgotischen Grabstein mit lebensgroßer Skulptur der Königin setzte, doch könnte es sich nach anderer Lesart, die auf den Historiker Aventinus im 16. Jahrhundert zurückgeht, auch um die Kaiserin Uta, die Gattin Arnulfs von Kärnten, handeln ▸ **Taf. S. 77**.

In direkter Nachfolge der Sintpert-Basilika entstand kurz darauf ein fast identischer, jedoch etwas kleinerer Dombau von 58 m Länge und 33 m Breite. Im 11. Jahrhundert kehrte sich dann das Abhängigkeitsverhältnis zwischen den beiden Kirchen um: Jetzt wurde dem Langhaus des Domes ein nicht ausladendes Westquerhaus mit querrechteckigem Kastenchor, Krypta und zwei flankierenden Türmen angefügt, wovon der Nordturm, der sog. Eselsturm, am Querhaus des heutigen Doms erhalten ist. Dem Westbau vorgelagert war ein großes Atrium mit seitlichen Pfeilerarkaden und einer rechteckigen Taufkirche, die in Süd-Nord-Richtung den westlichen Abschluss bildete. Der Dom war nunmehr 80 m lang, die Gesamtanlage 128 m.

In St. Emmeram ließ daraufhin Abt Reginward (1048 – um 1060) ebenfalls ein Westquerhaus mit platt schließendem Chor und Krypta, jedoch ohne Türme anbauen. Die dem hl. Wolfgang geweihte Krypta, die 1052 von Papst Leo IX. konsekriert wurde, ist eine etwa quadratische fünfschiffige Hallenkrypta, umgeben von Mauernischen, wie sie in römisch-antiker Tradition für die Regensburger Romanik typisch sind ▸ **Taf. S. 68**. Die Wolfgangskrypta gehört zu den herausragenden Leistungen der deutschen Romanik. Unter Abt Reginward entstand um 1050 außerdem das Doppelportal an der Nordseite mit Reliefs des thronenden Christus in der Mitte und den sich Christus zuwendenden Standfiguren der Heiligen Emmeram und Dionysius. Diese Figuren sind die ältesten noch am ursprünglichen Ort befindlichen Portalskulpturen der Romanik. Nach 1166 begann man vor dem Portal eine gewölbte zweischiffige Eingangshalle, die in einzigartiger Weise auf sieben oder sogar noch mehr Joche geplant war, doch wurden hiervon nur zwei ausgeführt.

Das Langhaus von St. Emmeram wurde 1731/33 auf Veranlassung des frisch zum Fürstabt erhobenen Anselm Godin, ganz der neuen Würde entsprechend, unter Leitung des Linzer Architekten Johann Michael Prunner gewölbt und neu gestaltet sowie von den Brüdern Cosmas Damian und Egid Quirin Asam reich dekoriert, vergleichbar dem Festornat, den die Asam fünf Jahre früher dem Dom in Freising gegeben hatten ▸ **Taf. S. 76/77**.

Von den übrigen romanischen Basiliken Regensburgs wurde im 2. Weltkrieg das bis dahin gut erhaltene Obermünster zerstört. Niedermünster erhielt im 17. und 18. Jahrhundert eine karge, unscheinbare Barockisierung. Anders die Alte Kapelle des Kollegiatstiftes am Kornmarkt: Die unter Kaiser Heinrich II. »a fundamentis« neu errichtete Kirche bekam 1750/52 einen überreichen Rokokoornat mit Wessobrunner Stuckaturen und Fresken von Thomas Scheffler aus Augsburg.

Vorzüglich erhalten ist die Kirche des Schottenklosters St. Jakob ▸ **Taf. S. 74**. Die sog. Schotten waren eine Gemeinschaft benediktinischer Wandermönche aus Irland, »Scoti« genannt, denen um 1090 außen vor dem westlichen Stadttor ein Kloster mit Kirche erbaut wurde. Von der ersten Kirche sind noch die Vierkanttürme erhalten, die den Chor flankieren. Vom Regensburger Schottenkloster aus wurden bald schon binnen 30 Jahren in anderen Städten acht weitere irische Mönchsniederlassungen gegründet: in Würzburg, Nürnberg, Wien, Eichstätt, Erfurt, Konstanz, Memmingen und Kelheim. Die heutige Regensburger Kirche St. Jakob, erbaut unter Abt Gregor (1156–1185), ist – ganz im Gegensatz zu St. Emmeram – eine eng und steil proportionierte, aus Quadern gefügte Basilika mit hohen Rundpfeilern im Langhaus und Vierkantpfeilern im Chor. Hochberühmt ist das Nordportal: ein mit reich dekorierten Gewändesäulen und Archivolten gegliedertes romanisches Stufenportal, das in einer weit ausgebreiteten Wand mit plumpen, recht primitiven Reliefs sitzt ▸ **Taf. S. 75**. Thematisch sind die Reliefs nicht sicher deutbar. Eine gute Seite mit Maria ist einer schlechten, wohl mit dem Antichrist, gegenübergestellt, ebenso Tugenden und Laster sowie auf den Gewändesäulen zwei Löwenfamilien zu je fünf Tieren.

Die Regensburger Romanik brachte neben dem Bautypus der Basilika auch den Typus der Hallenkirche mit drei gleich hohen Schiffen hervor, so südlich der Stadt in der Klosterkirche Prüll, geweiht 1110, die schlichte Vierkantpfeiler hat. 1483 wurde Prüll dem Kartäuserorden übergeben, woraufhin die Kirche gleich anschließend einen neuen Langchor erhielt. Eine kleinere Hallenkirche, jetzt mit Rundpfeilern, ist die vor 1150 datierbare Johanniterkirche St. Leonhard, ein zentraler Vierstützenraum mit angefügtem Emporenjoch im Westen. Das Hauptwerk romanischer Hallenkirchen im Regensburger Raum ist die etwa gleichzeitig mit St. Leonhard entstandene Zisterzienserkirche Walderbach am Regen.

Das unstreitig schönste Bauwerk der Romanik in Regensburg ist die kleine Allerheiligenkapelle ▸ **Abb. oben** im Domkreuzgang, ein Meisterwerk europäischen Ranges, das von lombardischen Bauleuten der Diözese Como, sog. Comasken, als Grabkapelle für Bischof Hartwig II. (1155–1164) errichtet worden ist. Ganz in der Tradition oberitalienischer Zentralbauten wie z. B. Baptisterien vereint die Kapelle modellhaft mehrere Zentralbautypen: einen quadratischen

Regensburg, Domkreuzgang, Allerheiligenkapelle

Kern mit kreuzförmig angefügten apsidenartigen Konchen und einem zuoberst aufgesetzten Oktogon, zu welchem im Inneren vier Trompen vermitteln. Der Außenbau erreicht in dem glücklich aufeinander abgestimmten Verhältnis der gerundeten, kantigen und prismatischen Formen den Wohlklang vollendeten Ebenmaßes. Entsprechend fügen sich im Inneren der quadratische Kernraum, die kurzen tonnengewölbten Kreuzarme, die leicht eingezogenen Konchen und das aufgesetzte durchfensterte Oktogon mit seiner Schirmkuppel trotz der Vielteiligkeit zu einem Raum von ausgewogener Harmonie zusammen ▸ **Abb. links.** Hierzu trägt nicht zuletzt auch die Ausmalung aus der Bauzeit bei. Dass diese weitgehend erhalten blieb, ist ein seltener Glückfall, auch wenn die Farben stark verblasst sind. Dargestellt ist der Beginn des Jüngsten Gerichtes mit der Errettung der auserwählten Stämme Israels durch Engel. Erhalten ist sogar die romanische Altarmensa mit vier Säulchen, wohingegen der Grabstein Bischof Hartwigs, der um 1838 noch vorhanden war, inzwischen verloren ist. Die Einheit von Architektur und Ausstattung wie auch die hohe künstlerische Qualität machen die Kapelle zu einem einzigartigen Kleinod.

Die Gotik setzte in Regensburg um 1220 mit dem zisterziensisch anmutenden Westflügel des Kreuzganges von St. Emmeram ein, einem Spitzenwerk der jungen Gotik, das von Bauleuten errichtet wurde, die den in Nordfrankreich entwickelten Gliederungsapparat der Gewölberippen und rundplastischen Dienste perfekt beherrschten ▸ **Taf. S. 69.**

Eine völlig singuläre Erfindung ist die Dompfarrkirche St. Ulrich von ca. 1225 bis 1250, ein rechteckiger Bau mit auf allen vier Seiten herumgeführten Umgängen und Emporen. Der Typus herrscherlicher romanischer Doppelkapellen ist hier originell umgeformt. So könnte der Bau ursprünglich als Kirche der gleich anschließenden herzoglichen Pfalz gedacht gewesen sein. Der Bauherr wäre in diesem Fall der Wittelsbacher Herzog Ludwig der Kelheimer gewesen. Spätestens 1263 diente St. Ulrich jedoch als Pfarrkirche des daneben befindlichen Domes.

Wenig später waren es die Bettelorden, für die in Regensburg, nunmehr in großen Dimensionen, gotische Kirchen gebaut wurden. Die »Minderbrüder« (ordo fratrum minorum), später Franziskaner bzw. in einem ihrer Zweige Minoriten genannt, kamen schon 1221, also noch zu Lebzeiten des Ordensgründers Franziskus von Assisi († 1226), in die Stadt. Der Predigerorden der Dominikaner (ordo fratrum praedicatorum) war hier spätestens 1229 ansässig, so wie in fast jeder größeren Stadt der eine Bettelorden bald den anderen nachzog. In beiden Klöstern wirkten während des 13. Jahrhunderts bedeutende Persönlichkeiten: bei den Minderbrüdern die weithin berühmten Prediger David von Augsburg und Berthold von Regensburg, bei den Dominikanern zwischen 1236 und 1240 für zwei Jahre der aus Lauingen an der Donau stammende große Gelehrte Albertus Magnus, der hier Lehrer der Theologie und Philosophie war. Innerhalb der Klostergebäude gilt einer der Räume als Hörsaal des Albertus mit einem mittelalterlichen Lehrstuhl, der allerdings erst später entstanden ist. 1260 wurde Albertus vom Papst zum Bischof von Regensburg ernannt, einem ungeliebten Amt, von dem er schon zwei Jahre später auf eigene Bitte wieder befreit wurde. Wie wichtig das Dominikanerkloster auch weiterhin war, zeigt sich daran, dass hier bis zur Reformation acht Provinzialkapitel der Ordensprovinz »Teutonia« stattfanden.

Der hohen Bedeutung beider Klöster entsprechend, sind ihre Kirchen die größten Bettelordenskirchen Süddeutschlands. Beide sind etwa 80 m lang, was recht genau der Größe des karolingisch-ottonischen Domes entsprach.

Die Dominikanerkirche, begonnen vor 1246 und fertiggestellt um 1300, ist eine überall kreuzrippengewölbte dreischiffige Basilika ▸ **Abb. oben.** Sie zählt zu den frühesten Bettelordenskirchen in Deutschland und hier gleichermaßen zu den ersten rein gotischen Kirchen überhaupt. Der Ostabschluss besteht aus drei

Regensburg, Dominikanerkirche

gestaffelten Apsiden, die jeweils aus fünf Seiten eines Achtecks konstruiert sind, eine Grundrissdisposition von großer geometrischer Einfachheit und Klarheit. Die Hauptapsis ist in bis dahin in der deutschen Gotik einzigartiger Weise von schmalen Maßwerkfenstern bestimmt, die nicht mehr, wie z. B. in der Marburger Elisabethkirche oder Trierer Liebfrauenkirche, doppelstöckig aus zwei übereinandergestellten Fenstern bestehen, sondern in einem Zug von unten nach oben durchlaufen. Diese Vereinfachung war für gotische Apsiden die Lösung der Zukunft mit tausendfacher Nachfolge.

Das Mittelschiff findet in der hoch aufstrebenden Hauptapsis einen wirksamen raumbestimmenden Abschluss. Der Aufbau ist so schlicht, wie es einer Bettelordenskirche angemessen war: stark gespitzte, kräftig profilierte Scheidarkaden – flächige, kahle Hochwand mit kleinen Obergadenfenstern – einfache Wandvorlagen – Rippengewölbe in schneller Abfolge. Die hohe baukünstlerische Qualität des Raumes ist weniger in der Formensprache im Einzelnen als in der Ausgewogenheit der Proportionen begründet. Es gelang dem oder den Architekten, mit geringem Aufwand kristalline Klarheit und zugleich eine streng durchgehaltene Einheitlichkeit zu erzielen, obwohl es am Übergang von den Nebenchören zu den Seitenschiffen einige Unstimmigkeiten und harte Brüche im Aufbausystem gibt. Der erste Architekt scheint jener Bruder Diemar gewesen zu sein, der in Mönchskutte als kniende, also dienende Konsolfigur mit Zirkel, dem Werkzeug der Architekten, im nördlichen Seitenschiff verewigt ist.

Die Minoritenkirche (heute Teil des Historischen Museums, Regensburg) wurde erst um 1260/70 begonnen und 1286 oder wenig später geweiht. Sie ist das ganze Gegenteil zur Dominikanerkirche. Beim dreischiffigen Langhaus verzichtete man auf Gewölbe und begnügte sich ursprünglich wohl mit offenen Dachstühlen. Heute sind Flachdecken eingezogen. Mit seinen Rundpfeilern, kahlen, nackten Hochwänden und Flachdecken ist das Langhaus von einer kaum mehr überbietbaren kargen Anspruchslosigkeit, was ganz dem damaligen Armutsideal des Ordens entsprach und bei Räumen dieser Art zu der nicht ganz falschen Bezeichnung »Predigtscheune« geführt hat. Als Typus lässt sich das Langhaus durchaus mit der romanischen Regensburger Schottenkirche in Verbindung bringen, doch ist das Erscheinungsbild allein schon wegen der räumlichen Weite unvergleichlich anders. Als wenig später der Mönchskonvent immer größer wurde, fügte man bis 1347 einen aufwendigeren Langchor mit Rippengewölben und Maßwerkfenstern an, der gegenüber dem Langhaus wie eine eigene Kirche wirkt. Der Ort für das Chorgebet der Mönche ist deutlich gegenüber dem Versammlungsort des einfachen Volkes hervorgehoben, so als hätten die Bettelmönche einen höheren sozialen Status gehabt als die Bürger, von denen sie finanziert wurden.

Beide Regensburger Bettelordenskirchen sind ordensspezifische Prägebauten. Der architektonisch höhere Rang kommt den Dominikanern zu, dem Orden

Regensburg, Donauufer

der Predigt und des immerwährenden theologischen Studiums. Die Minoritenkirche aber ist demonstrativ »minder«, und das war Programm.

Wenig später wurde das Regensburger Hauptwerk der Gotik angefangen: der Dom. Das Jahr des Baubeginns ist nicht sicher überliefert. Vielleicht gab der Dombrand von 1273 den Anlass zum Neubau. In jedem Fall wurde mit dem Bau in der Amtszeit des Bischofs Leo Thundorfer (1262–1277) begonnen.

Der Regensburger Dom gehört, wie z. B. auch der Kölner Dom, zu den wenigen Beispielen französischer Kathedralgotik in Deutschland, doch ist er deutlich kleiner als die meisten französischen Musterbauten und auch als der Kölner Dom, der fast doppelt so groß ist. Der Regensburger Dom übertrifft mit 85 m Länge den karolingisch-ottonischen Vorgängerbau nur um 5 m. Ganz unfranzösisch ist der Ostabschluss: Während fast alle französischen Kathedralen einen Chorumgang mit Kapellenkranz aufweisen, schließt der Regensburger Dom, wie auch schon sein Vorgänger, in altbayerischer Tradition mit drei Apsiden, von denen die mittlere weiter vortritt. Alle drei Apsiden sind 5/8-Polygone. Das ist die gleiche Grundrissdisposition wie bei der Dominikanerkirche, nur sind beim Dom in den Winkeln zwischen den Apsiden noch Nebenräume angeordnet, über denen ursprünglich vielleicht Chorwinkeltürme errichtet werden sollten.

Der neue Dom wurde nicht über den Fundamenten des Vorgängerbaus errichtet, sondern so weit nach Südwesten verlegt, dass der Vorgänger zum größten Teil stehen bleiben und gottesdienstlich genutzt werden konnte. Der erste Architekt legte in einem Zuge die Fundamente und Sockelmauern der östlich des Querhauses liegenden Teile. Somit war die Gesamtdisposition des Ostbaus von Anfang an festgelegt. Auf den ersten Architekten, welcher der Gotik noch ein wenig hilflos gegenüberstand, folgte bald nach 1283 ein zweiter, der sichtlich in Frankreich geschult war. Möglich, dass Bischof Thundorfer, als er 1275 beim Konzil in Lyon weilte, sich in französischen Bauhütten nach einem fähigen Architekten umgesehen hatte. Der zweite Architekt, der vielleicht identisch ist mit einem in den Quellen genannten Meister Ludwig, entwickelte aus dem nicht sonderlich gelungenen Anfang ein neues Konzept und brachte den Bau sofort auf die Höhe der Zeit ▸ **Taf. S. 71**. Auf ihn geht das Glanzstück des Domes zurück: die in Maßwerkfenster aufgelöste Hauptapsis, bei der zwischen den Großfenstern des Erdgeschosses und Obergadens wie ein Band ein durchlichtetes Triforium verläuft. Diese Apsis gehört zu den großen Faszinosa der europäischen Gotik. Baukünstlerisch ist sie den viel reicheren Chorschlüssen französischer Kathedralen ebenbürtig. Außen tritt sie wie ein kostbarer, oben in Wimpergen und Fialen aufgefächerter Schrein in Erscheinung; innen ist sie ein Lichthaus mit selbstleuchtenden farbigen Glaswänden, in denen das Maßwerk scherenschnittartig ornamentale Muster bildet. Die originale Verglasung der Zeit von 1300 bis 1330 ist nahezu komplett erhalten.

Der dreigeschossige Wandaufriss mit Scheidarkaden, Bündelpfeilern, Triforium und Obergaden, wie er im Hochchor eingeführt war, konnte dann im Langhaus beibehalten werden. Das Aufbausystem wie auch die harmonischen räumlichen Verhältnisse des 32 m hohen Mittelschiffs sind von französischer Perfektion. Das Innere des Doms war um 1470 vollendet, abgesehen von den Gewölben der drei westlichen Mittelschiffsjoche, die erst 1618 eingezogen werden konnten. Sie sind, trotz der Entstehungszeit im Frühbarock, in den Formen rein gotisch. Am nördlichen Querarm, zur Donau hin, plante man zunächst einen großen Einturm, der jedoch später zugunsten einer westlichen Zweiturmfassade aufgegeben wurde. Über der Vierung war zudem eine achteckige Kuppel vorgesehen. Ausgeführt wurde sie erst 1697 von den Brüdern Giovanni Battista und Giovanni Carlone, aber jetzt in barocken Formen. Bei der stilreinen Purifizierung des Doms ab 1828, die König Ludwig I. von Bayern veranlasste, entfernte man die Kuppel und ersetzte sie durch das heutige neugotische Rippengewölbe.

Der Bau der Westtürme zog sich in den unteren drei Stockwerken, die auffallend uneinheitlich sind, noch bis ins frühe 16. Jahrhundert hin und wurde dann eingestellt ▸ **Taf. S. 70**.

Seit 1411 leiteten mehrere Mitglieder der auch in Nürnberg tätigen, hoch angesehenen Baumeisterfamilie Roritzer den Dombau, zuerst bis 1419 Wenzel, später Konrad (1456–1477), zu dessen Amtszeit die Regensburger Steinmetzordnung kodifiziert wurde. Es folgte dessen Sohn Matthäus (1477 – kurz vor 1495). Dieser veröffentlichte in Regensburg 1486 das Büchlein »Von der Fialen Gerechtigkeit«, eine Bauhüttenlehre, in der er sich auf die »Junker von Prag«, d. h. auf die am Prager Veitsdom tätigen Meister der Familie Parler, bezog, ein Zeichen für die engen Verbindungen zwischen den Bauhütten. Auf Matthäus folgte sein jüngerer Bruder Wolfgang. 1514 wurde er als Rädelsführer einer antikaiserlichen Revolte enthauptet. Die letzten spätmittelalterlichen Dombaumeister waren Erhard Heydenreich (1514–1524) und sein Bruder Ulrich (1524–1538), die das Formengut der spätesten Gotik bereits mit Ziermotiven der Renaissance verbanden, so z. B. im Domkreuzgang.

Die unvollendeten Doppeltürme des Domes wurden 1859 bis 1869 nach Plänen von Franz Joseph Denzinger, dem späteren Dombaumeister in Frankfurt, auf 105 m Höhe ausgebaut, wobei Denzinger sich mit den Oktogonen und durchbrochenen Maßwerkhelmen am Münsterturm von Freiburg orientierte, aber auch an jenem »Riss F« von Köln, nach welchem seit 1863 die Fassade und die 156 m hohen Türme des Kölner Doms vollendet wurden. Denzingers Türme sind um 6 m höher als beispielsweise die Doppeltürme der Münchener Frauenkirche, aber niedriger als der noch im Mittelalter vollendete Turm des Straßburger Münsters (142 m), des Wiener Stephansdoms (136 m), der Martinskirche in Landshut (132 m) und des Freiburger Münsters (116 m).

Im Domschatz ist aus der Zeit um 1390 ein Fassadenriss erhalten, der statt der Doppeltürme einen einzigen, extrem schlanken Turmriesen vorsieht. Der Riss hat mit Regensburg nichts zu tun. Er scheint vielmehr von der Hand Heinrichs II. Parler das früheste Projekt für den Turm des Münsters in Ulm zu sein. Der geplante Turm hätte den heutigen Ulmer Turm, der mit 161 m der höchste Kirchturm der Welt ist, noch um einige Meter übertroffen. Neben den Chorfenstern und zahlreichen anderen Farbfenstern ▸ **Taf. S. 73** weist der Regensburger Dom auch sonst eine reiche Ausstattung auf, u. a. Altarziborien in reichsten Maßwerkformen und eine Vielzahl steinerner Bildwerke. Den umfangreichsten Zyklus hochrangiger Skulpturen enthält das Westportal, das durch einen originellen dreieckigen Vorbau geschützt ist. Die hier angebrachten Reliefs und Statuen sind Hauptwerke des sog. Weichen Stils um 1400, darunter die fast schon überreich mit schwingenden Gewandfalten drapierte Figur des Dompatrons St. Peter am »Trumeau«, dem Mittelpfosten, des Hauptportals.

Skulpturen von höchstem europäischem Rang sind der Engel und die Maria einer Verkündigung, die um oder vor 1283 vom sog. Erminoldmeister geschaffen worden sind ▸ **Taf. S. 72**, so benannt nach der Grabfigur des seligen Erminold in Prüfening. Die Verkündigung, die noch die originale farbige Fassung aufweist, war ursprünglich an der Nord- und Südwand des Chors angebracht und befindet sich heute in umgekehrter Anordnung an den westlichen Vierungspfeilern. Der Engel bringt Maria quer durch den Raum die Botschaft. Beide Skulpturen sind Gewandfiguren, bei denen die Faltengebung schwerer Mantelstoffe ungewöhnlich voluminös ist und zugleich eine gestalterische Vielfalt zeigt, wie sie zu dieser Zeit ohne Parallele ist. Maria hält dem Engel leicht abwehrend und zurückweichend, aber mit dem Anflug eines hoheitsvollen Lächelns die Hand entgegen. Der pausbäckige Engel scheint auf dem deutlich betonten Gewandbausch ursprünglich wohl seinem Gegenüber das Jesuskind präsentiert zu haben. Mit seinem arglosen, kindlich-freundlichen Lächeln ist er zu einem Wahrzeichen Regensburgs geworden. Kaum eine zweite Verkündigungsgruppe der gotischen Skulptur atmet eine solche Herzlichkeit wie diese. Man spürt, dass die Verkündigung eine »frohe« Botschaft ist.

folgende Doppelseite: links, Günzburg, Stadtpfarrkirche, rechts, Lauingen, Stadtkirche

OBERE APOTHEKE

Dillingen, links: Kardinal-von-Waldburg-Straße mit ehem. Jesuitenkolleg, rechts: Studienkirche (ehem. Jesuitenkirche)

Kaishaim, ehem. Zisterzienser-Klosterkirche, links: Chor (Außenansicht), rechts: Chorumgang

INRI

Weltenburg, Benediktiner-Kloster

Befreiungshalle bei Kelheim

DANZIG
WITTENBERG
HERZOGENBUSCH
CUSTRIN
WILHELM KRONPRINZ V. WUERTTEMBERG
GRAF GYULAI FELDZEUGMEISTER OESTERREICH
MOECHTEN DIE TEUTSCHEN NIE VERGESSEN WAS DEN BEFREIUNGSKAMPF NOTHWENDIG MACHTE UND WODURCH SIE GESIEGT.

Befreiungshalle bei Kelheim, Blick in die Kuppel

vorhergehende Doppelseite: Regensburg, Stadtpanorama mit Steinerner Brücke
Regensburg, St. Emmeram, links: Wolfgangskrypta, rechts: ehem. Kreuzgang

Regensburg, Dom,
links: Westfassade, rechts: Kircheninneres

AVE MAR
GRATIA P

Regensburg, Dom, links: Verkündigungsgruppe des Erminold-Meisters, um 1283,
rechts: Glasmalerei im südlichen Seitenschiff, Hl. Katharina und Hl. Margareta, um 1360/70

Regensburg, St. Jakob (Schottenkirche), rechts: Nordportal

Regensburg, St. Emmeram,
rechts: Grabplatte der Königin Hemma

N
NAAB
REGEN
DONAUSTAUF
Burgruine
▸ Taf. S. 93
REGEN
ALTMÜHL
REGENSBURG
FRAUENZELL
OBERALTAICH
Kloster Oberaltaich
▸ Taf. S. 99
WÖRTH
KELHEIM
WALHALLA
▸ Abb. S. 80
BOGENBERG
METTEN
Kloster Metten
▸ Taf. S. 100, 101
WELTENBURG
STRAUBING
▸ Abb. S. 83
Friedhof St. Peter
▸ Abb. S. 81, 82, Taf. S. 96
Stadtkirche St. Jakob
▸ Taf. S. 94, 95
Ursulinenkirche
▸ Taf. S. 97
DEGGENDORF
NIEDERALTAICH
Kloster Niederaltaich
▸ Taf. S. 98
MOLDAU
ILZ
KÜNZING
ALDERSBACH
SCHLÖGENER SCHLINGE
ISAR
OSTERHOFEN
Kloster Osterhofen
▸ Taf. S. 102, 103
LANDSHUT
PASSAU
▸ Abb. S. 87,
Taf. S. 104/105
Dom
▸ Taf. S. 106, 107, 109,
Abb. S. 88
INN
MÜNCHEN
WASSERBURG
INN
SALZACH
ROSENHEIM
SALZBURG

REGENSBURG — PASSAU

Kurz vor Regensburg trifft die Donau auf Ausläufer des Bayerischen Waldes, die sie zwingen, ihren Lauf zu ändern und um fast 90 Grad in Süd-Ost-Richtung umzubiegen. Hier erreicht der Fluss seinen nördlichsten Punkt. Die Süd-Ost-Richtung behält er dann bis Linz bei. Von Regensburg bis Passau wird er am linken Ufer vom Vorgebirge des Bayerischen Waldes begleitet und am rechten vom niederbayerischen Hügelland, das in der Gegend um Straubing, dem »Gäuboden«, sehr fruchtbar ist. Das breite Flusstal bietet viel Platz für Mäander, Nebenarme und Auwälder. Doch für die Frachtschiffe wurde das Flussbett schon ab 1860 reguliert, begradigt und vertieft. Zudem legte man mehrere Staustufen an, die nicht nur der Schifffahrt und der Energiegewinnung, sondern auch dem Schutz der Donaustädte vor den hier besonders häufigen Hochwasserkatastrophen dienen. So wurde das ursprüngliche Landschaftsbild zerstört und den modernen Bedürfnissen der Wirtschaftlichkeit und Sicherheit geopfert, abgesehen von der Strecke zwischen Straubing und Vilshofen, die bislang noch nicht reguliert wurde und ein natürliches Reservat geblieben ist. Aber wie lange noch? Geplant ist eine Staustufe an der Mühlhamer Schleife.

Der wichtigste Wasserzubringer seit dem Lech bis hierher ist die aus den Alpen kommende Isar, während die gegenläufigen nordbayerischen Flüsse Altmühl, Naab und Regen eher wasserarm sind. In der Dreiflüssestadt Passau münden, jeweils rechtwinklig zur Fließrichtung der Donau, von Norden die Ilz und genau gegenüber von Süden der Inn, der im schweizerischen Engadin entspringt und 510 km zurückgelegt hat ▸ **Abb. S. 87 und Taf. S. 104/105**. Damit ist der Inn hier zwar 114 km kürzer als die bis Passau 624 km lange Donau, doch führt er mehr Wasser und ist deutlich breiter. Er erreicht in der Breite 180 m, die Donau nur 125 m, ebenso viel wie vorher in Regensburg. Nimmt man nicht die Länge, sondern die Breite und Wassermenge als Kriterium, ist die Donau eigentlich ein Nebenfluss des Inn, nicht umgekehrt. Das grüne Wasser des Inn vermengt sich lange nicht mit dem braungrauen Wasser der Donau, wodurch der Eindruck entsteht, dass die beiden Flüsse ein gutes Stück in einem gemeinsamen Bett nebeneinander fließen.

In Sichtweite von Regensburg ragt stromabwärts am linken Ufer die Burgruine **DONAUSTAUF** auf ▸ **Taf. S. 93**, ein historisch bedeutsames Monument, in dem sich über der Tordurchfahrt die Reste einer bemerkenswerten romanischen Burgkapelle in der Art der Regensburger Wolfgangskrypta befinden. Gegenüber der Burg ließ König Ludwig I. von Bayern den nationalen deutschen Ruhmestempel **»WALHALLA«** ▸ **Abb. rechts** errichten, so benannt nach dem Ort der Seligen in der nordischen Mythologie. Ludwig hatte als Kronprinz 1807 zur Zeit von »Teutschlands tiefster Schmach«, als Preußen gegen Napoleon die Schlacht von Jena und Auerstedt verloren hatte, den Plan gefasst, einen Ehrentempel zur »Erstarkung und Vermehrung Deutschen Sinnes« zu errichten. 1814 wurde ein Wettbewerb ausgeschrieben, bei dem 51 Entwürfe eingingen, auch solche in gotischem Stil. Sieger war Karl von Fischer, doch dann übernahm Leo von Klenze die Planung und sah ein Gelände »auf einem Donauberge nächst Regensburg« vor. Erst 1830, am 17. Jahrestag des Sieges über Napoleon in der Völkerschlacht bei Leipzig, wurde der Grundstein gelegt. Zwölf Jahre später konnte der Bau eröffnet werden.

Zu dem weithin sichtbaren Monument führt von der Donau prospektartig eine gewaltige Freitreppe über Rampen und Terrassen den Hang hinauf, vergleichbar dem römisch-antiken Tempelareal von Praeneste bei Rom. Klenze gab dem Monument mit archäologischer Genauigkeit die Form eines dorischen griechischen Tempels nach dem Typus des Peripteros, bei welchem über einem dreistufigen Sockel, der »Krepis«, und der obersten Stufe, dem »Stylobat«, auf allen vier Seiten offene Kolonnaden, d. h. Säulen und Gebälke, stehen, die den geschlossenen längsrechteckigen Kernbau umfassen. Die beiden Schmalseiten bilden die Fassaden. Sie sind durch flache Dreiecksgiebel ausgezeichnet, die ein ideales Feld für rühmende Skulptur bieten: Im Südgiebel huldigen nach dem Sieg über Napoleon die Staaten des Deutschen Bundes der stolz thronenden Germania, im Nordgiebel siegen die Germanen, geführt von Hermann dem Cherusker, über die Römer. Das Innere birgt Büsten von bedeutenden, zumeist deutschen Herrschern, Denkern, Dichtern, Gelehrten, Künstlern und Komponisten, ergänzt durch Niederländer, Österreicher und andere. 1842 bei der Eröffnung waren es 96 Büsten, und es folgten weitere. Sie stehen, in zwei Reihen übereinander, nach der Reihenfolge des Todesdatums, darunter Goethe, Schiller, Kant, Herder, Beethoven und Bismarck. In jüngster Zeit kam z. B. der aus Ulm gebürtige Albert Einstein dazu, weiterhin die von den Nazis hingerichtete Widerstandskämpferin Sophie Scholl, der Mathematiker Carl Friedrich Gauß und die heiliggesprochene Edith Stein sowie zuletzt 2010 der erstaunlicherweise bisher noch fehlende Heinrich Heine, der die Walhalla als »Inbegriff des National-Spießigen« verspottet hatte und wohl deswegen so lange nicht aufgenommen worden war. Heute sind es 130 Büsten. Die Entscheidung darüber, wer aufgenommen wird und wer nicht, trifft der Ministerrat. Ob auch dem ehemaligen bayerischen Ministerpräsidenten und Bundesminister Franz Josef Strauß die Ehre der Walhalla zuteil werden sollte, wie es die CSU fordert, ist heftig umstritten.

Walhalla, Ehrentempel

20 km stromabwärts thront das stattliche Renaissanceschloss **WÖRTH** mit vier runden Ecktürmen und einem aufragenden romanischen Bergfried behäbig über dem Donautal. Das Schloss ist ein unregelmäßiges Bautenkonglomerat aus verschiedenen Zeiten, das sich der Administrator des Hochstiftes Regensburg, Pfalzgraf Johann (1507–1538), zu seiner Residenz ausbauen ließ.

Kurz vor Wörth liegt etwas abseits des nördlichen Donauufers die ehemalige Einsiedelei **FRAUENZELL**, die 1324 zum Benediktinerkloster erhoben und von Oberaltaich aus besiedelt wurde. Frauenzell war immer recht arm und blieb ohne historischen Glanz. Umso erstaunlicher mutet die barocke Kirche an, begonnen 1737, aber erst zehn Jahre später, seit 1747, nach neuem Plan weitergebaut. Sie ist ein hochbedeutender Zentralbau, bei welchem die Raumform einer Ovalrotunde an beiden Längsseiten von je drei Wandpfeilerabseiten in Form flacher Konchen begleitet wird. Die Pfeiler bilden dreieckige Mauerkeile mit geschwungenen Flanken und einem an der Spitze abgerundeten, durch Pilaster verfestigten Kopf aus, eine unkanonische, wie von Hand modellierte Pfeilerform, die den Eindruck erweckt, als stamme sie nicht von einem Architekten, sondern von einem Bildhauer oder Stuckateur. Der Chor ist eine eigene Kreisrotunde. Auf der gegenüberliegenden Seite im Westen antwortet ihr der Eingangsraum mit einer Empore, auf dem sich der Psallierchor der Mönche befand. Der Hauptraum ist von acht Pfeilerarkaden umschlossen. Er gehört dem Zentralbautypus des »Acht-Arkaden-Raums« an, wie er in Bayern etwa seit 1700 gebräuchlich war. Das Besondere liegt hier darin, dass die Bögen der Arkaden alle konvex in den Raum einschwingen und so das ganze Aufbaugerüst in Bewegung bringen und dynamisieren. Der Bau ist »kurviert«. Hierin wie auch in der Form der Pfeiler äußert sich der Einfluss der kurvierten Architektur des benachbarten Böhmen, die man dort den »radikalen Barock« nennt.

Der Architekt ist nicht überliefert. Zu Beginn der Arbeiten, 1737, hatte der Abt »berühmtiste, vortrefflichste H. von Asam und andere verständigste baumayster« konsultiert, doch ob diese auch Baupläne geliefert haben, bleibt offen. Die Ausführung scheint der Baumeister des Klosters Metten, Benedikt Schöttl, zusammen mit seinem Sohn Albert gehabt zu haben. Möglich, dass Schöttl einen älteren Plan, vielleicht von Cosmas Damian Asam, der den böhmischen Barock gut kannte, überarbeitet hat.

45 km stromabwärts von Regensburg erreicht die Donau im fruchtbaren Landstrich des Gäubodens die ehemalige Residenzstadt **STRAUBING** ▸ Abb. S. 83. Hier gab es in römischer Zeit das Kastell Sorviodurum, das anstelle einer keltischen Siedlung unter Kaiser Vespasian (69–79 n. Chr.) für die II. raetische Kohorte angelegt wurde. Nach Zerstörungen durch Markomannen und Alemannen scheint das Kastell in den Bereich der heutigen Peterskirche verlegt worden zu sein, wo in karolingischer Zeit die Siedlung »Strupinga« mit Königshof entstand. Diese kam in den Besitz des Augsburger Bischofs Bruno, des jüngeren Bruders Kaiser Heinrichs II., der sie 1029 dem Domkapitel Augsburg schenkte. In der mit Marktrechten ausgestatteten Siedlung, heute »Alt-Straubing« genannt, wurde um 1200 die Pfarrkirche St. Peter errichtet, ein gut erhaltener spätromanischer Quaderbau vom Typus der in Bayern weit verbreiteten »alpenländischen Basilika«, d. h. einer im Langhaus flach gedeckten schlichten Pfeilerbasilika, deren Schiffe ohne Querhaus in drei Parallelapsiden enden. Im 19. Jahrhundert wurde die Westfassade durch neuromanische Türme übermäßig hoch aufgestockt. Die Kirche steht in einem stimmungsvollen alten Friedhof mit mehreren Kapellen ▸ Abb. rechts und einer wehrhaften Umfassungsmauer ▸ Taf. S. 96.

Straubing, Friedhof St. Peter, Totenkapelle

Westlich von Alt-Straubing gründete Herzog Ludwig der Kelheimer 1218 eine neue Stadt, das heutige Straubing, als Stützpunkt gegen die benachbarten Grafen von Bogen. Hier kreuzten sich die Handelsstraßen vom Mittelrhein nach Wien und von Süden nach Böhmen. Im Spätmittelalter ergab sich die seltsame politische Situation, dass das kleine Straubing in Verbindung mit den entlegenen, weitaus bedeutenderen Niederlanden stand, deren hohe kulturelle Blüte soeben einsetzte. Die Verbindung kam durch Erbgang zustande: Kaiser Ludwig der Bayer, der mit Margarete von Holland verheiratet war, hatte von seinem Schwager die reichen Grafschaften Holland, Seeland, Friesland und Hennegau geerbt. Nach dem Tod des Kaisers wurde das Herzogtum Bayern 1349 unter seinen Söhnen aufgeteilt. Die jüngsten Söhne, Wilhelm I. und Albrecht I., erhielten 1353 aus der bayerischen Erbmasse das nicht sonderlich wichtige Straubinger Ländchen, dazu aber die niederländischen Besitzungen mit Den Haag, wo sie sich bevorzugt aufhielten, während Straubing von Statthaltern verwaltet wurde. Wilhelm bekam das niederländische Erbe nicht gut. Er verfiel, vielleicht infolge von Gift, der Raserei und ist in Holland noch heute als der bayerische »dolle graaf« bekannt.

Die bayerischen Herzöge scheinen in den Niederlanden die Dienste der bedeutendsten Maler dieser Zeit, der Brüder van Eyck, beansprucht zu haben: In dem hochberühmten, 1904 verbrannten Turiner Stundenbuch war eine Van-Eyck-Miniatur mit Reitern am Meeresstrand und einem fürstlichen Anführer enthalten, der offenbar ein Bayer war, denn das hinter ihm hochgehaltene Banner zeigte das Wappen des Hauses Bayern-Holland. Dargestellt war das Dankgebet des Fürsten nach Errettung aus Seenot. Bei dem Fürsten scheint es sich um Albrechts I. Nachfolger Wilhelm II. († 1417 an einem Hundebiss) und bei der Prinzessin im Hintergrund der Miniatur um seine Erbtochter Jakobea

AGNES BERNAUER

Albrecht III. wurde ungewollt zum Auslöser einer der übelsten Tragödien der Wittelsbacher, die schon 1780 Stoff für ein Theaterstück des Grafen Joseph Anton von Törring geboten hat und 1947 von Carl Orff vertont worden ist: Albrecht hielt mit der ihm heimlich angetrauten Augsburger Badertochter Agnes Bernauer öffentlich Hof. Daraufhin ließ 1435 sein Vater Herzog Ernst, der sich Sorgen um die Erbfolge machte, Agnes verurteilen und in einem Sack in der Donau ertränken. Um diesen Justizmord zu sühnen, veranlasste er ein Jahr später den Bau einer Grabkapelle am Friedhof von St. Peter und die Anfertigung einer steinernen Grabplatte, auf der die Bernauerin ganzfigurig verewigt ist ▸ **Abb. rechts.** In den Vater-Sohn-Konflikt griff vermittelnd sogar der Kaiser ein.

gehandelt zu haben. Die niederländischen Besitzungen fielen nach dem Aussterben des Hauses Bayern-Holland 1425 bzw. 1529 an Burgund, Straubing selbst aber 1429 an Herzog Ernst von Bayern-München, der die Straubinger Verwaltung 1433 seinem Sohn Albrecht III. übertrug. In den Folgezeiten verlor Straubing seinen Rang als Residenzstadt und wurde herzogliches, später kurfürstliches Rentamt.

Das herzogliche Schloss, begonnen 1356 von Herzog Albrecht I., ist ein unregelmäßiger, schlichter Bautenkomplex in der Nordostecke der Stadt direkt an der Donau. Die Stadt wurde im 13./14. Jahrhundert beidseitig um einen 600 m langen, für den Markt bestimmten Straßenplatz angelegt, in dessen Mitte das Rathaus mit Stadtturm steht. Diese für Bayern typische Stadtgestalt ist im Ursprungszustand mit Stadtmauer festgehalten im Holzmodell des Jakob Sandtner von 1568 (München, Bayerisches Nationalmuseum. Dort auch Sandtners Stadtmodelle von München und Ingolstadt).

Die Stadtpfarrkirche St. Jakob in der Nordhälfte der Stadt, ein Backsteinbau, entstand von etwa 1400/15 bis 1512 als dreischiffige Hallenkirche mit Chorumgang und niedrigen Kapellen zwischen den Strebepfeilern ▸ **Taf. S. 94.** Nach den Frauenkirchen von München und Ingolstadt ist sie mit ca. 92 m Länge und knapp 30 m Breite die drittgrößte Hallenkirche Bayerns. Das weiträumige Innere mit seinen nackten, extrem dünnen Rundpfeilern und halbrunden Wandvorlagen ist trotz der langen Bauzeit in straffem Zug durchgeführt und vollkommen einheitlich. Die Pfeiler stehen frei im Raum, vergleichbar schlank aufsteigenden Baumstämmen. Die ehemals sicherlich großartige Wirkung ist jedoch stark durch die unpassende kahlflächige Wölbung beeinträchtigt. Sie ersetzt die ursprüngliche Netzrippenwölbung, die um 2,50 m höher ansetzte. Der Raum hatte also steilere Proportionen, und die Pfeiler waren noch höher. Bei dem Stadtbrand von 1780 wurde die gotische Wölbung so weit beschädigt, dass sie beseitigt werden musste. Die danach eingezogene heutige Wölbung vermittelt den Eindruck blanker Not.

Die Kirche ist ein Hauptwerk des Landshuter Baumeisters Hans von Burghausen (früher fälschlich Hans Stethaimer genannt), von dem auch St. Martin und die Heilig-Geist-Kirche in Landshut, der Chor der Franziskanerkirche in Salzburg sowie die Stadtkirchen in Neuötting und Wasserburg stammen. Alle diese Bauten sind jeweils sehr eigenständige Schöpfungen und erweisen Hans von Burghausen als einen Raumkünstler sui generis.

Von der Ausstattung der Straubinger Kirche ist der neugotische Hochaltar von Bedeutung, weil er die Schreinfiguren und die Flügelbilder eines um 1485 entstandenen spätgotischen Wandelaltares enthält, der aus der Nürnberger Augustinerkirche stammt, von wo er 1590 erworben worden ist. Die Bilder der Doppelflügel sind Werkstattarbeiten des Michael Wolgemut, des Lehrers von Albrecht Dürer. In St. Jakob ist das herausragende Ausstattungsstück die ganzfigurige Grabplatte des Bürgermeisters und herzoglichen Kämmerers Ulrich Kastenmayr († 1431) mit einem ungeschönten lebensnahen Porträtkopf, der einen breitkrempigen Hut der niederländischen Mode trägt, aber trotzdem auf dem Sterbekissen ruht und wie im Moment des Todes zur Seite sinkt ▸ **Taf. S. 95.** Die Grabplatte ist ein Hauptwerk der neuen realistischen Skulptur nach dem vorangehenden »Weichen Stil«. Wie es scheint, war der Künstler von der niederländischen Porträtmalerei beeinflusst, was angesichts der Verbindungen zwischen Straubing und den Niederlanden auch nicht verwundern muss.

Eine zweite spätgotische Hallenkirche von Rang ist die Straubinger Karmelitenkirche. 1368 war der Orden von Regensburg nach Straubing übergesiedelt. Bald danach entstand die Kirche: zuerst der einschiffige Langchor, in welchem 1397 Herzog Albrecht II. bestattet wurde, obwohl der Chor noch nicht vollendet war, danach das dreischiffige Langhaus. 1430 erfolgte die Weihe, doch erst 1466 konnte im Chor die Wölbung eingezogen werden. Die Namen der Baumeister sind nicht überliefert. Der hoch und schlank aufsteigende Chor lässt sich Hans Krumenauer, dem Meister des Chors von St. Martin in Landshut, zuschreiben. Mit der Höhe des Chores legte er zugleich die Steilproportionen des Langhauses fest. Dieses dürfte von Hans von Burghausen ausgeführt worden sein, der auch in Landshut das Langhaus errichtet hat. Demnach wiederholte sich in Straubing die Baugeschichte von St. Martin.

Seit 1700 barockisierte Wolfgang Dientzenhofer aus Amberg das Innere. Er war der zweitälteste der fünf berühmten Dientzenhofer-Brüder, die aus Oberbayern nach Prag gezogen waren. In der Karmelitenkirche gab Wolfgang den gotischen Pfeilern durch Ummantelung eine neue Form: halb Vierkantpfeiler, halb Säule. Ähnliche Pfeiler verwendete später Dominikus Zimmermann in der Wieskirche. Das Hauptproblem der Umgestaltung lag darin, den Pfeilern trotz ihres rasanten Höhenzuges Proportionen zu geben, die zeitgemäß waren und

Straubing, Bernauer-Kapelle bei St. Peter, Grabplatte der Agnes Bernauer, 1435

Straubing, Straßenplatz mit Stadtturm im Hintergrund

dem festgelegten Kanon der neuzeitlichen Säulenordnungen entsprachen. Das Mittel hierfür war eine hohe Aufsockelung. Zudem wurden in Chor und Langhaus neue Wölbungen eingezogen. Das Innere blieb zwar ein gotischer Steilraum, doch präsentiert er sich in barocken Formen, was noch unterstrichen wird durch den von Joseph Matthias Götz aus Passau gelieferten Hochaltar, der den Mönchschor vom Langhaus abtrennt.

Die Grabtumba Herzog Albrechts II. im Chor, entstanden um 1410/20 im Auftrag von Albrechts Bruder Johann III., trägt die überlebensgroße Liegefigur des Herzogs mit Rüstung, Mantel und hohem Herzogshut, die rechte Hand das Banner, die linke den Rautenschild haltend, das Ganze gerahmt von gedrehten Rollbändern. Dieses qualitätvolle Werk fürstlicher Sepulkralskulptur ist standesgemäß aus kostbarem weißgefleckten Salzburger Rotmarmor, dem sog. Rotscheck, gearbeitet.

Eine bedeutende Kirche des Barock in Straubing ist die Kirche der Ursulinen, eines Ordens, dessen Hauptanliegen die schulische Bildung der weiblichen Jugend war. Die ersten Ursulinenschwestern kamen 1691 aus Landshut nach Straubing. Für den Bau der Kirche gewannen sie 1736 die Brüder Asam, die hier ihr letztes gemeinsames Werk schufen ▸ **Taf. S. 97**. 1741 erfolgte die Weihe durch den Fürstbischof Theodor von Freising und Regensburg, den Bruder des bayerischen Kurfürsten und späteren Kaisers Karl Albrecht. Den Plan für die Kirche lieferte Egid Quirin Asam, der Bildhauer und Stuckateur, welcher der Oberin versicherte, die Brüder würden »eine freidt haben eine schone Kirchen zu bauen und zu ziern«. Wie immer bei den Asam kam es auf die Zier ganz besonders an.

Vom Typus her ist die Kirche im Kern eine Kreisrotunde, doch ist sie auf allen vier Seiten des Achsenkreuzes durch Konchen erweitert. Diese sind auf der Querachse seichte Nischen, auf der Längsachse angeschnittene querovale Rotunden. Der Raum ist ein Musterbeispiel für den immer zum Prunk neigenden Asam'schen Ausstattungsbarock mit Deckenfresken und viel Stuckdekor, vor allem aber mit drei pompösen Altarretabeln, deren gedrehte Säulen in ihren Abmessungen dem Aufbau der Wände angepasst sind, so als seien sie keine eingestellten Ausstattungsstücke, sondern selber Teil der Architektur.

Die ehemalige Benediktinerabtei **OBERALTAICH** direkt am linken Donauufer in der Nähe von Straubings Nachbarstadt Bogen wurde um 1102 als Hauskloster der Grafen von Bogen gegründet und von dem weiter flussabwärts gelegenen Niederaltaich besiedelt. Zur Mutterabtei trat Oberaltaich später in Konkurrenz, als es die Legende in die Welt setzte, schon 731, also im selben Jahr wie Niederaltaich, gegründet worden zu sein, und zwar von Herzog Odilo und dem hl. Pirmin, dem Gründer des Reichenau-Klosters. Demnach hätte auch Oberaltaich zu den bayerischen Uraltklöstern gehört und wäre Niederaltaich nach historischer Reputation ebenbürtig gewesen. Die Legende wurde erstmals von dem Historiker Aventinus († 1534), dem Vater der neuzeitlichen bayerischen Geschichtsschreibung, im Druck veröffentlicht. Auf dem östlichen Langhausfresko ist die legendäre Gründung von 731 dargestellt. Den Abt von Oberaltaich ernannte Ludwig der Bayer zum kaiserlichen Hofkaplan, ein Zeichen für die Wertschätzung des Klosters bei Hofe, und beauftragte ihn, das Bett der Donau weiter nach Westen verlegen zu lassen.

Die heutige Kirche entstand bald nach Ausbruch des 30-Jährigen Krieges von 1622 bis 1629 ▸ **Taf. S. 99**. Die Pläne fertigte Abt Vitus Hoeser persönlich an. Er tat sich hiermit als ein typischer »Dilettanten-Architekt« hervor, wie es sie im Barockzeitalter unter bayerischen Prälaten auch sonst gelegentlich gab. Zur Weihe 1630 reisten sogar Kaiser Ferdinand II. und Kurfürst Maximilian I. von Bayern an. Nach Abt Hoesers Bauplan wurde die Kirche als Hallenkirche mit Emporen angelegt, vergleichbar dem wenig früher entstandenen protestantischen »Trutz Michael« in Neuburg an der Donau, doch war das Konzept insofern ganz anders und einzigartig, als die auf allen vier Seiten umlaufenden Emporen erklärtermaßen den Mönchen als Kreuzgang dienen sollten. Der Abt gab seiner Kirche zudem eine leicht verständliche Symbolik, indem er auf allen vier Seiten eine doppelstöckige, von Hoeser »Coronarium« genannte Kapelle über dem Grundriss eines Dreiviertelkreises anfügte, was insgesamt auf die Form des Kreuzes anspielte. Die südliche, zur Donau weisende Kapelle wurde im 19. Jahrhundert wegen Baufälligkeit abgerissen. Beidseitig der westlichen Kapelle ließ Hoeser Türme errichten, gleichsam hoch aufragende Wächter über das Kloster, die er nach dem Gründer des Ordens und dessen Schwester »Benedictus« und »Scholastica« nannte. Hoeser sorgte zudem dafür, dass auf dem Dachfirst der Kirche weithin sichtbar die Leidenswerkzeuge Christi aufgestellt wurden.

Zur Tausendjahrfeier der legendären Gründung 731 wurde 1731 das Innere ausgemalt, wobei die Malerei ein allegorisches Gesamtprogramm verwirklichte und zugleich eine zeitgemäße Stuckdekoration imitierte. Hingegen stammen die

Altäre, ursprünglich nicht weniger als 25, heute nur noch 17 an der Zahl, zumeist noch aus der Bauzeit.

Wie viele andere Klöster auch, betrieb Oberaltaich eine Wallfahrt, und zwar auf dem **BOGENBERG**, einer steilen, schon in der Bronzezeit besiedelten Erhebung am linken Donauufer, die vom Fluss aus 118 m ansteigt. Der Berg, das Wahrzeichen der Gegend, ist ein südlicher Ausläufer des Bayerischen Waldes und besteht aus hartem Gneisgestein. Er ist Niederbayerns »Heiliger Berg«.

Ursprung der Wallfahrt war ein steinernes Marienbild, das im Jahre 1104 die Donau hinaufgeschwommen sein soll. Ähnliche Gründungslegenden gibt es auch bei einigen anderen Wallfahrten. Für die heutige spätgotische Kirche, vollendet 1463, flossen aus Bayern reichliche Spenden von vielen Adligen und fast allen Städten und Märkten, z. B. München, Passau, Regensburg und dem damals noch bayerischen Salzburg. Die Kirche ist eine Staffelhalle mit dünngliedrigen Rippengewölben, die eine gewisse Vorstellung davon geben, wie die Gewölbe der großen Kirchen in Straubing ursprünglich ausgesehen haben könnten.

Kurz vor der Kreisstadt Deggendorf folgt am linken Donauufer die Benediktinerabtei **METTEN**. Nach der Säkularisation wurde sie 1830 auf Betreiben König Ludwigs I. wieder von Mönchen besiedelt und besteht noch heute. Gegründet wurde Metten 766 als Kolonisationskloster für die nördlich anschließenden Wald- und Rodungsgebiete bis zum Regen. Der erste Konvent kam von der Reichenau. Karl d. Gr. vermehrte den Besitz und stellte das Kloster 790 unter königlichen Schutz. 1157 schloss Metten sich der Hirsauer Reform an. In der Gotik machte Abt Petrus (1389–1427) das Kloster zu einem Zentrum der Buchmalerei. Kurz darauf entstand nach 1450 anstelle des vielfach umgebauten, noch in karolingische Zeit zurückgehenden Vorgängerbaus eine gotische Hallenkirche mit östlichem Langchor.

Abt Roman Märkl ließ 1712 bis 1729 unter Nutzung der gotischen Mauersubstanz die heutige Barockkirche errichten: einen breit proportionierten tonnengewölbten Wandpfeilerbau, dessen Abseiten ungewöhnlicherweise nischenartig ausgerundet sind ▸ **Taf. S. 100**. In den Wandpfeilern stecken auf der Südseite die gotischen, ehemals außen angebrachten Strebepfeiler. Das ortsprägende Wahrzeichen von Metten ist die doppeltürmige Westfassade, bei der sich in der Mitte eine Konche bauchig vorwölbt, so als sei diese ein Westchor. Hier orientierte man sich offensichtlich am Westbau des nahen Oberaltaich. Die Pläne für die Kirche lieferte der Straubinger Stadtbaumeister Jakob Ruesch, die Durchführung lag in Händen des Klosterbaumeisters Benedikt Schöttl.

Die ausgedehnten, um vier Höfe gruppierten Klostergebäude enthalten im nördlichen Hof einen Festsaalbau mit geschwungener Fassade und im Inneren mit kurvig geführten Wänden, das Hauptwerk von Benedikt Schöttl, begonnen 1734, vollendet 1759 nach einer Bauunterbrechung im Österreichischen Erbfolgekrieg.

Berühmt ist Metten vor allem wegen seiner Bibliothek von 1724 bis 1726 ▸ **Taf. S. 101**. Sie ist ein zweischiffiger Raum, der schon 1624 gebaut worden war, aber jetzt vom Stuckateur Franz Joseph Holzinger überformt wurde. Er ummantelte die vorhandenen Stützen höchst phantasievoll mit Paaren figürlicher Atlanten, welche die niedrigen Gewölbe tragen und dem Raum das unverkennbare Gepräge geben. Das Vorbild für die Atlanten bot die Sala terrena des Oberen Belvedere in Wien von Lukas von Hildebrandt. Holzinger hatte bei Hildebrandt gearbeitet. Zusammen mit dem Freskanten Innocenz Waräthi aus Sterzing in Südtirol gab er dem Raum ein prachtvolles Festgewand mit einem thematischen Programm, das die Bibliothek als einen Tempel christlich-theologischer Weisheit feiert und vor falschen Reformatoren warnt. Die Mettener Bibliothek nimmt unter den vielen klösterlichen Prachtbibliotheken des 18. Jahrhunderts wegen der raumbeherrschenden, in die Mitte gestellten Atlanten eine Sonderstellung ein.

Die Metten benachbarte Kreisstadt **DEGGENDORF** wurde 1246 auf Veranlassung des Wittelsbacher Bayernherzogs Otto II. neben einer älteren Siedlung als systematische Neugründung mit Wall und vier Toren und einer breiten Marktstraße, wie sie für niederbayerische Städte typisch ist, angelegt. 1338 ereignete sich ein Judenpogrom: Handwerker der Stadt ermordeten aus finanziellen Interessen Juden und beschuldigten sie anschließend, zehn geweihte Hostien gemartert und in einen Brunnen geworfen zu haben. Anstelle der Synagoge erbauten die Bürger, denen Herzog Heinrich XIV. aus der niederbayerischen Linie der Wittelsbacher noch im selben Jahr Amnestie gab, eine Hl.-Grab-Kirche zur Aufbewahrung der Hostien. Hieraus entwickelte sich inmitten der Stadt eine Massenwallfahrt, nachdem Papst Bonifaz IX. 1401 die »Gnad«, einen großen alljährlichen Ablass für sechs Tage, gewährt hatte.

Der etwa 70 m hohe dreistöckige Turm der Grabeskirche ist das Wahrzeichen der Stadt. Er ist laut lateinischer Inschrift »ein heiliger und starker Turm«. Von 1722 bis 1726 wurde er nach Plänen des Münchener Hof-Unterbaumeisters Johann Baptist Gunetzrhainer von Johann Michael Fischer ausgeführt. Es ist dies eines der frühesten Werke Fischers, der dann rasch zum renommiertesten Barockbaumeister in Bayern und Bayerisch Schwaben aufsteigen sollte. Das charakteristische Aussehen erhält der Turm durch die schwellende Haube und das mit Säulen besetzte oberste Stockwerk, dessen Abschlussgebälk spitz aufgebogen ist. Schon damals wurde der Turm von allem Volk, insbesondere aber von den Bauverständigen wegen seiner »Schönnheit und Zierlichkheit« aufs Höchste gelobt. Auch heute gilt er als einer der schönsten Barocktürme in Bayern, dem Land, das mit barocken Kirchtürmen und Zwiebelhauben so reich gesegnet ist wie kaum ein anderes.

Die Benediktinerabtei **NIEDERALTAICH** am linken Donauufer ist nur 16 km vom benediktinischen Nachbarkloster Metten entfernt. Nach der Säkularisation 1803 wurde Niederaltaich 1918 von Metten aus neu besiedelt und 1930 wieder zur Abtei erhoben. Das Kloster, das 731 oder 741 von Herzog Odilo gegründet und von Mönchen der Reichenau besiedelt wurde, zählt zu den ältesten und historisch wichtigsten in Bayern. Von hier aus wurde die

Region bis zum Bayer- und Böhmerwald kolonisiert und die Ostmark kulturell erschlossen. Der hohe Rang des Klosters zeigt sich u. a. daran, dass König Ludwig der Deutsche Abt Gozbald (825–855) zu seinem Erzkanzler bestellte. Die Abtei war eine Pflegestätte kirchlicher und klösterlicher Kultur. Über 50 Mönche wurden von hier als Äbte in andere Klöster bis hin ins unteritalienische Montecassino oder als Bischöfe entsandt, darunter der hl. Godehard (960–1038), der Sohn eines Dienstmannes des Klosters. 996 wurde Godehard in Niederaltaich Abt und reformierte dann im Sinne der Reform von Gorze die Klöster Tegernsee, Hersfeld und Kremsmünster. 1022 trat er in Hildesheim die Nachfolge des hl. Bischofs Bernward an. Nach Godehard ist der St. Gotthard-Pass benannt.

In Niederaltaich wurde die romanische Klosterkirche durch eine frühgotische Hallenkirche ersetzt, deren dreischiffiger platt geschlossener Chor 1260 bis 1270 und deren Langhaus 1295 bis 1306 entstanden. Erst um 1570 konnten Wölbungen eingezogen werden. Diese Hallenkirche steckt als Kern im heutigen Barockbau, begonnen 1718 unter Leitung des Baumeisters des Passauer Domkapitels Jakob Pawanger, der jedoch 1722 vom jungen Johann Michael Fischer aus München abgelöst wurde, nachdem die frisch gelegten Fundamente des Ostbaus nachgegeben hatten. Dass die Kirche kein barocker Neubau, sondern der Umbau einer gotischen Kirche ist, deren Pfeiler zum Teil in den heutigen stecken, lässt sich im Inneren nicht erkennen ▸ **Taf. S. 98**. Pawanger schuf eine Hallenkirche mit Emporen. Vom Typus her ist sie mit Oberaltaich vergleichbar, doch ist der Aufbau der Pfeiler und Bögen deutlich an der barocken Wandpfeilerbauweise des österreichischen Carlone-Kreises orientiert, erkennbar vor allem an den mächtigen Gebälkblöcken und den Stirnpilastern der Pfeiler. Die Emporen sind mit den darunter befindlichen Seitenschiffsjochen durch ovale Gewölbeöffnungen verbunden, eine Idee, die von den Kapellen der Salzburger Kollegienkirche des Johann Bernhard Fischer von Erlach angeregt ist.

Im Mittelschiff, das von Flachkuppeln und breiten Gurtbögen gewölbt ist, sitzen die Emporen mit ihren leicht geschwungenen Brüstungen sehr hoch, im Chor hingegen tiefer. Hier sind sie gegenüber den Scheidarkaden deutlich aufgewertet, offenbar im Hinblick auf eine hochherrschaftliche Nutzung, für die eigens auch Oratorien angebracht sind. Das Chorgewölbe sitzt ein gutes Stück höher als die Flachkuppeln des Langhauses. Es ist ein Spiegelgewölbe ohne Gurte und ruht auf Volutenkonsolen, ganz so wie das Chorgewölbe des Passauer Domes. In Niederaltaich sind der Chor für die Mönche und das Langhaus für das Volk wirksam unterschieden. Die Kirche ist eine der besten im Donauraum. Sie steht weniger in der bayerischen als in der österreichischen Tradition, wobei Einflüsse des Carlone-Kreises, des Passauer Domes und des Linzer Architekten Johann Michael Prunner gestaltgebend zusammenkamen.

Schräg gegenüber von Niederaltaich folgt auf der rechten Donauseite hinter der Mühlhamer Schleife das ehemalige Prämonstratenserstift **OSTERHOFEN**. Der Ort war in der Frühzeit ein wichtiger bayerischer Regierungssitz. Es gab hier eine Pfalz der agilolfingischen Herzöge Odilo und Tassilo III., die dann in den Besitz der Karolinger überging. Herzog Hezilo, der Bruder der späteren Kaiserin Kunigunde, und seine Gattin Luitgardis machten um 1002/04 aus der Pfalz ein Augustiner-Chorherrenstift. Kunigundes Gatte, Kaiser Heinrich II., unterstellte das Stift dem von ihm mit allen Mitteln geförderten Domstift Bamberg. Bischof Otto von Bamberg übergab die Niederlassung 1128 dem Prämonstratenserorden, der kurz zuvor von Norbert von Xanten, einem Freund Bischof Ottos, gegründet worden war. Der Konvent kam aus Ursberg in Schwaben. Die meisten der für Osterhofen im Hochmittelalter wichtigen Persönlichkeiten sind später heiliggesprochen worden: Kunigunde und Heinrich II., Otto und Norbert. 1783 wurde das Prämonstratenserstift aufgelöst und von der Witwe des bayerischen Kurfürsten Max III. Joseph, Anna Maria Sophie, für das adelige Damenstift in München erworben. Sie war eine Tochter von August dem Starken, dem König von Polen und Kurfürsten von Sachsen. Seit 1858 wirken in Osterhofen die Englischen Fräulein der Maria Ward.

Die heutige Kirche (1982 zur päpstlichen Basilika erhoben) ist eine der berühmtesten Barockkirchen Bayerns ▸ **Taf. S. 103**. Sie ist das früheste eigenständig entworfene Werk des Johann Michael Fischer. Ihm gelang hier sofort ein Meisterwerk. 1727/28 entstand unter Nutzung der Grundmauern und der romanischen Doppeltürme des Vorgängerbaus die neue Kirche. Fischer machte aus der mittelalterlichen Basilika einen Saalbau mit Wandpfeilerabseiten und Emporen, wobei er dem Raum, obwohl dieser die gleiche Gesamtbreite wie der Vorgänger hat, eine größere Weite geben wollte, um Platz für »mehrer Volckh« zu schaffen.

Der Bautypus des Wandpfeilersaales mit Emporen war nichts Neues. Schon 1685 hatte der Vorarlberger Baumeister Michael Thumb in der Prämonstratenser-Reichsabtei Obermarchtal an der Donau (s. S. 11), die demselben Orden wie Osterhofen angehörte, die Kirche nach ebendiesem Typus mit exakt den gleichen Gliederungen und Wandschichtungen angelegt. Das bahnbrechend Neue an Fischers Konzept lag darin, die bis dahin streng rechtwinklige und deshalb immer etwas starre Wandpfeilerbauweise zu kurvieren. Er ließ die Bögen der Kapellen, die Emporenbrüstungen und die Gewölbebögen über den Emporen konvex in den Raum vorschwingen und muldete im Gegensinn die Pilaster an den Wandpfeilerstirnen mit flacher Kurve konkav aus. So entstand an der seitlichen Raumbegrenzung über die ganze Länge eine ondulierende Bewegung. Innerhalb der Abseiten erhielten die Kapellen und Emporen die Form kleiner ovaler Rotunden. Zudem gab Fischer dem Längsraum eine zentralisierende Tendenz, indem er im Osten und Westen die Schmalseiten ausrundete sowie jeweils vor der Rundung ein schmales, sanft vorschwingendes Wandstück einfügte, womit er den Abseiten zusätzlich eine feste Begrenzung gab. Fischer überformte die althergebrachte bayerische Wandpfeilerbauweise mit den Mitteln der kurvierten böhmischen Architektur, die er ein Jahrzehnt früher auf seiner Gesellenwanderung in Böhmen und Mähren kennengelernt hatte. Osterhofen war eine gestalterische Leistung ersten Ranges und für Bayern eine Pioniertat. Später in Zwiefalten (s. S. 11) griff Fischer die Ideen von Osterhofen wieder auf.

Obwohl beim Bau auf Weisung aus München eisern gespart werden sollte, wurden gleich anschließend die Brüder Asam berufen, die zu den teuersten Ausstattungskünstlern überhaupt gehörten. Diese gaben dem Raum bis 1735 mit Fresken, Stuck und Altären einen buntfarbig satten, schwelgerischen Ornat von höchstem Anspruch und im Einzelnen von erlesener Qualität, so vor allem bei den Figuren des Hochaltars ▸ **Taf. S. 102**, doch übertönt die Ausstattung ein wenig das feine schwingende Linienspiel der Architektur und macht den Raum zu einem prunkenden Festsaal mit den Effekten des barocken »theatrum sacrum«. So wurde aus der »Fischer-Kirche« am Ende eine »Asam-Kirche«, als die sie heute generell gilt.

Wie so oft in Bayern übernahm sich das Stift mit den Kosten für Bau und Ausstattung total. 1783 belief sich die Schuldenlast auf kaum vorstellbare 301000 Gulden, die aber von der Kurfürstenwitwe Anna Maria Sophie, als sie das Stift kaufte, ohne weiteres bezahlt werden konnten.

Bei **KÜNZING**, unterhalb von Osterhofen wurde aus der Zeit um 4800 v. Chr. eine viertorige Kreisgrabenanlage von 110 m im Durchmesser aufgedeckt, ursprünglich wohl ein Heiligtum. Es gehört zu den besterhaltenen Bodendenkmälern der Jungsteinzeit. Zwischen 90 und 100 n. Chr. legten die Römer in Künzing das Kohortenkastell Quintana an, das später zu einem Steinkastell ausgebaut wurde und bis weit ins 5. Jahrhundert Bestand hatte. Die Funde sind in einem Museum ausgestellt.

Rechts der Donau erreicht man auf dem Wege nach Passau schon bald die nächste »Asam-Kirche«: die ehemalige Zisterzienserkirche **ALDERSBACH**. Das Kloster liegt im Tal der Vils nahe Vilshofen. Ursprünglich war es ein von Bischof Otto von Bamberg gegründetes Augustiner-Chorherrenstift, doch wurde dieses 1146 den Zisterziensern übergeben und von Ebrach im Steigerwald aus besiedelt. Über die Mutterabtei Ebrach gehörte Aldersbach in die Filiation der nordfranzösischen Primarabtei Morimond.

Das 18. Jahrhundert war das Goldene Zeitalter von Aldersbach. Der aus Graubünden stammende Stadtbaumeister von Landau an der Isar, Domenico Magazini, einer der vielen italienischen Baumeister im Lande, errichtete für die Klosterkirche ein neues Langhaus in Form eines breit und niedrig proportionierten, tonnengewölbten Wandpfeilersaales, während der gerade erst ein Jahrhundert alte Chor von 1617 in den Neubau einbezogen wurde. Baukünstlerisch war die Kirche eine tüchtige, aber nicht herausragende Leistung. Doch dann kamen 1718 die Asam-Brüder. Im Zeitraum von zwei Jahren dekorierten sie das Innere. Beim Stuck ging Egid Quirin, der früher schwere italienische Ornamentformen bevorzugt hatte, zur leichteren französischen Régence-Ornamentik mit Bandelwerk über.

Ein Geniestreich war aber erst Cosmas Damians Deckenfresko im Langhaus. Er schuf hier etwas für Bayern Neues, indem er drei Abschnitte zu einem großflächigen Feld mit einheitlicher geschwungener Rahmung zusammenfasste. In die Rahmung, die in der unteren Hälfte des Bildes noch durch elegante Balustraden hervorgehoben wird, setzte er eine architektonische Szenerie mit Treppen und Phantasiebauten in jäh stürzender Perspektive, berechnet für die schräge Untersicht vom Eingang aus. Die Szenerie bildet die einfassende Kulisse für den Stall von Bethlehem, zu dem, vom Engel geschickt, die Hirten herbeieilen. Darüber sieht man in den Himmel mit Gottvater und Engeln. Zuunterst ruht auf einem vorgewölbten Balkon in lässig liegender Haltung der junge Bernhard von Clairvaux, der prominenteste Ordensheilige der Zisterzienser, dem sich hier die Geburt Christi als Vision darbietet. Laut Inschrift wurde Bernhard zum honigfließenden Kirchenlehrer, weil ihn das aus dem Wort geborene Kind belehrte. Honiggelb ist auch der Gesamtton des in erdigen Ockerfarben gehaltenen Bildes. Es ist wie ein Paukenschlag der Anfang der großformatigen Deckenmalerei des bayerischen Barock, die in diesem Lande seither eine ungeahnte Blüte erlebte.

PASSAU

Kurz vor der Grenze Bayerns nach Österreich liegt die Dreiflüssestadt Passau ▸ **Abb. S. 87** am Zusammenfluss von Donau, Inn und Ilz. Schon die keltischen Bojer hatten um 450 v. Chr. auf dem schmalen, lanzettförmigen Bergrücken zwischen Donau und Inn, dem heutigen Domberg, das befestigte Oppidum »Bojodurum« angelegt. Dieses fiel 15 v. Chr. in die Hand der Römer, die am rechten Ufer des Inn ein Auxiliar-Kastell bauten, dem sie den alten Namen Bojodurum gaben. Um 270 n. Chr. errichteten die Römer am Ort des späteren Klosters Niedernburg ein weiteres Kastell als Lager für die IX. batavische Kohorte, »Castrum Batavis« genannt. Die Bataver, von denen Passau letztendlich seinen Namen hat, waren ein von Caesar unterworfener germanischer Stamm am Niederrhein. Das Kastell am Inn wurde gegen Ende des 3. Jahrhunderts ein Stück innaufwärts verlegt. Es erhielt den Namen »Boiotro«.

In der Nähe des Kastells gab es bereits eine Kirche. Neben ihr gründete der hl. Severin, der Apostel Noricums († 482), für eine klosterähnliche Gemeinschaft eine Zelle. Severin verließ aber Passau bald wieder und wich um 477 mit den Römern vor dem Ansturm der Germanen nach Lauriacum (Lorch bei Enns) (s. S. 136) aus. Schon zu Severins Zeiten soll es in Passau eine Bischofskirche gegeben haben, wie die im Jahre 511 von Eugippius verfasste Vita Severins bezeugt.

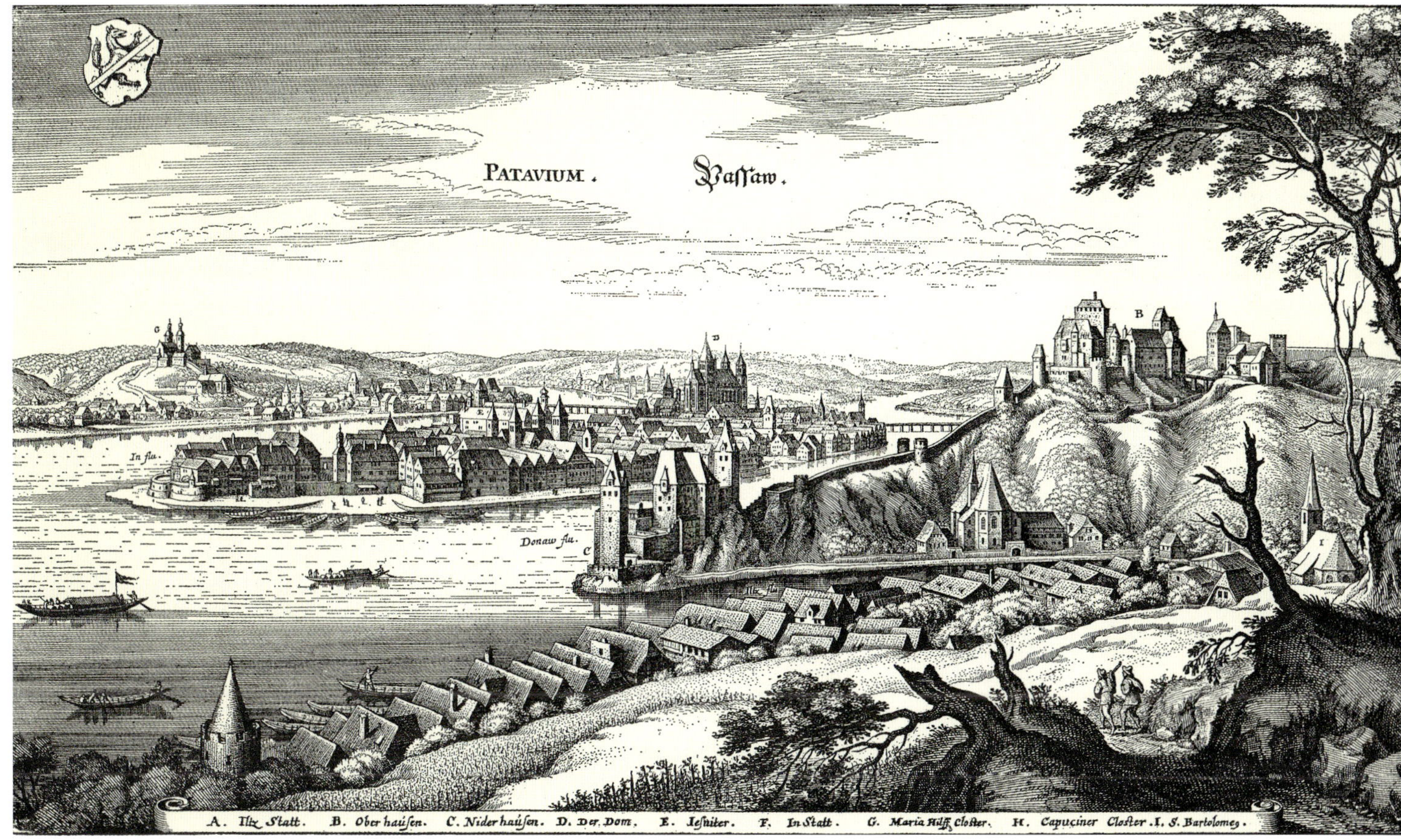

Passau, Stich von Matthäus Merian, 1644

Nach der um 500/530 erfolgten Landnahme durch die Bajuwaren wurde Passau agilolfingischer Herzogssitz. 739 bestätigte Bonifatius Bischof Vivilo, den ersten namentlich bekannten Bischof Passaus, der schon vorher von Papst Gregor III. eingesetzt worden war. Vielleicht war der unter der Klosterkirche Niedernburg ergrabene spätantike Saalbau mit Apsis die erste Bischofskirche. Niedernburg soll nach alter Haustradition vor 740 als Kanonissenstift in der unteren Herzogspfalz gegründet worden sein. Das Kloster erlangte größte Bedeutung, als Heinrich II. es 1010 in den Rang einer Reichsabtei unter kaiserlicher Schirmvogtei erhob und ihm nicht nur den Ilzgau nördlich der Stadt übertrug, sondern auch einen Teil des Stadtzolls und den gesamten Zoll des lukrativen Handelsverkehrs mit Böhmen. 1042 trat Heinrichs Schwester Gisela in das Kloster ein, die Witwe König Stephans von Ungarn. Gisela wurde in Niedernburg Äbtissin und ist hier bestattet.

Vorher, im Jahre 999, war Bischof Pilgrim, bekannt aus dem Nibelungenlied, von Kaiser Otto III. die Stadtherrschaft mit den Regalien Markt, Münze und Zoll übertragen worden. Kaiser Friedrich Barbarossa stärkte die bischöfliche Macht beträchtlich, als er 1161 seinem Neffen, Bischof Konrad aus dem Hause Babenberg, das Reichsstift Niedernburg schenkte. Wenig später wurde Niedernburg endgültig bischöfliches Eigenkloster. 1217 erhielt Bischof Ulrich den Ilzgau, ehemals das »Land der Abtei«, zum Lehen. Seither waren die Passauer Bischöfe auch Reichsfürsten und somit Fürstbischöfe. Das Bistum war neben Konstanz das größte im Hl. Römischen Reich; es umfasste außer dem Territorium um Passau ganz Ober- und Niederösterreich bis an die Grenze nach Ungarn.

Die Bürgerschaft, die zunehmend stärker und selbstbewusster wurde, empfand die bischöfliche Stadtherrschaft, insbesondere die des Bischofs Ulrich, als Joch und suchte sie, freilich vergeblich, abzuschütteln, um den Status einer Reichsstadt zu erlangen. Als Gegenmaßnahme ließ der Bischof 1219 links der Donau auf dem Georgsberg eine Zwingburg gegen die Bürger errichten, die Festung Oberhaus, die später mehrfach erweitert und verstärkt wurde, so z. B. im 17. Jahrhundert angesichts der drohenden Türkeninvasion und dann nochmals unter Napoleon bei dessen Feldzügen gegen Österreich. Die Spannungen zwischen Bischof und Stadt verschärften sich immer mehr, wie in den meisten anderen Bischofsstädten auch, sofern sie nicht, wie Regensburg, Reichsstädte waren. 1298 scheiterte ein Bürgeraufstand. 1367 zwangen die Bürger den Bischof und das Domkapitel sogar zur Flucht, doch blieb die bischöfliche Stadtherrschaft, abgesehen von einigen ertrotzten Sonderrechten für die Bürger, bis zur Säkularisation 1803 bestehen, als das Fürstbistum aufgelöst wurde.

Die Passauer Kaufleute, die »Kiufliute«, wie sie im Nibelungenlied genannt werden, betrieben immer einen ertragreichen Handel, u. a. mit Salz, das von den Abbaugebieten um Salzburg über Salzach und Inn nach Passau verschifft und von dort über den Goldenen Steig mit Saumpferden nach Böhmen gebracht wurde. Um 1400 soll der Güterumschlag in Passau dreimal so groß wie am ganzen Mittelrhein gewesen sein. Einen wichtigen in der Stadt produzierten Exportartikel stellten die sog. Wolfsklingen dar, die ähnlich begehrt waren wie die Waffen aus Toledo oder Damaskus.

Vom Passauer Sprengel wurden 1468/69 die kleinen, von Kaiser Friedrich III. neu gegründeten Bistümer Wien und Wiener Neustadt herausgelöst. Später verlor Passau im Zuge der Reformen Kaiser Josephs II. durch die Gründung der Bistümer Linz und St. Pölten den gesamten österreichischen Teil des ursprünglichen Sprengels. So wurde aus dem größten deutschsprachigen Bistum das kleinste.

1683 hatte Passau die Ehre, Kaiser Leopold, der hier 1676 geheiratet hatte, aufzunehmen. Er war mit dem Hofstaat vor den Türken hierher geflohen. Bei der Neuordnung des Reiches in der Säkularisation war die Zuordnung von Passau umstritten. Fürstbischof Graf Thun wollte Passau Österreich zuschlagen. Ähnliche Pläne verfolgte wenig später auch der junge bayerische Ludwig I., noch bevor er König war: 1815 schlug er vor, Passau, das uninteressant geworden war, weil es im toten Winkel lag, gegen das nunmehr österreichische Salzburg zu tauschen. In der Folgezeit hatte Passau nur noch die Bedeutung einer Provinzstadt am Rande. Erst nach dem 2. Weltkrieg erfolgte ein gewisser Aufschwung, u. a. durch die Gründung der Universität 1972.

Die Domstadt auf dem eng begrenzten Bergrücken wurde 1662 und dann schon wieder 1680 von verheerenden Bränden heimgesucht. Beim Wiederaufbau ging man sicherheitshalber zu der weniger feuergefährdeten Bauweise der Region von Salzach und Inn mit versenkten Grabendächern über, die auf allen vier Seiten hinter Brandmauern verschwinden und von der Straße aus unsichtbar bleiben. Diese Bauweise, die man z. B. auch in Wasserburg am Inn oder in Salzburg vorfindet, bestimmt die ganze Domstadt. Hingegen blieb in der von den Brandkatastrophen verschonten Ilzstadt, ehemals dem Judenviertel, von wo der Handelsweg nach Böhmen seinen Ausgang nahm, die giebelseitige Bebauung erhalten.

Die bauliche und geistige Mitte der Stadt ist der Dom. Er zählt zu den großen Leistungen der europäischen Kunstgeschichte. Hier gab es mehrere Vorgängerbauten. Der agilolfingisch-karolingische Dom, über den nichts weiter bekannt ist, wurde 976 schwer beschädigt, als Kaiser Otto II. Passau bestürmte, wo sich die aufständischen Herzöge Heinrich der Zänker und Heinrich von Kärnten verschanzt hatten. Bischof Pilgrim sorgte gleich danach für die Wiederherstellung des Doms. Dieser war schon im 13. Jahrhundert so ruinös, dass Fürstbischof Otto von Lonsdorf (1254–1265) eine Spendenaktion in der ganzen Diözese, Wien ausgenommen, ins Leben rief. Doch erst Fürstbischof Bernhard von Prambach (1285–1313) konnte den Neubau beginnen. Nach etwa 300-jähriger Bauzeit war der mittelalterliche Dom im späten 16. Jahrhundert vollendet. Das Innere ist auf einem um 1530 entstandenen Holzschnitt des Passauer Malers Wolf Huber, einem Meister des »Donaustils«, überliefert, wo die Darbringung Christi nicht im Tempel, sondern im Passauer Dom stattfindet.

Vom gotischen Dom ▸ **Abb. rechts** erhalten ist der Außenbau des Chores, des Querhauses und der Vierungskuppel. Der Chor ist ein ambitioniertes Werk der Spätgotik. 1407 wurde er von Hans Krumenauer begonnen, einem Meister, der dem Namen nach aus Krumau in Böhmen stammte und wohl in der Parler-Bauhütte des Prager Veitsdomes ausgebildet worden war. Vor der Berufung nach Passau scheint Krumenauer in Landshut und Straubing tätig gewesen zu sein. Den Passauer Domchor konzipierte er nicht nach dem französischen Kathedraltypus mit Umgang und Kapellenkranz, wie er auch dem Veitsdom zugrunde liegt, sondern, ganz in der Tradition deutscher Pfarr- und Bettelordenskirchen, als einschiffigen Langchor mit polygonaler Apsis. Doch statt der allgemein üblichen Allerweltskonstruktion aus fünf Seiten eines Achtecks weist die Apsis die reichere und seltenere Lösung mit sieben Seiten eines Zwölfecks auf. So simpel der Chor als Typus ist, so aufwendig erscheint er im Aufbau, der im Wesentlichen auf Krumenauers Nachfolger Hans Hesse (seit 1437 im Amt) zurückzuführen ist. Der frei auf den Platz vortretende Baukörper besteht aus nur zwei Hauptelementen: zum einen aus reich mit Maßwerk versehenen, vielfach abgetreppten Strebepfeilern, zum andern aus Fenstern größten Formats, die in geschweiften Kielbögen enden, was dem oberen Abschluss den Charakter eines

»Darbringung im Tempel«, Holzschnitt von Wolf Huber, um 1530, mit Wiedergabe des gotischen Passauer Doms

spitz aufgefächerten, flammenden Kronreifs gibt. Der Chorschluss ist die spätgotische Antwort auf die hochgotische Apsis des Nachbardomes in Regensburg, und beides sind Meisterwerke. Die Passauer Fenster wurden allerdings im Barock unterteilt. Das Innere des Chors war ursprünglich ein von den Fenstern bestimmtes Glashaus, am ehesten vergleichbar dem Chor des Staatsheiligtums des Hl. Römischen Reiches: der Pfalzkapelle in Aachen.

Auf den Chor folgte unter den Dombaumeistern Jörg Windisch († 1466) und Hans Frank (seit ca. 1478) der Bau des Querhauses. Jetzt rückte die Passauer Dombauhütte, genannt »Zum Ungarischen Kreuz«, in den Rang der vierten deutschen Haupthütte nach Straßburg, Köln und Wien auf. Zuletzt begann man über der Vierung einen zum Raum offenen achteckigen Turm, der gegen 1535 fertig war. Dieser Turm, eigentlich eine Tambourkuppel, ist in der deutschen Gotik einzigartig. Das Vorbild war die am Regensburger Dom geplante, aber nicht ausgeführte Vierungskuppel, doch ist auch mit Anregungen aus Italien zu rechnen, wo die Tambourkuppel zum allgemeinen Standard der neuen Renaissancearchitektur wurde. Gewölbt wurden das Passauer Langhaus und Teile des Ostbaus erst um 1570, zu einer Zeit, als in Rom bereits die Kuppel von St. Peter im Bau war.

Beim Stadtbrand 1662 erlitt der Dom so schwere Schäden, dass viele Gewölbe einstürzten. Zwei Jahre später wurde Wenzeslaus Graf Thun, der vorher Dompropst in Salzburg gewesen war, zum Fürstbischof gewählt. Statt den alten Dom reparieren zu lassen, setzte er zumindest für das Langhaus und die Westfassade einen Neubau durch, womit Passau in Konkurrenz zu Salzburg trat, wo der neue erzbischöfliche Dom (geweiht 1628) bereits vollendet war. Mit 101 m Länge übertrifft der Passauer Dom den Salzburger sogar um 2 m. Für den Neubau trieb Graf Thun im ganzen Bistum Gelder ein und scheute sich nicht, den Passauer Bürgermeister und alle Ratsherren so lange gefangen zu halten, bis diese eine nicht ganz legale »Burgersteuer« von 2000 Gulden entrichtet hatten.

Als Architekt wurde 1668 der aus der Nähe des Comer Sees stammende Carlo Lurago berufen, ein Großunternehmer, der mit seinem Bautrupp seit 1638 in Prag tätig gewesen war und dort u. a. die Jesuitenkirche St. Ignaz in der Neustadt errichtet hatte. Den gotischen Ostbau musste Lurago erhalten, und so konzipierte er für das Langhaus keinen tonnengewölbten Saalraum mit Abseiten, wie er damals modern gewesen wäre, sondern in Angleichung an den alten Dom eine Basilika mit ungewöhnlich hohen Scheidarkaden ▸ **Taf. S. 106**. Als Wölbung spannte er über jedes Joch querovale Flachkuppeln. Dem Mittelschiff gab er durch die mächtige Pilasterordnung der Pfeiler das charakteristische Gepräge. Die Formen sind oben am Gebälk derart kräftig und gedrängt, dass der Aufbau ein wenig kopflastig erscheint. Die schwere Stuckdekoration verstärkt diesen Eindruck noch ▸ **Taf. S. 107**. Sie stammt von Giovanni Battista Carlone aus Scaria im norditalienischen Intelvi-Tal, dem Hauptmeister der weitverzweigten Carlone-Sippe, die aus Bauleuten, Stuckateuren, Bildhauern und Malern bestand und vor allem in Österreich das Feld beherrschte. Giovanni Battista arbeitete in Passau mit einem bis zu 16 Mann starken Trupp.

Das gotische Lichthaus des Chores hinter der Vierungskuppel ▸ **Taf. S. 109** machte Lurago mit gänzlich anderer Formensprache als im Langhaus zu einem Säulentempel, gewölbt von einem durchgehenden Spiegelgewölbe auf vorkragenden Konsolen mit Atlantenfiguren. Als der aus Bissone am Luganer See stammende Freskant Carpoforo Tencalla die Ausmalung der Gewölbe begonnen hatte, beschädigte der Stadtbrand von 1680 den Dom erneut, weshalb in einigen Bereichen die Arbeiten von vorne begonnen werden mussten.

Die Zweiturmfassade im Westen, für die Graf Thun einen von ihm selbst gezeichneten Entwurf lieferte, ist eine typisch italienische Giebelfassade mit Abseiten. Die beiden für Italien ganz untypischen Türme sind als Vierkante einfach nur danebengestellt. Deren achteckige Aufsätze, die deutlich den Salzburger Dom zitieren, wurden erst 1896/97 von Heinrich von Schmidt hinzugefügt. Vorher hatten die Türme flache Pyramidendächer, ähnlich denen der Passauer Jesuitenkirche. Die Kuppelhauben der neuen Aufsätze nehmen Bezug auf die barocke Haube des Vierungsturms, die 1707 aufgesetzt worden war. Ohne Frage hat Freiherr von Schmidt die zwar imposante, aber im Vergleich zum Salzburger Dom nicht sonderlich geglückte Fassade verbessert, vor allem für die Fernwirkung.

Insgesamt ist der barocke Passauer Dom ebenso wie der Salzburger Dom oder die Münchener Theatinerkirche – typisch für die Zeit – ein rein italienisches Werk. In Passau kamen erst bei der Ausstattung Nicht-Italiener zum Zuge, so der unbekannte Meister der vorzüglichen, um 1726 entstandenen Kanzel, die mit der Wiener Hofkunst in Verbindung gebracht werden muss: der Entwurf mit Lukas von Hildebrandt und die Skulpturen mit Georg Raphael Donner. Die Altarblätter von vier Seitenaltären, gemalt 1694/95, sind Hauptwerke des Johann Michael Rottmayr, der aus der bayerischen Stadt Laufen an der Salzach stammte und in der Zeit um 1700 zum wichtigsten Barockmaler Österreichs wurde, nicht zuletzt wegen seines delikaten Kolorits der Rosa- und Blautöne.

Zu den besten Kirchenausstattungen des mittleren 20. Jahrhunderts zählt die großformatige Figurengruppe der Steinigung des hl. Stephanus auf dem Hochaltar, ein Werk des Münchener Bildhauers Josef Henselmann von 1953. Bis dahin hatte der Dom, der voller pompöser Seitenaltäre ist, erstaunlicherweise kein angemessenes Hochaltarretabel gehabt. Henselmanns Figuren aus Pappelholz sind mit Silberfolie beschlagen, was vor dem hellen Kranz der Fenster einen ganz unwirklichen Effekt ergibt und die Steinigungsszene im Licht verklärt und dadurch heiligt.

Ein besonderer Ruhm des Passauer Doms ist schließlich noch die Orgel, die größte Kirchenorgel der Welt. Das Gehäuse von Joseph Matthias Götz, einem Meister aus Passau, ist barock, die 231 klingenden Register aber, die auf fünf Werke verteilt sind, stammen aus dem Jahre 1929.

Direkt an den Domchor nach Osten anschließend erstreckt sich die Neue Residenz der Fürstbischöfe. Dem bereits bestehenden anspruchslosen Baukörper ließ Fürstbischof Leopold Ernst von Firmian 1764 bis 1771 eine repräsentative Fassade vorlegen, für die der aus Wien berufene Melchior Hefele, dessen Betätigungsfeld vor allem Ungarn war, den Plan lieferte. Die Fassade zu 16 Achsen weist ohne Risalitbildung, ohne Betonung der Mitte, eine flächige, monoton durchlaufende Pilastergliederung auf, die als »Große Ordnung« die beiden oberen Stockwerke zusammenfasst. Der hohe Sockel gleicht den Abfall des Platzes aus. Die einzigen Akzente sind, jeweils in der dritten Achse von außen, die beiden Portalvorbauten mit vorgewölbten Balkonen. Das Muster für die Fassade, die dem Typus der vielachsigen »Wiener Endlosfassade« zugehört, war das Stadtpalais des Prinzen Eugen in der Wiener Himmelpfortgasse, ein

Werk des Johann Bernhard Fischer von Erlach, das Lukas von Hildebrandt auf 17 Achsen mit drei Portalen erweitert hatte. Die Residenzfassade macht deutlich, wie sehr Passau nach Österreich und nicht nach Bayern orientiert war. Hingegen zeigt das Treppenhaus, dessen Läufe wie bei Hildebrandts Stiege des Salzburger Schlosses Mirabell um einen mittleren Schacht aufsteigen, feinsten bayerischen Rocaillestuck von der Hand des besten niederbayerischen Rokokostuckateurs: Johann Baptist Modler aus Kösslarn.

Anders als Regensburg hat Passau nur wenige kunsthistorisch bedeutende Kirchen. So ist die Kirche des im frühen Mittelalter so mächtigen und reichen Klosters Niedernburg eine simple Pfeilerbasilika des 11. Jahrhunderts, die im Barock nach den Stadtbränden karg eingewölbt wurde und heute zu Tode restauriert ist.

Das zweite mittelalterliche Kloster von Bedeutung war das westlich vor den Toren der Stadt gelegene Augustiner-Chorherren-Stift St. Nikola, gegründet um 1070 von dem später heiliggesprochenen Bischof Altmann, dem großen Förderer der Augustiner-Chorherren, der im Investiturstreit unbeirrbar auf der Seite des Papstes stand und scharfer Widersacher Kaiser Heinrichs IV. war. Unterstützt bei der Gründung wurde Altmann von der Kaiserin Agnes von Poitou, der Witwe Heinrichs III. und Mutter Heinrichs IV. Die Chorherren von St. Nikola besiedelten die Stifte Rottenbuch in Oberbayern, Göttweig, St. Florian und St. Pölten. Seit 1248 unterstand St. Nikola den bayerischen Herzögen, war also innerhalb des Fürstbistums eine exterritoriale bayerische Exklave, wogegen die Fürstbischöfe vergeblich prozessierten.

Nach einem Erdbeben 1348 wurde die romanische Kirche, von der die höchst ungewöhnliche Einstützenkrypta bis heute erhalten blieb, durch eine gotische Hallenkirche ersetzt. Wie in der heutigen Kirche die Inschrift am Vierungsbogen »Ex gothica in novam formam redacta MDCCXVI« verkündet, wurde der gotische Bau 1716 zu einem Barockbau umgeformt. Ähnlich wie in Niederaltaich verkleidete man die alte Struktur vollständig mit Pilastern und Gebälken und machte aus den Scheidarkaden eine neuzeitliche Bogenwand mit vorgelegter »Ordnung«. An den gotischen Vorgänger erinnert im Inneren nichts mehr, obwohl die alten Pfeiler als Kern in den barocken stecken. Die Pläne für diesen nicht ungeschickten Umbau lieferten Johann Michael Prunner aus Linz und der Baumeister des Passauer Domkapitels Jakob Pawanger. Zur selben Zeit richtete im Stift der Bildhauer und Altarbauer Joseph Matthias Götz seine Werkstatt ein, der bald von Großaufträgen, auch in Österreich, überhäuft wurde.

Vor dem Bau der Kirche waren seit 1680 die um zwei Höfe angeordneten Konventsgebäude, wohl nach Plänen des Stiftsbaumeisters Carlo Antonio Carlone d. J., errichtet worden, ein ausgedehntes »Klosterschloss«, das groß genug ist, um Teile der heutigen Universität aufzunehmen.

Wie auch in anderen Bischofsstädten spielten in Passau die Jesuiten eine große Rolle. 1598 war der habsburgische Erzherzog Leopold, Sohn des in Graz residierenden Erzherzogs Karl II. und Bruder des späteren Kaisers Ferdinand II., Fürstbischof geworden. Gegen den Widerstand des Domkapitels holte er 1612 die Jesuiten in die Stadt, und gleich danach entstanden nach Plänen des Jesuitenpaters Johannes Isfording aus Münster die schlossartigen Kolleggebäude. Nach dem Stadtbrand von 1662 wurden sie wiederaufgebaut. Die Kirche St. Michael, die man schon 1660 begonnen hatte, entstand von 1665 bis zur Weihe 1677. Kolleg und Kirche setzen im Stadtpanorama auf der Innseite einen gewichtigen Akzent. Die Bautengruppe behauptet sich ohne weiteres neben dem höher gelegenen Dombezirk, was zu einem heftigen Streit zwischen den Jesuiten und Fürstbischof Graf Thun, dem Bauführer des Domes, geführt haben soll.

Der Architekt der Kirche ist nicht überliefert, doch kommen nur Mitglieder der Carlone-Sippe aus Scaria im Intelvi-Tal in Frage, entweder Pietro Francesco Carlone, von dem auch die eng verwandte Stiftskirche in Garsten bei Steyr und wohl auch die Jesuitenkirche in Linz stammen, oder dessen Sohn Carlo Antonio, der dann in Passau Stiftsbaumeister von St. Nikola wurde. Die zahlreichen Carlone-Kirchen sind untereinander ähnlich: Sie sind breite Wandpfeilersaalbauten mit Seitenkapellen, Emporen und massiven Pilastern an den Pfeilerstirnen, gewölbt von Tonnen mit Stichkappen und meistens auch reich von Mitgliedern der Carlone stuckiert. In Passau beschränkt sich der Stuck auf die Kapellen, während die oberen Gewölbe, abgesehen von den Gurtbögen, kahl bleiben.

Mit der Jesuitenkirche eng verwandt ist die Passauer Stadtpfarrkirche St. Paul. Sie entstand seit etwa 1677 nach dem Stadtbrand von 1662, bei dem die gotische Kirche zerstört worden war. Auch hier ist der Architekt, wohl ein Mitglied der Carlone-Sippe, unbekannt.

Ein singulärer und zugleich qualitätvoller Kirchenbau der spätesten Gotik steht in Passaus Ilzstadt direkt am Flussufer unterhalb des Felsens des Festungsberges, die ehemalige, heute profanierte Propstei- und Wallfahrtskirche St. Salvator. Sie nimmt den Platz der Synagoge ein, die 1477 wegen eines den Juden unterstellten Hostienfrevels abgerissen worden war. Die extrem kurze Kirche, die fast nur aus der polygonalen Apsis zu bestehen scheint, ist ummantelt von Wandpfeilerabseiten mit Emporen. Die Gewölbe der Kapellen und Emporen bieten eine vielfältige Mustersammlung spätgotischer Rippenfigurationen, darunter auch kurvig geführte Rippen, sog. Schlingrippen, die in Bayern selten sind, umso häufiger aber in Österreich, Böhmen und Sachsen vorkommen.

Das Großartigste, das Passau zu bieten hat, sind jedoch nicht die Einzelbauten, sondern ist das gesamte Stadtbild ▸ **Taf. S. 104/105**. Geschichte, Baukunst und topographische Situation sind hier eins geworden. Und die Altstadt wurde im 2. Weltkrieg, ähnlich wie die von Regensburg, kaum zerstört, ein Glücksfall, der in Deutschland selten ist.

Die historischen Ereignisse an Rhein und Donau vom 5. bis ins späte 12. Jahrhundert fanden ihren Niederschlag im Nibelungenlied, jenem berühmten, in gereimter Versform abgefassten mittelhochdeutschen Heldenepos, das seit seiner Wiederentdeckung 1755 gerne als »deutsche Ilias« gefeiert wurde und bald schon als das deutsche Nationalepos schlechthin galt. Das Lied war weit verbreitet. Von den heute bekannten 36 Handschriften sind 11 annähernd vollständig.

In den beiden Teilen der Dichtung, die deutlich voneinander getrennt bleiben, sind aus unterschiedlichen Überlieferungen zwei ursprünglich eigenständige Stränge zu einem neuen Ganzen verwoben: Der eine Strang benutzt mehrere alte nordische Götter- und Heldensagen, wie sie in anderer Form auch in der erst im 13. Jahrhundert schriftlich zusammengestellten isländischen Lieder-Edda zu finden sind, so vor allem die Sage um den Überhelden Sigurd. Aus Sigurd wird im Nibelungenlied Siegfried, aus Atli Etzel, aus Gunnar Gunther, aus Högni Hagen und aus Thidrek Dietrich von Bern.

Die Begebenheiten des zweiten Strangs erinnern an historische Ereignisse, die tatsächlich stattgefunden haben, aber nicht alle zur selben Zeit. Sie werden miteinander zu einer fortlaufenden Erzählung verknüpft. So ist Etzel der historische Hunnenkönig Attila († 453), Dietrich von Bern (= Verona) der Ostgotenkönig Theoderich d. Gr. († 526), der ein knappes Jahrhundert später als Attila gelebt hat. Theoderich war in seiner Jugend seit 461 zehn Jahre lang Geisel am Hof in Konstantinopel, im Lied aber geht er auf der Flucht vor seinem Onkel zu Etzel ins Exil. Die Ereignisse am Burgunderhof in Worms, die im ersten Teil geschildert sind, gehen zurück auf die ethnisch nicht genau bestimmbaren Burgunder oder Burgunden. Diese lebten zu Beginn des 5. Jahrhunderts am Mittelrhein auf beiden Seiten des Flusses. Dann zogen sie um 435/436 unter König Gundaharius, dem Gunther des Liedes, in die römische Provinz Belgica I, wo sie vom römischen Heerführer Aetius mit Hilfe hunnischer Truppen vernichtet wurden. Beim zeitgenössischen Historiker Prosper Aquitanus ist eine etwas andere Version des Untergangs überliefert: Die Burgunder hätten sich dem Aetius unterworfen, wären dann aber von den Hunnen »ab stirpe«, d. h. mit Stumpf und Stiel, ausgerottet worden.

Der Untergang ist der historische Kern des zweiten Teils des Nibelungenliedes. Erst in diesem Teil kommt die Donau ins Spiel, nämlich bei der Brautfahrt Kriemhilds und dann beim Zug der Burgunder, die jetzt Nibelungen heißen, an den Hof Etzels, wo Kriemhild ihre Rache an Hagen, dem Mörder Siegfrieds, vollenden kann und alle Burgunder umkommen, am Ende auch Kriemhild selbst.

Der Zug der Nibelungen entlang der Donau findet im Lied zur Zeit des Passauer Bischofs Pilgrim (971–991) statt, den der Dichter zum Bruder von Kriemhilds Mutter macht. Das ist derselbe Pilgrim, der König Stephan von Ungarn zum Christentum bekehrte und ihn 973 taufen ließ. Auch die Nibelungen sind Christen, Etzel hingegen ist Heide. In Passau dürfte das Nibelungenlied gedichtet worden sein, und zwar am Hofe des ungewöhnlich literaturinteressierten Bischofs Wolfger von Erla, der hier von 1191 bis 1204 regierte und dann Patriarch von Aquileia wurde.

Von den Städten an der Donau wird nur Passau näher beschrieben. Dort münde der Inn mit starker Strömung in die Donau, und es gebe ein Kloster, womit Niedernburg gemeint ist. Andere Ort sind nur genannt: Großmehring und Pförring (bei Ingolstadt), wo Kriemhild und später die Nibelungen über die Donau setzen, Plattling, dann unterhalb von Passau Eferding, Enns und Pöchlarn. Hier hat der edle Markgraf Rüdiger von Bechelaren seine Burg, ein historisch fassbarer Graf wohl bayerischer Herkunft, der an Donau und Enns die ungarische Grenzwacht gegen Westen hielt. Es folgen Melk, Mautern, Traismauer, Tulln, Zeiselmauer und schließlich Wien, wo die prachtvolle, 17 Tage dauernde Hochzeit Etzels mit Kriemhild gefeiert wird. Bei der Schilderung der Hochzeit scheint der Dichter von der höchst feierlichen Hochzeit des babenbergischen Herzogs Leopold VI. des Glorreichen mit der byzantinischen Kaisertochter Theodora Angela inspiriert gewesen zu sein, die 1203 stattfand und ebenfalls 17 Tage dauerte. Die kirchliche Trauung nahm der Passauer Bischof Wolfger von Erla vor, der mutmaßliche Auftraggeber des Liedes. Auf Wien folgen die Orte Hainburg, Wieselburg und Esztergom (Gran). Hier in Etzels Palast fanden die Nibelungen ihr Ende, überall von Christen und Heiden beklagt als »der Nibelungen Not«. Der letzte im Lied aufgeführte Ort ist Budapest/Óbuda, die »Etzelburg«, in der Kriemhild anstelle der verstorbenen Helche Etzels Gattin geworden war.

Bei der Abfassung des Liedes scheint noch in anderer Weise die jüngere Geschichte hineingespielt zu haben; jedenfalls bieten der ursprünglich heidnische ungarische Großfürst Vajk, der dann getauft und als Stephan I. der erste ungarische König wurde, und seine christliche, aus dem Westen stammende Gattin Gisela eine auffallende Parallele zu Etzel und Kriemhild. Da die Ungarn als Hunnen galten, könnte der als friedfertig geschilderte Hunnenkönig Etzel durchaus eine beabsichtigte Anspielung auf Vajk gewesen sein. So wandelte sich in der Dichtung der schreckliche historische Attila zum guten Ungarn.

Donaustauf, Burgruine

Straubing, Stadtkirche St. Jakob,
rechts: Grabmal des Ulrich Kastenmayr

Straubing, links: Friedhof bei St. Peter, rechts: Ursulinenkirche

Niederaltaich, Benediktiner-Klosterkirche (links)
Oberaltaich, ehem. Benediktiner-Klosterkirche (rechts)

Metten, Benediktiner-Klosterkirche, rechts: Bibliothek

Osterhofen, ehem. Prämonstratenser-Klosterkirche,
links: Tabernakel-Engel von Egid Quirin Asam

Passau, Blick von Festung Oberhaus auf den Zusammenfluss von Donau und Inn

Passau, Dom

Passau, Dom, Blick in die Kuppel

N
REGEN
MOLDAU
METTEN
DEGGENDORF
NIEDERALTAICH
OSTERHOFEN
ISAR
ILZ
THAYA
KÜNZING
ALDERSBACH
SCHLÖGENER SCHLINGE
▸ Taf. S. 2
PASSAU
OBERNZELL
WILHERING
Zisterzienser-Stiftskirche
▸ Taf. S. 118–121
LINZ
▸ Abb. S. 115, 122/123
ehem. Jesuitenkirche ▸ Taf. S. 128, 129
Landstraße, Karmeliterkirche, Ursulinenkirche und ehem. Jesuitenkirche (Alter Dom) ▸ Abb. S. 116
Dom ▸ Taf. S. 124/125, 127
Ars Electronica Center ▸ Taf. S. 130/131
ENGELHARTSZELL
Stift Engelszell
▸ Abb. S. 112
SCHAUMBERG
EFERDING
HARTHEIM
Schloss
▸ Abb. S. 113
INN
TRAUN
YBBS
SALZACH
ATTERSEE
ENNS
TRAUNSEE
WOLFGANGSEE
SALZBURG

PASSAU — LINZ

Unterhalb von Passau wird die Donau durch die Wasserzufuhr des Inn auf 400 m verbreitert, doch verengt sich das Tal zwischen bewaldeten Höhenzügen gleich wieder. Diese Strecke bis weit nach Österreich hinein ist landschaftlich von hohem Reiz und bei vielen Fahrrad-Touristen beliebt, die hier im Sommer donauabwärts fahren.

Eine landschaftliche Besonderheit ist die »Schlögener Schlinge« ▸ **Taf. S. 2**. Der Fluss prallt hier auf einen Berg, dem er nicht ausweichen kann, und fließt in einer Haarnadelkurve zurück, bis er nach einer weiteren, weniger scharfen Kurve wieder die alte Süd-Ost-Richtung und etwas später das Linzer Becken erreicht.

Ab Passau bildet die Donau über 26 km die Grenze zwischen Österreich, das rechts des Flusses liegt, und Bayern am linken Ufer. Kurz bevor die Donau endgültig Österreich erreicht, liegt auf der bayerischen Seite der ehemals fürstbischöfliche Markt **OBERNZELL** mit einem kleinen Schloss und einer stattlichen zweitürmigen Barockkirche. Im Ort, ursprünglich »Hafnerzell« genannt, wurden seit dem 13. Jahrhundert Schmelztiegel aus Graphit, wie man sie für den Metallguss und die Münzprägung benötigte, hergestellt; ein begehrter Exportartikel. Die Donau ist hier durch das wenige Kilometer flussabwärts angelegte Großkraftwerk Jochenstein breit wie ein See aufgestaut.

Am rechten österreichischen Ufer folgt bald in schöner Tallage zwischen den Ausläufern des Böhmerwaldes im Norden und den Hängen des Sauwaldes im Süden Stift **ENGELSZELL**, das einzige Trappistenkloster Österreichs. Gegründet wurde die Niederlassung 1293 als Zisterzienserkloster und besiedelt von Wilhering bei Linz. Engelszell sollte, wie in der Stiftungsurkunde eigens betont ist, eine Zufluchtstätte für Reisende sein. 1786 wurde das Kloster im Zuge der Josephinischen Reformen aufgelöst, aber 1925 von Trappisten, den »Zisterziensern der strengen Observanz«, wieder besiedelt, die ihre Abtei Ölenberg im französisch gewordenen Elsass verließen.

1699 brannten die Gebäude ab. Beim Wiederaufbau verschuldete sich das Kloster derart, dass der Abt zurücktreten musste. Die Administration übernahm bis 1747 das Mutterkloster Wilhering. Bald darauf war die wirtschaftliche Lage so weit konsolidiert, dass von 1754 bis 1764 die bestehende Kirche errichtet werden konnte ▸ **Abb. rechts**. Sie ist ein Wandpfeilerbau mit jeweils drei Abseiten ohne Emporen und mit einem geräumigen angefügten Chorraum. Das Besondere des Konzepts liegt darin, dass der Saalraum des Langhauses nicht die in der Wandpfeilerbauweise gebräuchliche Rechteckform hat, sondern seitlich nach außen ausgerundet ist, vergleichbar einer Ovalrotunde. Dementsprechend ist der Raum statt mit der üblichen Längstonne mit einer Flachkuppel gewölbt. Der traditionelle Wandpfeilerbau ist hier originell mit den Mitteln des Zentralbaus zu etwas Neuem und Eigenem überformt. Welcher Architekt die Idee dazu gehabt hat, ist unbekannt.

Ein gutes Beispiel für den hohen Qualitätsstandard, den der österreichische Barock noch in seiner Spätphase hatte, ist die kraftvoll durchgliederte und harmonisch proportionierte Einturmfassade ▸ **Abb. oben**, eine etwas vereinfachte Neufassung der Kirchenfassade von Wilhering. Für die Ausstattung wurden u. a. zwei Künstler verpflichtet, die schon in Wilhering tätig gewesen waren: der Augsburger Stuckateur Johann Georg Üblher, ein Meister der Wessobrunner Schule, und der Freskant und Altarbildmaler Bartolomeo Altomonte. Die Deckenfresken im Langhaus wurden 1838/39 abgeschlagen, weil das Gewölbe schadhaft war. 1954/57 wagte Prof. Fritz Fröhlich aus Linz den problematischen Versuch, in modernen und trotzdem angeglichenen Formen ein neues Fresko zu schaffen, das das ganze Langhaus überspannt, doch bewirkt es eher eine seltsame Verfremdung des gesamten Raumes als die angestrebte Ergänzung der Barockausstattung.

links, oben und unten: Engelszell, ehem. Zisterzienser-Stiftskirche, heute Trappisten-Kirche
gegenüberliegende Seite: Hartheim, Schloss, Innenhof

Weiter donauabwärts erreicht man bald nach der Schlögener Schlinge das Herrschaftsgebiet der im Mittelalter mächtigen Grafen von Schaumberg. Diese nutzten den toten Winkel zwischen Österreich, Passau und Bayern und bauten hier ihre Landeshoheit aus. 1559 erlosch das Geschlecht im Mannesstamm. Der Herrschaftssitz war die schwer befestigte Burg **SCHAUMBERG** auf einem Berg rechts der Donau. Sie wurde dem Verfall preisgegeben, als die Schaumberg und ihre Nachfolger, die Starhemberg, den gräflichen Wohnsitz nach **EFERDING** verlegten. Dort errichteten die Schaumberg ein Schloss, dem die Starhemberg 1784 einen repräsentativen Südflügel mit einer nobel zurückhaltenden klassizistischen Gartenfassade hinzufügten. Im Städtchen Eferding ließen die Schaumberg 1451 bis 1505 die stattliche Pfarrkirche errichten. Sie ist nach dem Vorbild der etwas früher entstandenen Stadtkirche von Braunau am Inn eine Staffelhalle mit Seitenkapellen. Das gegenüber dem Chor erhöhte Langhaus wurde 1466 vom Passauer Dombaumeister Jörg Windisch begonnen, der aber bald nach der Grundsteinlegung starb. Ob die Pfeiler und die aus ihnen herauswachsenden Rippen der Netzgewölbe noch auf seinen Plan zurückgehen, ist fraglich. Im Inneren und am Außenbau der Kirche sind zahlreiche Grabsteine aufgestellt, der älteste von 1388. Sie enthalten die fast ununterbrochene Reihe der Schaumberger Grafen bis zum letzten ihres Geschlechts: dem 1559 gestorbenen Wolfgang.

Unterhalb von Eferding folgt in **HARTHEIM** aus der Zeit um 1600 eines der bedeutendsten Renaissanceschlösser Österreichs: ein rechteckiger Vierflügelbau mit niedrigen polygonalen Türmen an den vier Kanten und einem hohen Treppenturm über dem Westflügel. Das Glanzstück ist der auf allen vier Seiten von vierstöckigen Laubengängen umschlossene, völlig einheitliche Hof: in den unteren drei Geschossen mit Säulenarkaden, im obersten mit Säulen und

Die Geschichte Österreichs setzt ein mit den Awarenkriegen, die Karl der Große 791 begann, und der 828 erfolgten Gründung der awarischen Ostmark, verbunden mit einer intensiven weltlichen und geistlichen Kolonisation aus Bayern. Die Ostmark ging jedoch schon bald bei der Invasion des Reitervolkes der Ungarn verloren. Erst mit dem Sieg König Ottos I. des Großen 955 bei Augsburg auf dem Lechfeld über die Ungarn konnten die östlichen Grenzbereiche Bayerns gesichert werden. Das Herzogtum Bayern reichte im Osten bis zum Grenzfluss Enns und wurde unter den ottonischen Kaisern, aus deren Nebenlinie die bayerischen Herzöge stammten, durch eine östlich angrenzende Markgrafschaft erweitert. 976 setzte dort Otto II. mit Leopold I. (976–994) das Geschlecht der Babenberger als Markgrafen ein. Um 996 erscheint in einer Urkunde Ottos III. erstmals die Bezeichnung »Ostarrichi« für die Markgrafschaft. Unter Markgraf Leopold III. (1095–1136) erfolgte der systematische Ausbau eines österreichischen Landesfürstentums; zudem festigte Leopold durch seine Vermählung mit Agnes, der Tochter Kaiser Heinrichs IV. und Witwe des Schwabenherzogs Friedrich von Staufen, die Verbindung der Babenberger mit dem salischen und dem späteren staufischen Kaiserhaus (vgl. Klosterneuburg, S. 145).

1139 fiel Bayern, das seit 1070 von den Welfen regiert worden war, an den Babenberger Markgrafen Leopold IV. und kurz darauf an dessen Bruder Heinrich Jasomirgott, doch gab Kaiser Friedrich Barbarossa Bayern 1156 den Welfen zurück und übertrug das Herzogtum seinem Vetter Heinrich dem Löwen. Als Gegenleistung erhob der Kaiser 1156 im »privilegium minus« die österreichische Markgrafschaft zu einem selbständigen Herzogtum. Bereits 1145 hatte Heinrich Jasomirgott Wien zu seiner Residenz erhoben, dessen Rang als Hauptstadt damit dauerhaft begründet wurde. Die Blütezeit der Babenberger Herrschaft begann unter Herzog Leopold V. dem Tugendhaften (1177–1194), der 1192 das Herzogtum Steiermark dazugewinnen konnte und von der Gefangennahme des englischen Königs Richard Löwenherz profitierte. Zudem fiel der ehemals bayerische Traun- und Attergau jetzt an Österreich. Der Wiener Hof der Babenberger glänzte unter Leopold VI. dem Glorreichen (1194–1230) als Musenhof der Minnesänger.

Als der Nachfolger Leopolds VI., Friedrich II. der Streitbare, der letzte Babenberger, 1246 in der Schlacht an der Leitha gegen den ungarischen König Béla IV. gefallen war, ging aus den Erbfolgekämpfen der böhmische König Ottokar II. Przemysl als Sieger hervor. Ottokar heiratete 1252 Margarete, die letzte Babenbergerin und Witwe König Heinrichs (VII.), eines Sohnes des Stauferkaisers Friedrich II. Das Herrschaftsgebiet Ottokars umfasste Böhmen, die österreichischen Donauländer, die Steiermark, Kärnten und Krain (das heutige Slowenien). Als 1273 in Frankfurt der aus der Schweiz gebürtige Rudolf von Habsburg, den Ottokar als armen kleinen Grafen abtat und verspottete, zum deutschen König gewählt worden war, widersetzte sich Ottokar und verfiel der Reichsacht. Mit dieser Wahl, die das Interregnum beendete, begann der Aufstieg des Hauses Habsburg. 1278 fiel Ottokar bei Wien in der Schlacht auf dem Marchfeld gegen Rudolf. Für Habsburg war jetzt in Österreich der Weg frei. Rudolf teilte das Land unter seine Söhne auf, von denen der jüngere Sohn Rudolf die Steiermark und der ältere Sohn Albrecht Österreich erhielt. Albrecht wurde 1298 deutscher König. 1308 fiel er einem Mordanschlag seines Neffen zum Opfer.

Dieser Mord beendete die habsburgische Königsherrschaft für mehr als ein Jahrhundert. Während der Regierung des in Prag residierenden Kaisers Karl IV. aus dem Hause Luxemburg gab der österreichische Herzog Rudolf IV. der Stifter 1358 in dem von ihm gefälschten »privilegium maius« sich selbst und allen Nachfolgern, ganz gleich, ob männlich oder weiblich, den Rang eines Erzherzogs bzw. einer Erzherzogin, eine Würde, die der eines Kurfürsten gleichkam oder sie sogar übertraf. Obwohl gefälscht, behielt das privilegium maius, welches 1453 Kaiser Friedrich III. von höchster Stelle aus bestätigte, bis zum Ende der Monarchie Gültigkeit.

1438 fiel die deutsche Königskrone wieder an Habsburg, als Albrecht II., der Schwiegersohn Kaiser Sigismunds, die böhmischen Luxemburger beerbte und somit als König des Hl. Römischen Reiches und von Böhmen und Ungarn die habsburgische Hausmacht nachhaltig festigte. Albrechts Nachfolger Friedrich III., seit 1440 deutscher König, erhielt zwei Jahre später vom Papst die Kaiserwürde, die seit Karl V., unabhängig vom Papst, erblich wurde und bis 1806 bei den Habsburgern verblieb, abgesehen von dem kurzen, völlig wirkungslosen Kaisertum des bayerischen Kurfürsten Karl Albrecht von 1742 bis 1745.

Gebälk, das Ganze zudem durch Balustraden bereichert. Die Anregung für die Laubengänge gab offensichtlich der etwas frühere Laubenhof des Landhauses in Linz, der jedoch im Zuschnitt der Arkaden und in der Präzision der Steinmetzarbeit den Hartheimer Hof qualitätsmäßig übertrifft. Schloss Hartheim erlangte im 2. Weltkrieg traurige Berühmtheit, als hier im Zuge der von Nazideutschland verordneten Euthanasie tausende Menschen umgebracht wurden. Heute ist Hartheim eine viel besuchte Gedenkstätte.

Ein Höhepunkt jeder Donaureise ist das kurz vor Linz direkt am rechten Ufer gelegene Zisterzienser-Stift **WILHERING**, das nie säkularisiert worden ist und dessen mönchisches Leben noch heute blüht. Gegründet wurde das Kloster 1146 und besiedelt von Rein in der Steiermark. Doch schon nach 40 Jahren lebten hier nur noch zwei Mönche, weshalb auf Beschluss des Generalkapitels in Cîteaux ein neuer Gründungskonvent, diesmal aus Kloster Ebrach im Steigerwald, nach Wilhering geschickte wurde. Die Ebracher Mönche errichteten von 1195 bis 1254 die Kirche. Sie war eine Pfeilerbasilika zu sechs Jochen mit einer typisch zisterziensischen Ostanlage nach dem sog. Bernhardinischen Schema, bei der sich an die Vierung ein platt schließendes Sanktuarium und an die Querhausarme je zwei quadratische Kapellen anschlossen. Die Schutzvogtei des Klosters fiel im 13. Jahrhundert an die Grafen von Schaumberg, die sich hier auch bestatten ließen. Erhalten sind zwei gotische Grabtumben der Grafen.

1733 vernichtete ein von einem arbeitslosen Rossknecht gelegter Brand das Kloster. Für den Wiederaufbau der Kirche, den Abt Johann Baptist Hinterhölzl (1734–1750) in die Wege leitete, reichte als Erster der Bildhauer und Altarbauer Joseph Matthias Götz aus Passau Pläne ein, dann der Baumeister Joseph Munggenast aus St. Pölten, ein Neffe des Stiftsbaumeisters von Melk Jakob Prandtauer, und wohl auch der Linzer Stadtbaumeister Johann Michael Prunner. Nach einigen Intrigen erhielt schließlich der Linzer Maurermeister Johann Haslinger die Bauleitung. Inwieweit dieser nach eigenem Plan arbeitete oder sich an andere Pläne hielt, bleibt unklar. So ist es mehr als fraglich, ob die vorzüglich gegliederte und proportionierte Einturmfassade im Westen ▸ **Taf. S. 119**, ein Hauptwerk des österreichischen Barock, für das sich ein präzise gezeichneter Planriss erhalten hat, einem einfachen Maurermeister zugetraut werden kann.

Vom alten Bau wurde so viel Mauersubstanz wie möglich wiederverwendet. Haslinger machte aus dem dreischiffigen Langhaus einen breiten Saalraum mit Obergadenfenstern und jeweils zwei flachen Seitenaltarnischen, die von einer Pilaster-Gebälk-Ordnung eingefasst werden ▸ **Taf. S. 118**. Das Markenzeichen der Architektur sind die über den Nischen hochgebogenen Gesimse des Gebälks sowie die gedrückten raumprägenden Korbbögen vor Vierung und Chor, die den Gesamtprospekt in seiner Staffelung von West nach Ost bestimmen.

Den Weltruhm von Wilhering macht aber erst die üppige, schwelgerische Ausstattung mit Altären, viel Stuck und Fresken aus, ein buntfarbiger Ornat, der in Zusammenklang mit der Architektur an Reichtum alles übertrifft, was es sonst in Österreich und Bayern gibt. Der Farbakkord wird vom dunklen rotbraunen Stuckmarmor der Architektur bestimmt, ein Zug, wie er für den österreichischen Barock, im Unterschied zum bayerischen, typisch ist.

Für die Ausstattung wurden erstklassige Künstler verpflichtet: für den Stuck zuerst Franz Joseph Holzinger aus St. Florian, ein Meister des Bandlwerks und Akanthusornaments, dann nach Ende des Österreichischen Erbfolgekrieges (1740–1748) jüngere Kräfte der Wessobrunner Schule: die in Augsburg niedergelassenen Johann Georg Üblher und Johann Michael Feichtmayr, jeder ein Virtuose des moderneren Rocailleornaments ▸ **Taf. S. 120**. Die Altarbilder wurden bei Martino Altomonte, der bereits 80 Jahre alt war, in Auftrag gegeben, die Deckenfresken bei seinem Sohn Bartolomeo, der sich schon in Spital am Pyhrn ausgezeichnet hatte ▸ **Taf. S. 120, 121**. Mit der Kirche und ihrer Ausstattung verschuldete sich das Stift gewaltig, doch konnten die Schulden im Verlauf der nächsten drei Jahrzehnte infolge günstiger wirtschaftlicher Entwicklung abgetragen werden.

LINZ

Nach dem Donaudurchbruch zwischen Kürnberger Wald und Mühlviertel liegt Linz in einer vom Strom umflossenen Bucht kurz vor der Einmündung der Traun. Mit 190000 Einwohnern ist Linz nach Wien, Salzburg und Graz die viertgrößte Stadt Österreichs und war 2009 europäische Kulturhauptstadt. Der Name Linz leitet sich vom römischen Kastell »Lentia« her, das im 2. Jahrhundert n. Chr. zu einem Steinkastell ausgebaut worden ist. Dessen Lage konnte bislang noch nicht eindeutig festgestellt werden. 799 gab es im »locus Linze« bereits eine Kirche mit einem »castrum«. Um 1211 erwarb der Babenberger Herzog Leopold VI. der Glorreiche den Ort, der im Grenzbereich zu Bayern eine gewisse strategische Bedeutung hatte. Linz, 1236 erstmals »civitas«, also Stadt, genannt, war zu dieser Zeit schon befestigt und wurde im selben Jahr erfolglos von Friedrich II. dem Streitbaren, dem letzten Babenberger Herzog, im Krieg gegen den Stauferkaiser Friedrich II. belagert.

Die Stadt blühte aufgrund der einträglichen Schiffsmaut und der beiden großen Jahrmärkte, die sich mit Beginn der Neuzeit zu internationalen Messen weiterentwickelten, rasch auf und wurde um die Mitte des 13. Jahrhunderts planmäßig erweitert, wobei der 220 × 60 m große Hauptplatz angelegt wurde, der heute noch das urbane Zentrum der Stadt ist. Unter dem böhmischen König Ottokar II. Przemysl, der seine österreichischen Besitzungen um 1260 zusammenfasste, wurde die Stadt Verwaltungsmittelpunkt mit Sitz des Hauptmanns des »Landes ob der Enns«, später Oberösterreich (Austria Superior) genannt. Das Amt des Landeshauptmanns mitsamt der Linzer Burgherrschaft übte seit 1288 fast ohne Unterbrechung für nahezu zwei Jahrhunderte das Adelsgeschlecht der Wallseer aus, das im Gefolge König Rudolfs I. von Habsburg aus dem schwäbischen Waldsee nach Österreich gekommen war. Erst unter Kaiser Friedrich III. wurde Linz 1490 hochoffiziell zur Hauptstadt des »fürstentumbs Österreich ob der Enns« erhoben. Seither spielte die Stadt, insbesondere die Burg, eine nicht unerhebliche Rolle für die Habsburger Kaiser.

Friedrich III., der wegen seiner chronischen Finanznot schon damals als »Friedel mit der leeren Tasche« verspottet wurde, zeichnete sich während seiner 41-jährigen kaiserlichen Regierungszeit durch phlegmatische Tatenlosigkeit aus, was ihm unter Historikern den wenig schmeichelhaften Ruf als »des Reiches Erzschlafmütze« eingebracht hat. Er residierte von 1489 bis zu seinem Tode 1493 in der keineswegs kaiserlichen Linzer Burg, nachdem ihn der weitaus bedeutendere ungarische König Matthias Corvinus 1485 ohne größere Mühe aus Wien vertrieben hatte. Auch Kaiser Maximilian I. war der Stadt wohlgesonnen. Wichtig für die Entwicklung wurde der 1497 gewährte »Brückenbrief«, der den Bau einer hölzernen Donaubrücke ermöglichte.

Als Wien 1529 zum ersten Mal von den Türken belagert wurde, flüchtete der Wiener Hofstaat in die sichere Linzer Burg, was sich später im 30-Jährigen Krieg und während der Türkenkriege noch mehrfach wiederholte. Kaiser Rudolf II. (1576–1612) residierte zwar in Prag, doch ließ er seit 1599 die Linzer Burg zu einem Renaissanceschloss umbauen, einem großen, aber anspruchslos schlichten Vierflügelbau, der wie ein Kasten über der Stadt thront. Inzwischen war seit der Regierung des in Konfessionsfragen toleranten Kaisers Maximilian II. (1564–1576), der auf seinen Vater Ferdinand I. folgte, Österreich weitgehend protestantisch geworden. Unter Kaiser Ferdinand II. (1619–1637), der das Land rücksichtslos rekatholisierte und es sogar an seinen Vetter Maximilian von Bayern verpfändete, um Geld für den Feldzug gegen den böhmischen »Winterkönig« Friedrich von der Pfalz zu erlangen, kam es 1626 zu einem Aufstand protestantischer Bauern. Diese belagerten unter ihrem Anführer Stefan Fadinger mit einem Heer von etwa 70000 Mann neun Wochen lang Linz, allerdings ohne Erfolg, bis sie bei Enns von bayerisch-österreichischen Söldnertruppen geschlagen wurden.

Später verlor das Schloss immer mehr an Bedeutung. Die letzte hier vollzogene Staatshandlung war 1742 die Erbhuldigung an Maria Theresia. Im Jahre 1800 brannte das Schloss aus und wurde danach nur notdürftig wieder benutzbar gemacht. Seit 1963 ist in ihm das oberösterreichische Landesmuseum untergebracht, für das auf der Südseite 2009 ein neuer Trakt errichtet worden ist.

1783 wurde Linz ebenso wie St. Pölten im Zuge der Josephinischen Reformen aus dem Passauer Bistum ausgegrenzt und zu einem eigenen Bistum erhoben. Nach den Erfahrungen der napoleonischen Kriege hatte man die Stadt auf Initiative des Erzherzogs Maximilian d'Este neu befestigt. Hierbei wurden 32 Geschütztürme errichtet und der gegenüber der Stadt gelegene Pöstlingberg, der eigentlich eine Wallfahrtsstätte ist, mit Bastionen versehen.

1934 wurde Linz zum Schauplatz der von der Sozialdemokratie in Gang gesetzten Aufstandsbewegung gegen das autoritäre Regime des Bundeskanzlers Dollfuß. Die Revolte, die sich in ganz Österreich zu einem Bürgerkrieg mit Hunderten von Toten ausweitete, nahm von Linz ihren Ausgang, bis sich nach der Ermordung von Dollfuß bei einem nationalsozialistischen Putschversuch noch im selben Jahr die Lage wieder beruhigte. Das war nicht zuletzt der auf Ausgleich und auf Österreichs Eigenständigkeit bedachten Politik des nachfolgenden Kanzlers Schuschnigg zu verdanken.

Die Linzer Altstadt erstreckt sich um den Hauptplatz, der am Donauufer ein großes Forum bildet. Dessen Mitte ist eine imposante barocke Dreifaltigkeitssäule ▸ **Abb. rechts**, wie es sie in Österreich überall gibt, aber nur selten in dieser Größe. Die Landstände, der Rat und die Bevölkerung errichteten das spiralförmig geschraubte, von Wolken und Engeln umfasste Säulenmonument, das 1723 geweiht wurde, aus Dank vor Errettung aus Kriegsgefahr (1704), Feuersbrunst (1712) und Pest (1713). Das Vorbild war die Säule auf dem Graben in Wien. Insgesamt ist die Altstadt trotz vieler moderner Bauten immer noch eine Barockstadt, geprägt von Bürgerhäusern ebenso wie von den Freihäusern des Adels und von zahlreichen Kirchen verschiedener Orden.

Der älteste Sakralbau ist die kleine unscheinbare Martinskirche auf dem Römerberg westlich des Schlosses. Bei der Restaurierung 1947/48, als man die gotischen und barocken Zutaten beseitigte, stellte sich heraus, dass es sich hier um die schon 799 bezeugte Kirche handelt. Sie entstand wohl Anfang des 8. Jahrhunderts auf den Fundamenten eines römischen Baues und war ursprünglich eine dreischiffige Halle mit weiten Rundbogenarkaden. Die Martinskirche ist das älteste frühmittelalterliche Bauwerk in Österreich.

Die kirchliche Bautätigkeit des Barock setzte 1669 in großem Stil mit der Jesuitenkirche ein (geweiht 1678), einem mächtigen tonnengewölbten Wandpfeilerbau mit Emporen, den wohl Pietro Francesco Carlone entworfen hat ▸ **Taf. S. 128**. Eine fast identische Zweitfassung ist die ein Jahrzehnt später entstandene Benediktiner-Stiftskirche Garsten bei Steyr, die vom selben Carlone stammt. Eng verwandt ist zudem die Jesuitenkirche in Passau. In Linz setzt die doppeltürmige, aber nicht sonderlich qualitätvolle Fassade, die nahe dem großen Platz aus den engen Gassen aufragt, einen gewichtigen Akzent im Stadtbild. Ein herausragendes Ausstattungsstück ist das prachtvolle Chorgestühl, ein Meisterwerk des frühbarocken »Ohrmuschel- und Knorpelstils«, das 1856 aus Stift Garsten hergeschafft wurde ▸ **Taf. S. 129**. Dort hatte es 1633 der Benediktinerbruder Michael Obermüller geschnitzt.

Nachdem der Jesuitenorden 1773 aufgehoben worden war und die Kirche einige Jahre lang keine Funktion mehr gehabt hatte, bestimmte Kaiser Joseph II.

Linz, Stadtplatz mit Dreifaltigkeitsäule

sie 1785 zum Dom des neu gegründeten Bistums Linz. Später, seit 1856 war hier Anton Bruckner zwölf Jahre lang Domorganist. Er ließ die Orgel, die 1783/86 von dem berühmten slowenischen, aus Laibach (heute Ljubljana) stammenden Orgelbauer Franz Xaver Krismann für Stift Engelszell geschaffen worden war, nach seinen eigenen Angaben umbauen. So wurde die Orgel zu einem einzigartigen Dokument für Bruckners Klangvorstellungen.

Besonders beeindruckend in der Altstadt ist ihre wichtigste Straße, die »Landstraße« ▸ **Abb. rechts.** Hier folgen in gerader Flucht drei barocke Kirchenfassaden aufeinander. Am weitesten südlich steht die Karmeliterkirche, die von 1674 bis 1726 in zwei Etappen als ein Saalbau mit Abseiten entstanden ist. Die turmlose Fassade von 1722 mit Volutengiebel und geschichteten Pilastern, deren Eigenart tiefe Nutungen sind, stammt wohl vom Linzer Baumeister Johann Michael Prunner. Er orientierte sich dabei an der Karmeliterkirche St. Joseph auf der Prager Kleinseite, wobei er aber deren Säulen zu Pilastern umformte und die Gesamterscheinung straffte.

Die mittlere Kirche der Dreiergruppe an der Landstraße, die Ursulinenkirche St. Michael, hat eine hochbarocke, mit Schwung und Gegenschwung modellierte Zweiturmfront, bekrönt von schwellenden Hauben. Die Fassade, die in ihrer pathetisch auftrumpfenden Kraft an den radikalen Barock in Böhmen erinnert, bildet eine Dominante im Stadtbild. Ihr Entwerfer ist unbekannt. Sie wurde 1770 bis 1772 nachträglich der Kirche vorgelegt, einem Saalbau mit rhythmisierten, zweiachsig symmetrischen Seitenwänden. Dieser entstand von 1736 bis 1757 nach Plänen von Johann Haslinger, dem Baumeister der Stiftskirche in Wilhering.

Als letzte der drei Kirchen folgt, leicht zurückgesetzt, die ebenfalls zweitürmige Jesuitenkirche.

Von Johann Michael Prunner, dem wichtigsten Linzer Barockarchitekten, dessen Betätigungsfeld sich über Oberösterreich bis Passau erstreckte, stammt auch die Kirche der Karmelitinnen (später der Barmherzigen Brüder), eine längsovale Rotunde mit jeweils zwei seitlichen Altarnischen, erbaut 1713 bis 1716. Originell ist die wie eine konkav gebogene Tafel ausgemuldete Fassade. Dieses nicht häufige Motiv scheint von der Fassade der kurz zuvor errichteten Karmelitinnenkirche in St. Pölten angeregt gewesen zu sein, einem kraftvoll gegliederten Werk, das Jakob Prandtauer wohl nach Entwurf von Matthias Steinl 1712 vollendet hat, ein Jahr vor dem Baubeginn in Linz. Über Prunners Linzer Fassade stand ehemals ein Fassadenturm, der 1796 abgetragen worden ist, was die Gesamterscheinung stark beeinträchtigte.

Wie eine Antwort auf Prunners Karmelitinnenkirche, wenn nicht wie eine Korrektur wirkt die ehemalige Deutschordens-Kirche zum Heiligen Kreuz, heute Seminarkirche, errichtet 1718 bis 1725 von Prunner nach Entwurf des kaiserlichen Architekten Lukas von Hildebrandt aus Wien. Der kleine Bau, ein Meisterwerk der Barockarchitektur, ist ebenfalls eine längsovale Rotunde. Das Innere, dessen Markenzeichen die rhythmisierte Pilastergliederung (»rhythmische Travée«) und der Stichkappenkranz der Kuppelwölbung sind, bleibt zurückhaltend. Umso aufwendiger erscheint der plastisch modellierte Baukörper des Äußeren, insbesondere die Einturmfassade mit konkav zurückschwingender Eingangsädikula, über der wie eine architektonische Skulptur der Turm steht. In der delikaten, bis ins kleinste Detail sorgfältigen Durchformung erkennt man überall die gestaltende Meisterhand Hildebrandts.

Ein weiterer nicht unbedeutender barocker Zentralbau ist die links der Donau hoch oben auf dem Pöstlingberg gelegene Wallfahrtskirche mit einer weithin sichtbaren, landschaftsbekrönenden Doppelturmfassade (1742–1774). Das Innere ist ein Raum mit vier Kreuzarmen, ausgerundeten Ecken und einer kreisrunden Flachkuppel über Pendentifs. Die Kirche stammt von dem Linzer Maler und Baumeister Johann Matthias Krinner.

Ein Werk desselben Krinner ist die ehemalige Minoritenkirche (Landhauskirche), die zu den interessantesten Bauten des österreichischen Spätbarock zählt. Hier stand bis zur Mitte des 18. Jahrhunderts eine zweischiffige gotische Kirche. Krinner formte sie seit 1751 innerhalb der alten Umfassungsmauern zu einem Saalbau mit flachen Seitenkapellen um. Dieser weit verbreitete Typus war nichts Besonderes, doch Krinner brachte die Pilasterordnung in eine ondulierende Schwingung, ablesbar vor allem am Gebälk: konkave Muldungen über den Pilastern, konvexe Vorwölbungen über den Kapellen, das Ganze zudem noch durch Ausrundungen vorne und hinten leicht zentriert. Die Kurven bringen die Wände in Bewegung, wodurch der Saalraum in spektakulärer Weise ein neues Erscheinungsbild erhält. Hierzu angeregt war Krinner sicherlich durch die Stiftskirche Dürnstein in der Wachau (s. S. 142), wo drei Jahrzehnte früher Matthias Steinl und Joseph Munggenast schon vergleichbare Kurvungen erprobt hatten.

Das Kloster der Minoriten war nach der Reformation von den Mönchen verlassen worden. So übertrug Kaiser Ferdinand I. 1562 die Gebäude den drei Ständen des Landes ob der Enns. Diese errichteten an der Stelle des Klosters direkt neben der Kirche seit 1564 das »Landhaus«: einen um drei Höfe angelegten umfangreichen Bautenkomplex mit einem besonders aufwendigen Laubenhof. Dessen dreistöckige Galerien haben im Erdgeschoss Pfeilerarkaden, in den beiden Obergeschossen Säulenarkaden mit leicht gedrückten Bögen. Der Typus des Laubenhofes, der in der österreichischen Renaissancearchitektur weit verbreitet war, hat hier im schönen, ebenmäßigen Zuschnitt der Arkaden seine klassische Vollendung gefunden.

Die größte Kirche von Linz und zugleich mit 130 m Gesamtlänge eine der größten in Österreich ist der neue Dom ▸ **Taf. S. 124/125, 127.** Dessen Westturm erreicht mit 135 m fast die Höhe des Stephansturms in Wien. Nachdem die Jesuitenkirche zum Dom des neu gegründeten Bistums umfunktioniert worden war, fasste Bischof Rudigier 1855 den Entschluss zum Neubau einer gotischen Kathedrale. Deren Bauzeit betrug bis zur Weihe 1924 volle 62 Jahre. Planung und Bauleitung hatte der

Linz, Landstraße, Karmeliterkirche, Ursulinenkirche und ehem. Jesuitenkirche (Alter Dom)

Kölner Diözesanbaumeister Vinzenz Statz, ein erfahrener Gotikspezialist, der schon für die Wiener Votivkirche einen preisgekrönten Entwurf geliefert hatte. Statz orientierte sich weniger am Kölner Dom als vielmehr an der Kathedralgotik Frankreichs, die er mit den Rundpfeilern und Maßwerkfenstern perfekt imitierte. Auch die Steinmetzarbeiten an den Quadern und Profilen sind meisterhaft.

Der Dom ist eine dreischiffige Basilika mit dreischiffigem Querhaus, dessen Mittelschiff ungewöhnlicherweise um ein Joch vorspringt. Der Chor, ein Umgangschor mit Kapellen, folgt dem Schema, wie es in der Kathedralgotik Frankreichs allgemein üblich war. Die Kapellen bilden jedoch nicht den klassischen französischen Kranz aus, sondern legen sich mit eigener Gesetzmäßigkeit um den Umgang, wobei die Scheitelkapelle zweischiffig ist und die Joche des Umgangs unkanonisch mit Dreistrahlgewölben versehen sind. Der Chorschluss ist eine selbständige Erfindung von Statz und steht, wie auch der ganze übrige Dom, den original gotischen Kathedralen nicht nach. Auch neben der Neugotik des Kölner Doms und der Wiener Votivkirche kann Linz sich ohne weiteres behaupten, nur ist und bleibt der Dom innerhalb der Barockstadt ein Fremdkörper.

In neuester Zeit gibt Linz sich zukunftsorientiert, insbesondere mit neuen Bauten an den Donauufern ▸ **Taf. S. 122/123**. Am linken Ufer steht das Ars Electronica Center ▸ **Taf. S. 130/131**, das sich »Museum der Zukunft« nennt, wozu auch das Forschungslabor »Futurelab« gehört. Gegenüber, am rechten Ufer macht sich das vom Schweizer Architekten Jürg Weber entworfene Museum für moderne Kunst, das »Lentos«, breit, ein großer quaderförmiger Glaskasten mit einem im Quader ausgesparten rechteckigen Tor, das von der Stadt den Durchblick auf die Donau und umgekehrt von der Donau auf die Stadt gewährt. Für die einen ist das Lentos die »Schuhschachtel an der Donau«, für die anderen das »gläserne Schiff«, in dem sich Donau und Stadt spiegeln. Hinzu kommt noch der »Wissensturm« der Stadtbibliothek, und der Hauptbahnhof ist der modernste Österreichs. Das Neueste vom Neuen ist der 2009 fertiggestellte Südtrakt des Landesmuseums im Schloss, eine hypermoderne, ganz in Glas gehaltene Architektur, die in hartem Kontrast zu den älteren Teilen des Schlosses in spektakulärer Weise schiefwinklig ist, mit Tendenz zum Dekonstruktivismus. Der Bau stammt von der Grazer Architektengemeinschaft HoG (Hope of Glory).

HITLERS LINZPROJEKT

Nach dem Anschluss Österreichs an das Deutsche Reich 1938, der nicht nur in Linz von der Bevölkerung frenetisch umjubelt wurde, nahm sich Hitler umgehend eine radikale Umgestaltung der Stadt vor. Er wollte aus Linz, das damals 120000 Einwohner hatte, eine Donaumetropole mit 420000 Einwohnern machen. Hitler hatte hier einen Teil seiner Jugend verbracht und erklärte Linz zu seiner »Patenstadt« und zugleich neben Berlin, Hamburg, München und Nürnberg zu einer der fünf »Führerstädte« des Reiches. Das Ziel war ein überwältigend großartiger Ausbau. Linz sollte die schönste Stadt an der Donau werden und Budapest, das Hitler bis dahin für die schönste Donaustadt gehalten hatte, weit übertreffen. Wien hingegen war für ihn jüdisch und habsburgisch verfault. Zur wirtschaftlichen Grundlage des Linzer Ausbaus wurde ein riesiges Eisen- und Stahlkombinat für die Rüstung, die »Hermann-Göring-Werke«, aus dem Boden gestampft, woraus nach dem Krieg die »Vereinigten Österreichischen Eisen- und Stahlwerke«, VOEST-Alpine genannt, hervorgingen. Bis 1945 wurden für die Arbeiter 12000 Wohnungen gebaut.

Für Hitler, der ursprünglich selbst Architekt hatte werden wollen, war der Ausbau von Linz eines seiner wichtigsten Prestigeobjekte. Bei den Plänen zielte alles auf imponierende Monumentalität als Ausdruck der Größe des Deutschen Reiches und seines Führers. Hitler hatte die Vision einer gigantomanischen Uferverbauung auf beiden Seiten der Donau mit monumentalen Haupt- und Staatsgebäuden und neuen Brücken. Zudem sollte die Linzer Hauptachse, die »Landstraße«, mit dem Bahnhof durch eine »Laubenstraße« verbunden werden. Auf der einen Seite dieser Prachtavenue war ein neues Operngebäude und diesem gegenüber das »Führermuseum« für die Kunstsammlungen vorgesehen. Außerdem wollte Hitler sich im Bereich des Schlosses eine »Führerpfalz« als Alterssitz erbauen lassen.

Mit der Planung wurde Reichsbaurat Roderich Fick aus München beauftragt, doch bekam dieser bald Konkurrenz durch den Generalbauleiter Hermann Giesler, ebenfalls aus München. Es entstanden zahlreiche Pläne sowie ein Modell, das Hitler in den Berliner Führerbunker mitnahm und dort bis zum Ende, während draußen die Bomben fielen, wie berauscht immer wieder mit Begeisterung betrachtete und zu verbessern suchte – ein gespenstischer Wahn mitten im Untergang. In Linz wurde bis 1945 ständig weiter geplant, in den vier anderen Führerstädten hingegen seit 1942 nicht mehr. Albert Speer bezeichnete später das Linzer Modell, das für Hitler das wichtigste war, als »eine grandiose Spielerei mit Bauklötzchen«. Ausgeführt wurden von all dem nur die beiden zur Donau gerichteten symmetrischen Kopfbauten des großen Stadtplatzes, in neobarockem Monumentalstil entworfen von Roderich Fick, und die 30 m breite und 250 m lange Nibelungenbrücke, die auf die Kopfbauten wie zu einem Tor zuführte und die ältere Eisenbrücke, von Hitler als »Steg« abgetan, ersetzte.

Bei den Planungen für Linz war Hitlers Lieblingsprojekt die Einrichtung eines riesigen Kunstmuseums. Hierfür hatte er, ähnlich wie früher Napoleon, Kunstwerke, vor allem Gemälde, sammeln lassen. Renommierte Kunsthistoriker wurden mit dem »Sonderauftrag Linz« betraut und beschlagnahmten Werke aus jüdischem Besitz sowie ganze Museumsbestände aus osteuropäischen Staaten, wobei Hitler sich einen »Führervorbehalt« zur persönlichen Auswahl der besten Werke sicherte. Bis heute ist bei einigen Werken nicht geklärt, ob sie geraubt oder auf dem Kunstmarkt ordentlich erworben worden sind. Hitlers Linzprojekt ist in der Ausstellung »Kulturhauptstadt des Führers« 2008/09 im Linzer Schloss mustergültig aufgearbeitet und präsentiert worden. Hier wurde wohl jedem Besucher deutlich, dass die Architekturphantasien der Ausdruck eines hypertrophen Wahnsinns waren.

Wilhering, Zisterzienser-Stiftskirche

PASSAU —— LINZ

Wilhering, Zisterzienser-Stiftskirche,
Deckenfresko von Bartolomeo Altomonte, links: Detail des Stucks und des Deckenfreskos

Allianz
Oberbank

Linz

vorhergehende Doppelseite: Linz, Stadtpanorama
Linz, Dom

Linz, Dom, Blick in die Gewölbe

Linz, ehem. Jesuitenkirche,
rechts: Detail vom Chorgestühl

Linz, Ars Electronica Center

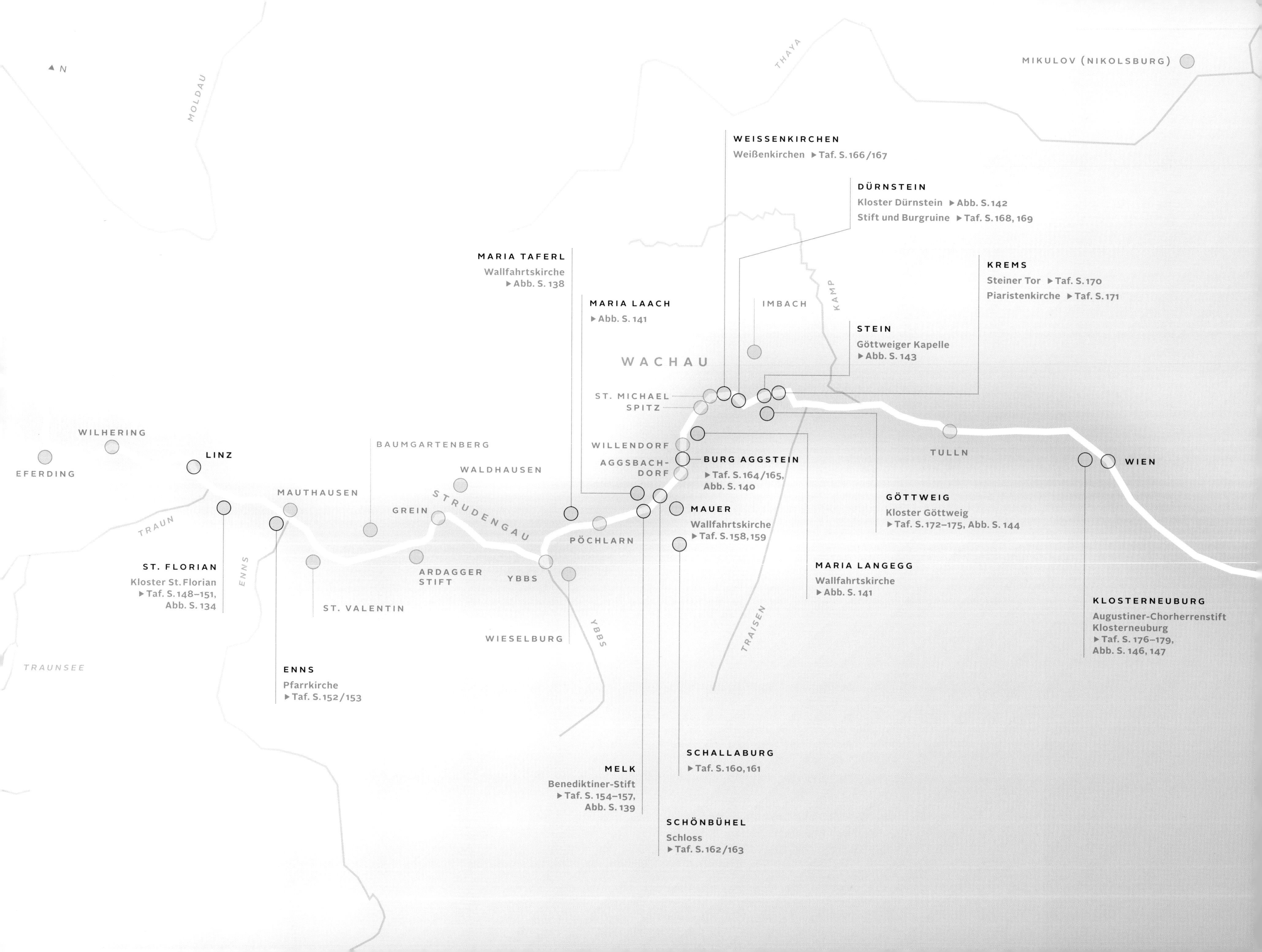

N
MOLDAU
THAYA
MIKULOV (NIKOLSBURG)
WEISSENKIRCHEN
Weißenkirchen ▸ Taf. S. 166/167
DÜRNSTEIN
Kloster Dürnstein ▸ Abb. S. 142
Stift und Burgruine ▸ Taf. S. 168, 169
MARIA TAFERL
Wallfahrtskirche
▸ Abb. S. 138
KREMS
Steiner Tor ▸ Taf. S. 170
Piaristenkirche ▸ Taf. S. 171
MARIA LAACH
▸ Abb. S. 141
IMBACH
KAMP
STEIN
Göttweiger Kapelle
▸ Abb. S. 143
WACHAU
ST. MICHAEL
SPITZ
WILLENDORF
AGGSBACH-
DORF
BURG AGGSTEIN
▸ Taf. S. 164/165,
Abb. S. 140
WILHERING
EFERDING
LINZ
BAUMGARTENBERG
WALDHAUSEN
MAUTHAUSEN
GREIN
STRUDENGAU
TULLN
WIEN
GÖTTWEIG
Kloster Göttweig
▸ Taf. S. 172–175, Abb. S. 144
MAUER
Wallfahrtskirche
▸ Taf. S. 158, 159
PÖCHLARN
TRAUN
ENNS
ARDAGGER
STIFT
YBBS
ST. FLORIAN
Kloster St. Florian
▸ Taf. S. 148–151,
Abb. S. 134
ST. VALENTIN
MARIA LANGEGG
Wallfahrtskirche
▸ Abb. S. 141
KLOSTERNEUBURG
Augustiner-Chorherrenstift
Klosterneuburg
▸ Taf. S. 176–179,
Abb. S. 146, 147
WIESELBURG
YBBS
TRAISEN
TRAUNSEE
ENNS
Pfarrkirche
▸ Taf. S. 152/153
SCHALLABURG
▸ Taf. S. 160, 161
MELK
Benediktiner-Stift
▸ Taf. S. 154–157,
Abb. S. 139
SCHÖNBÜHEL
Schloss
▸ Taf. S. 162/163

LINZ — WIEN

Unterhalb von Linz münden im Linzer Becken die Alpenflüsse Traun und Enns. Die Donau erreicht das ebene Machland und dann den Strudengau. Bei Grein durchbricht der Fluss in mehreren Kurven die Granitberge des böhmischen Massivs. Hier wurde das Flusstal zu einem gefährlichen Engpass, der nicht nur eine starke Strömung, sondern auch wilde Strudel, Wasserwirbel und Stromschnellen hervorief. Das war für die Schifffahrt immer eine große Gefahr. Die Hindernisse konnten bereits 1773 auf Initiative der von Maria Theresia eingesetzten »Navigationsdirektion« durch Sprengung der Felsenriffe »Böse Beuge« und »Schwalleck« entschärft werden. Seit der Flussregulierung durch die Staustufe und das Donaukraftwerk von Ybbs-Persenbeug ist die Gefahr gebannt. Dieses Bauwerk trägt mit dazu bei, dass Österreich ein Viertel seines Energiebedarfs durch Donaukraftwerke decken kann.

Bei Kloster Melk biegt der Fluss dann nach Nordosten ab und durchmisst bis Krems einen gebirgigen Ausläufer des Böhmerwaldes. Die Flusslandschaft zwischen Dunkelsteiner Wald auf der rechten Seite und Jauerling auf der linken ist die vielbesungene Wachau, eine Weinbauregion mit Burgen und alten, romantischen Städten, die für viele als der schönste Abschnitt des gesamten Donautals gilt und touristisch entsprechend überlaufen ist.

Das Stift **ST. FLORIAN** rechts der Donau in direkter Nachbarschaft zu Linz ist eines der größten und bedeutendsten österreichischen Barockstifte ▸ **Taf. S. 148, Abb. rechts.** Der Stiftspatron St. Florian, der Römer Florianus, war in der Garnisons- und Verwaltungsstadt Lauriacum Amtsvorsteher bei Aquilinus, dem Statthalter der römischen Teilprovinz Ufernoricum, gewesen. Lauriacum, das heutige Lorch bei Enns, liegt 5 km vom Ort St. Florian entfernt. Während der Christenverfolgung unter Kaiser Diokletian wurde Florianus, weil er seinem christlichen Glauben nicht abschwören wollte, 304 mit einem Mühlstein am Hals im Fluss Enns ertränkt. Seine 40 Gefährten fanden ihr Ende im Kerker. Der Legende nach wurde der Leichnam des Florianus angeschwemmt und dann an der Stelle der heutigen Kirche bestattet. Hier hat man 1952/53 römische Mauerteile und Dachziegel gefunden. Mit zunehmendem Heiligenkult wurde Florian später zum Schutzpatron für drei verschiedene Nöte: Feuersbrunst, Wassernot und Bedrohung durch äußere Feinde.

An Florians Grab entstand wohl schon vor 800 ein Kloster. Der reformfreudige Bischof Altmann von Passau wandelte es 1071 in ein Augustiner-Chorherrenstift um, das es heute noch ist. Um 1275 begann das Stift, dem zahlreiche Pfarreien inkorporiert waren (heute sind es 32), den Bau einer Stiftskirche. 1291 wurde sie von Bischof Bernhard von Passau geweiht. Diese Kirche war bereits so groß wie die bestehende Barockkirche, die weitgehend über den mittelalterlichen Fundamenten errichtet worden ist.

Später, zur Zeit der beginnenden Renaissance, ließ Propst Peter Maurer einen großen Altar mit Schrein und bemalten Flügeln anfertigen, deren 16 Bilder mit der Passion Christi und der Sebastianslegende 1518 Albrecht Altdorfer, Bürger von Regensburg, lieferte ▸ **Taf. S. 149.** Der Altar, dessen Schrein verloren ist, war nicht der Hochaltar, sondern stand im nördlichen Seitenschiff am ersten Pfeiler vor dem Chor. Die Bilder, heute im Stiftsmuseum, sind charakteristische Hauptwerke des sog. Donaustils, dessen Eigenarten man hier besonders gut studieren kann.

Als 1683 die türkische Bedrohung Österreichs durch den Sieg vor Wien glücklich abgewendet war, was nicht zuletzt der Fürbitte des hl. Florian zugeschrieben wurde, stattete Kaiser Leopold I. ein Jahr später mit großem Gefolge in einer Wallfahrt dem Heiligen an Ort und Stelle seinen Dank ab. Der Sieg und der kaiserliche Besuch gaben Propst David Fuhrmann den endgültigen Anstoß zum Neubau von Kirche und Konventsgebäuden.

Der Neubau sollte dem hohen Rang des Stiftes angemessen sein. Wie auch die anderen ober- und niederösterreichischen Stifte war St. Florian Grundherr eines ausgedehnten Territoriums, unterstand jedoch dem Landesherrn und war deshalb de jure nicht reichsunmittelbar. Da der Landesherr aber identisch mit dem Kaiser war, unterschied sich der Status in praxi gar nicht von dem einer nur dem Kaiser untergebenen Reichsabtei, wie es sie vor allem in Schwaben, aber auch in Regensburg gab. Gegenüber den deutschen Reichsabteien hatten die österreichischen Stifte des Donaubereichs einen wichtigen Vorteil: Da der Bischofssitz Passau, dem sie kirchlich zugehörten, außerhalb der österreichischen Erblande lag, konnten sich die Stifte mit habsburgischer Unterstützung weitgehend der bischöflichen Jurisdiktion entziehen und machten ihr Gebiet zu einer Art »Klosterdiözese« mit eigener Verfügungsgewalt über die zugehörigen Pfarreien. So konnten die Äbte und Pröpste die Befugnisse, für die eigentlich der Bischof zuständig gewesen wäre, selbst in die Hand nehmen. Zugleich hatten die Stifte der kaiserlichen Repräsentation zu dienen, wofür großartige Festsäle angelegt wurden, und mussten dem Hofstaat bei Reisen ein Absteigequartier mit einer Folge von Kaiserzimmern bieten. Die Gebäude der Stiftsanlagen, von der Kirche bis hin zu den Wagenremisen, führen den hohen Rang, der den Stiften zukam, mit selbstbewusstem Stolz jedermann vor Augen. Die Anlagen sind imponierende Kloster»schlösser« und stehen den großen süddeutsch-schwäbischen Reichsabteien wie z. B. Weingarten oder Ottobeuren in nichts nach.

Unter den österreichischen Klosterschlössern ist St. Florian architektonisch eines der großartigs-

St. Florian, Augustiner-Chorherrenstift, Stiegenhaus

ten. Propst Fuhrmann wurde von der gleichen Leidenschaft gepackt wie viele seiner Amtsbrüder auch: der schrankenlosen Lust, prächtig zu bauen. 1686 gab er, nachdem er die Finanzen geordnet hatte, dem Oberitaliener Carlo Antonio Carlone aus der weit verzweigten Carlone-Sippe den Auftrag zum Neubau der Kirche und der südlich anschließenden Konventsgebäude. Die Kirche ▸ **Taf. S. 150**, geweiht 1715, demonstriert ein ganz anderes Anspruchsniveau als die übrigen Kirchen der Carlone-Sippe wie etwa die knapp zwei Jahrzehnte früher entstandene Jesuitenkirche im benachbarten Linz ▸ **Taf. S. 128**: Carlo Carlone zielte auf nochmals gesteigerte Monumentalität, auf machtvolle, unverrückbare Größe, die hier nicht so sehr eine Sache der messbaren Dimension als vielmehr der anschaulichen Wirkung ist. Er wählte den italienischen Typus eines Saalbaus mit Abseitenkapellen, Emporen in Form von Oratorien, zudem mit Obergadenfenstern und mit einer Abfolge flachkuppeliger Gewölbe, sog. Böhmischer Kappen. Das Gesicht erhält der Wandaufbau durch die Ordnung mit dem starken Motiv kolossaler Halbsäulen und mit verkröpftem Gebälk, bereichert durch die wie im Salzburger Dom vorkragenden Balkone und durch eingestellte Säulenarkaden vor den Kapellen. Die Kraft des Aufbaus verbindet sich mit der abgerundeten Weite des Raumes zum Eindruck des Majestätischen.

Bei der Ausstattung wurden die Flachkuppeln statt mit dem bis dahin üblichen Deckenstuck, für den die Carlone die Fachkräfte gewesen wären, mit flächendeckenden Fresken versehen, wofür 1690 der Perspektivspezialist Johann Anton Gumpp, Hofmaler in München, und sein Schüler und Mitarbeiter Melchior Steidl berufen wurden. Sie schufen Feld für Feld zentralperspektivische, auf senkrechte Untersicht berechnete Scheinarchitekturen mit Säulen und einer querovalen oder kreisrunden Scheitelöffnung, die den Rahmen für die szenischen Darstellungen, u. a. der Floriansvita, bietet. Die Perspektivkonstruktionen verraten die Kenntnis der Illusionsmalerei des Jesuiten Andrea Pozzo und dessen Perspektivlehrbuch »Prospettiva de' pittori e architetti«, das allerdings erst 1693 im Druck erschienen ist. Die illustrierenden Schaubilder des Traktats scheinen jedoch schon vorher im Umlauf gewesen zu sein.

Stolz ist man in St. Florian auf die »Bruckner-Orgel«, ein Werk des slowenischen Orgelbauers Franz Xaver Krismann aus den Jahren 1770 bis 1774. Sie war damals die größte Orgel der Donaumonarchie. Später wurde sie noch dreimal umgebaut. Anton Bruckner war von 1848 bis 1855 Organist in der Stiftskirche, bevor er nach Linz ging, um dort die Stelle des Domorganisten anzutreten, ebenfalls an einer Krismann-Orgel. Er wurde in St. Florian 1896 auf eigenen Wunsch in der Gruft unterhalb der Orgel in einem freistehenden Metallsarg bestattet, heute eine Wallfahrtsstätte für Brucknerverehrer aus aller Welt.

In den Stiftsgebäuden südlich der Kirche kann man neben monastischer Strenge zugleich auch ein Lebensgefühl der heiteren Weltoffenheit verspüren. Die Gesamterstreckung von der Kirche bis zur Südseite kommt auf nicht weniger als 204 m, der innere Hof selbst auf 95 × 78 m. Carlone führte noch den Westtrakt bis zum Bläserturm aus, gegliedert von einer drei Geschosse übergreifenden Pilasterordnung. Auf Carlone folgte nach seinem Tod 1708 Jakob Prandtauer, der schon sechs Jahre früher den Neubau von Stift Melk übernommen hatte. In St. Florian steuerte Prandtauer den Turm und das darunter befindliche opulente Stiftstor bei. Der Plan für das Tor wurde allerdings vom ausführenden Italiener Giovanni Battista Bianco geändert.

Das zum Hof weisende, vom Turm überragte Stiegenhaus ▸ **Abb. links** geht in der Grundidee noch auf Carlone zurück, doch brachte es erst Prandtauer in die endgültige Form. Die Idee, die Treppenläufe über Arkaden und durchbrochene Laubwerkfelder nach außen zum Hof hin zu öffnen, lässt weniger an ein Stift denn an ein köstliches Lustschloss denken. Die zweistöckigen Läufe steigen spiegelsymmetrisch von innen nach außen an, und zwar jeweils zwei übereinander. Sie inszenieren die große Mittelarkade, die genauso wie die übrigen Öffnungen durch eine eingestellte Säulenarkade nobilitiert ist. Der Aufstieg wird durch die obere horizontale Arkadenreihe zu einem ruhigen Abschluss gebracht. Alle Elemente schließen sich in glücklicher Weise zu einem Gesamtbild von schönstem Ebenmaß zusammen. Das künstlerisch Einmalige der Bauidee liegt darin, dass hier Außen- und Innenarchitektur, Binnentreppe und Rampentreppe, Schloss- und Gartenarchitektur eins geworden sind; das Ganze ein Meisterwerk von heiterem südländischem Charme.

Eher herrschaftlich repräsentativ gestaltet ist demgegenüber Prandtauers Mittelpavillon des Südflügels mit großer Pilasterordnung, hohen Fenstern, Oberlichtern und Attika (1718–1732). Der Marmorsaal im Inneren ist der wohl großartigste Prunksaal aller österreichischen Klosterschlösser ▸ **Taf. S. 151**. Allein schon in den Abmessungen von 30 m in der Länge, 15 m in der Breite und 15 m in der Höhe übertrifft er die meisten anderen Festsäle dieser Art. Die hoch aufgesockelte Ordnung mit eingestellten Kolonnaden, der gesättigte Farbakkord von tiefem Rot-Braun, Hellgrau und Gold wie auch das große buntfarbige Deckenfresko: all das gibt dem Saal eine festliche Würde wie in einem Kaiserschloss. Das Deckenbild von Bartolomeo Altomonte, das sein Vater Martino entworfen hat, verherrlicht den

DER DONAUSTIL

Der Donaustil, auch Donauschule genannt, ist eine auf den niederbayerisch-österreichischen Donauraum begrenzte Sonderrichtung der altdeutschen Kunst der Dürerzeit. Der entscheidende Begründer war Lucas Cranach d. Ä., der aus Kronach in Oberfranken stammte und von 1500 bis 1504 auf seiner Wanderschaft in Wien tätig war (Kreuzigungsbilder, Humanistenporträts). Zu den Mitbegründern gehören der aus Augsburg gebürtige Jörg Breu d. Ä. (Zwettler Altar, 1500) und der Passauer Rueland Frueauf d. J. (vier Tafeln der Leopoldslegende, Klosterneuburg, 1505). Bei diesen Malern gewinnen Landschaft und Natur zunehmend an Bedeutung, bis schließlich Albrecht Altdorfer in Regensburg und Wolf Huber in Passau, die Hauptmeister und Vollender des Donaustils, in Malerei und Graphik erstmals reine Landschafts- und Walddarstellungen schufen. Das Hauptmerkmal dieser Bilder ist eine naturhafte, bisweilen unwirklich märchenhafte Stimmung mit geheimnisvollem Waldesweben und blauenden Bergen in der Ferne, das Ganze erfüllt von Licht, das in atmosphärischem Dunst verschwimmt.

Die Historienbilder des Donaustils wie z. B. der Altar in St. Florian ▸ **Taf. S. 149** zielen auf einen phantastischen, expressiven Realismus. Sie zeichnen sich zum einen durch eine übersteigerte Drastik in der Handlung aus, zum andern durch jäh verkürzte Perspektiven in irreal konstruierten Räumen und durch bunte, oft grell leuchtende Farben in den Gewändern der Akteure. Gerade bei Altdorfer wird die Handlung manchmal zusätzlich noch dadurch dramatisiert, dass der Himmel wie bei einem kosmischen Naturereignis rot zu brennen oder zu glühen scheint.

Insgesamt ist der Donaustil in der Kunst der Dürerzeit die romantische Richtung. Gewisse Parallelen hierzu finden sich auch in Skulptur und Architektur, etwa in der wild ekstatischen Schnitzkunst mancher Altäre oder in den bewegten, virtuosen Rippenfigurationen der Gewölbe.

Sieg über die Türken und feiert die Segnungen des Friedens, rühmt also letztendlich das Kaiserhaus. Insgesamt erscheint der Marmorsaal wie eine einzige Huldigung an den kaiserlichen Landesherrn.

Verglichen mit dem Treppenhaus und Saalbau ist der dritte Pavillon des Hofes, die an der Ostseite gelegene Bibliothek mit etwa 120000 Bänden, zurückhaltender. Sie wurde erst 1745 bis 1751 von Gotthard Hayberger aus Steyr errichtet, der hiermit die Hofumbauung zum Abschluss brachte. Carlone hatte hier ein Pendant zum gegenüberliegenden Treppenpavillon geplant, doch Hayberger vereinfachte das Konzept, schloss zum Hof hin die von Carlone vorgesehenen Öffnungen und sorgte in der Dachzone für solide Brandmauern. Nach 65-jähriger Bauzeit war nun die Erneuerung vollendet, und das Stift stand glänzender denn je da.

Der in Nachbarschaft von St. Florian gelegene Ort **LORCH**, das römische **LAURIACUM**, war das Lager der im Kampf gegen die Markomannen bewährten »legio II. Italica«. Kaiser Mark Aurel hatte auf der rechten Seite der Ennsmündung direkt an der Donau dort, wo heute das Dorf Albing liegt, bereits ein Lager anlegen lassen, doch wurde dieses wohl unter Kaiser Septimius Severus (193–211) wegen der Überschwemmungsgefahr nach Lauriacum verlegt. Das Lager von 539 m × 398 m Fläche, dessen Umwallung und Grundanlage noch heute im Wegenetz erkennbar sind, hatte vier Ecktürme, acht Tortürme und 24 Zwischentürme. Ergraben wurde es im Wesentlichen vor dem 1. Weltkrieg. Zum Lager gehörte eine davon getrennte Zivilstadt. Insgesamt lebten hier um die 30000 Menschen, die 6400 Soldaten inbegriffen. Kaiser Caracalla erhob Lauriacum 212 zum Municipium, d. h. er gab der Siedlung Stadtrecht. Holzpfeilerreste, die im Flussbett gefunden worden sind, erweisen, dass es hier eine Brücke über die Donau gegeben hat.

Im späten 5. Jahrhundert, als die Römerherrschaft zusammenbrach, organisierte der Kleriker und Staatsmann Severin, der Apostel Noricums, der vorher in Passau tätig gewesen war, das Leben der bedrängten Bevölkerung. Nach dem vom germanischen Machthaber Odoaker 488 angeordneten Abzug der Römer blieb der Ort Lauriacum bestehen (791 Loraha und 1282 Lorich genannt). Karl d. Gr. machte den Ort zum Stützpunkt für die Awarenkriege.

Seit ca. 360/370 gab es hier eine Bischofskirche, die später mehrfach zerstört und wiederaufgebaut wurde, bis im 14. Jahrhundert über den Mauern eines römischen Hauses mit Apsis die heutige Kirche St. Laurenz entstand. Sie birgt die Gebeine jener 40 Märtyrer, die 304 bei der Christenverfolgung zusammen mit Florianus den Tod gefunden haben. Zu deren Ehren erhielt St. Laurenz 1970 mit päpstlichem Dekret den Titel einer Basilica Minor. Für die Kirchengeschichte hat Lorch insofern eine besondere Bedeutung, als aus dem spätantiken Bistum im frühen 8. Jahrhundert das Bistum Passau hervorgegangen ist. Bischof Pilgrim (971–991) bestand darauf, dass Passau der rechtmäßige Nachfolger des antiken Bistums Lorch sei, das er fälschlich als Erzbistum bezeichnete, wohl um den Status von Passau aufzuwerten. Zur Bekräftigung legte Pilgrim eine Liste von 29 Bischöfen vor, die in kontinuierlicher Folge bis in die Frühzeit des Lorcher Christentums zurückreichte. Als ältester Bischofssitz des ursprünglichen bayerischen Stammesgebietes kann Lorch sogar in gewisser Weise die Ehre beanspruchen, die älteste bayerische Hauptstadt gewesen zu sein.

Lorch ist heute Teil der Stadt **ENNS**, die sich auf einem Bergplateau oberhalb des Flusses Enns erstreckt, des Grenzflusses der Länder ob der Enns (Oberösterreich) und unter der Enns (Niederösterreich). Der Fluss bildete nach dem 2. Weltkrieg bis 1955 die Demarkationslinie zwischen amerikanischer und russischer Besatzungszone. Die Stadt ging aus der um 900 gegen die Ungarneinfälle errichteten Ennsburg hervor. 1192 fiel Enns an die Babenberger, deren Herzog Leopold V. der Tugendhafte aus dem Lösegeld, das er dem gefangenen englischen König Richard Löwenherz abgepresst hatte, den Ort planmäßig ausbauen und befestigen ließ, ähnlich wie Hainburg am anderen Ende des Herzogtums. 1212 erhielt Enns Stadtrecht. In den Folgezeiten machte der Handel mit Salz aus Hallstatt und mit Erz aus der Steiermark die Stadt reich. Das Salz wurde auf der Traun herangeschafft und das Erz auf der Enns. Bis ins 15. Jahrhundert war Enns größer und reicher als Linz. Nach der Reformation wurde die Stadt zu einer Hochburg der Protestanten.

Das Wahrzeichen von Enns ist der mächtige, 59 m hohe Stadtturm auf dem Hauptplatz, ein Monument stolzen Bürgersinns, erbaut 1564 bis 1568. Als Pfarrkirche fungierte ursprünglich St. Laurenz in Lorch, bis 1553 Kaiser Ferdinand I. die Minoritenkirche in Enns, die von den Mönchen kurz zuvor verlassen worden war, zur Pfarrkirche erhob. Der Bau, eine typische Bettelordenskirche mit gewölbtem Langchor und einem breiteren einschiffigen Langhaus, das flach gedeckt war, stammte aus der Zeit um 1320/30. In der zweiten Hälfte des 15. Jahrhunderts wölbte man das allzu unscheinbare, karge Langhaus und machte hieraus eine zweischiffige Hallenkirche, indem man eine Pfeilerreihe genau in die Mitte stellte und Kreuzrippengewölbe einzog. Mit dem Typus der zweischiffigen Halle, der in der österreichischen Gotik weit verbreitet war, brachte man das Langhaus auf die Höhe der Zeit.

Um 1340/50 hatte das Adelsgeschlecht der Wallseer an das damals noch schlichte Langhaus eine aufwendige Kapelle, wohl als Grablege, anbauen lassen ▸ **Taf. S. 152/153.** Die Wallseer bekleideten in Enns das Burggrafenamt; die andere Linie des Geschlechts stellte in Linz die Landeshauptmänner. Die Kapelle, bekannt als »Wallseerkapelle«, ist ein wahres Kleinod der hoch entwickelten österreichischen Gotik. Außen richtet sie eine steil aufragende Giebelfassade zur Stadt. Innen ist sie ein feingliedriger zweischiffiger Raum mit einem 5/8-Polygon von der Breite beider Schiffe zusammen. Seinen besonderen Reiz erhält der Raum dadurch, dass das abschließende Polygon plötzlich dreischiffig wird. Mit vier schlanken Bündelpfeilern ist hier ein quadratisches Chorjoch ganz in der Art eines Ziboriums eingestellt, was beim Übergang zur Zweischiffigkeit zwei stark verzogene Kreuzgewölbe und in der Mitte ein Dreistrahlgewölbe erforderlich macht. Der Raum ist wegen der Überschneidungen der Pfeiler und Bögen baukünstlerisch von hohem Raffinement. Genau die gleiche Bauidee wurde etwa zur selben Zeit in der doppelt so großen Wallfahrtskirche Pöllauberg in der Steiermark verwirklicht.

Ein weiteres Hauptwerk der Gotik ist in Nachbarschaft zu Enns die Pfarrkirche in **ST. VALENTIN**. Im Chor, datiert 1476, ist das vielteilige Netzrippengewölbe so angelegt, dass es sich im Apsispolygon wie ein Wirbel zu drehen scheint. Das später angefügte dreischiffige Langhaus hat Rundpfeiler mit einer etwas bizarr wirkenden Eigenart: Die Rippen wachsen aus quadratischen Kästen heraus, die wie Laternen den Pfeilern aufgesetzt sind, wobei die Rippen stellenweise die Gewölbekappen durchstoßen und sich gegenseitig überlagern. Diese Rippenfiguration, bei der die gestalterische Phantasie regiert, ist ein charakteristisches Beispiel für die höchst virtuose Wölbkunst der österreichischen Spätgotik, wie auch im nicht weit entfernten Weistrach und Krenstetten.

Gegenüber von Enns auf der linken Seite der Donau im Machland wurde beim Ort **MAUTHAUSEN** schon im Sommer 1938 ein Konzentrationslager zur Zwangsarbeit in den Granitsteinbrüchen eingerichtet. Von den über 300000 Gefangenen, die in dem wie eine Ordensburg auf einem Berg gelegenen Lager inhaftiert waren, kam etwa ein Drittel ums Leben, zu Tode gequält z. B. auf der berüchtigten Treppe, die zum Steinbruch hinunterführte. Manche wurden auch einfach die Felsen hinabgeworfen. Heute ist das Lager eine Gedenkstätte mit künstlerisch gestalteten Erinnerungsmalen für die Opfer, die, getrennt nach den Nationalitäten, in einem Park aufgestellt sind.

Das ehemalige Zisterzienserstift **BAUMGARTENBERG** im Machland kurz vor dem Strudengau wurde 1141, noch zu Lebzeiten des hl. Bernhard von Clairvaux, gegründet und von der nordfranzösischen Primarabtei Morimond aus besiedelt. Der Stifter war der in dieser Gegend reich begüterte Otto von Machland, ein Mitglied des niederen Adels. Die bald nach der Gründung begonnene Kirche konnte erst nach über 100-jähriger Bauzeit 1243 geweiht werden. Sie war ein kreuzrippengewölbter, aus Mühlviertler Granit gefertigter Quaderbau. Hiervon stehen noch Langhaus und Querhaus. Die mittelalterliche Struktur ist trotz der durchgreifenden, 1697 abgeschlossenen barocken Umgestaltung, die wohl Bartolomeo Carlone zu verdanken ist, noch deutlich zu erkennen.

Im 15. Jahrhundert wurde unter Abt Stephan II. (1419–1451) dem Langhaus ein aufwendiger Hallenumgangschor angefügt und 1443 geweiht, eine Konstruktion, die im Binnenchor mit fünf Seiten eines Achtecks, in der äußeren Umfassung aber mit neun Seiten eines 16-Ecks schließt. Dieser Grundriss, bei dem die Zahl der inneren Polygonseiten außen verdoppelt ist, führt bei den Gewölben des Umgangs zu einer alternierenden Abfolge von Kreuzgewölben und Dreistrahlgewölben. Der Chor ist eine eigenständige Umformung des Hallenumgangschors des Zisterzienserstiftes Zwettl, jedoch ohne den dortigen Kapellenkranz.

Das herausragende Stück der barocken Ausstattung ist das um 1680 angefertigte Chorgestühl, eines der reichsten Beispiele für spitzblättrig aufgefächerte Akanthusranken, wie sie in dieser rauschenden Fülle sehr selten sind. Durch die Barockisierung von Kirche und Stiftsgebäuden verschuldete sich Baumgartenberg derart, dass das Stift um 1730 nicht einmal mehr die Zinsen für die Schulden zu zahlen imstande war, so dass schließlich die Untertanen von den Gläubigern gepfändet werden mussten.

Das ehemalige Kollegiatsstift **ARDAGGER STIFT**, schräg gegenüber von Baumgartenberg auf der rechten Donauseite nahe Amstetten gelegen, wurde 1049 von Kaiser Heinrich III. auf Veranlassung seiner Gattin Agnes von Poitou gegründet. Wie wichtig das Stift damals war, zeigt sich daran, dass 1063 zur Weihe der Kirche hohe Würdenträger des Römischen Reiches anreisten: neben den Erzbischöfen Anno von Köln, Adalbert von Bremen und Siegfried Graf Eppstein von Mainz noch 25 weitere prominente Geistliche. Die heutige Kirche stammt von einem Umbau des 13. Jahrhunderts unter Propst Heinrich (nachweisbar 1224–1241). Beim Türkeneinfall 1529 wurde sie weitgehend zerstört, später aber repariert und mit einer reichen Stuckdekoration barockisiert.

Die eher unscheinbare Kirche ist baulich wegen ihrer Krypta aus der Zeit des Propstes Heinrich von Bedeutung, einer dreischiffigen Halle mit Säulen, frühgotischen Knospenkapitellen und Kreuzgratgewölben, die trotz der Entstehung zur Zeit der Frühgotik so aussehen, als seien sie frühromanisch, weil sie weder Gurt- noch Scheidbögen aufweisen. Kunsthistorisch besonders wertvoll ist das berühmte, von Propst Heinrich um 1230/40 gestiftete Margaretenfenster im Chor. Über dem knienden Stifter, der das Modell einer zweitürmigen Kirche präsentiert, ist in 14 Medaillons die Vita der Stiftspatronin hl. Margareta dargestellt. Die gut erhaltene Verglasung mit figürlichen Szenen in den Medaillons und teppichartigen Ornamentfeldern in den Zwickeln ist ein Hauptwerk der damaligen Glaskunst in Österreich.

Im malerischen Städtchen **GREIN**, das im Strudengau an der gefährlichsten Stelle des Donaudurchbruchs am linken Ufer angelegt ist, lebten die Bewohner von der Schifffahrt. Beherrscht wird das Stadtbild von der Pfarrkirche, einer Hallenkirche der Spätgotik, und der Greinburg, die oberhalb der Stadt auf freier Anhöhe steht und einen Laubenhof mit dreistöckigen Arkadengalerien der Zeit nach 1621 und des Spätbarock enthält.

Die Mitte des Strudengaus etwas abseits der Donau bildet das ehemalige Augustiner-Chorherrenstift **WALDHAUSEN**. Gegründet wurde es 1147 und besiedelt von Wettenhausen in Schwaben aus. Der Gründer war derselbe Otto von Machland, der sechs Jahre früher die nur 18 km entfernte Zisterze Baumgartenberg gestiftet hatte. Die heutige Kirche ist die erste frühbarocke Stiftskirche Österreichs nach dem 30-Jährigen Krieg. Sie wurde zwischen 1650 und 1680 vom Italiener Carlo Canevale als tonnengewölbter Wandpfeilersaal mit Emporen errichtet und von Christoph Colomba nicht nur stuckiert, sondern auch mit kleinformatigen Deckenfresken versehen. Die stattliche, gut proportionierte und einheitlich ausgestattete Kirche setzte für die folgende Bautätigkeit der österreichischen Stifte den Maßstab, vor allem für die der Carlone-Sippe, die denselben Bautypus bevorzugte. Im 18. Jahrhundert erlebte das Stift seinen Ruin, als es sich mit der allzu üppigen Ausstattung der Konventsgebäude finanziell übernahm.

Kurz hinter dem Strudengau, dort, wo von rechts die Ybbs einmündet, erreicht die Donau die Stadt **YBBS**, die schon 1308 Stadtrecht erhielt und ringförmig ummauert wurde. Die Pfarrkirche St. Lorenz ist eine stattliche Staffelhalle der Zeit um 1500, wie es sie in Ober- und Niederösterreich häufiger gibt. Im benachbarten **WIESELBURG** am Zusammenfluss der Großen und Kleinen Erlauf ließ Bischof Wolfgang von Regensburg auf der Berghöhe, die ihm 976 Kaiser Otto II. geschenkt hatte, eine Burg errichten. Deren Kapelle, die von Wolfgang um 993/994 geweiht wurde, steht zur Hälfte noch. Sie ist im Untergeschoss ein quadratischer Zentralbau mit vier niedrigen, kurzen Kreuzarmen und wird dann mittels Trompen, die über den Raumecken angebracht sind, in ein gleichseitiges Oktogon mit Obergaden und achteckiger Kuppel, ein sog. Klostergewölbe, überführt. Dieser für die ottonische Architektur einzigartige Bau, der zudem noch in verblassten Resten die ursprüngliche Ausmalung aufweist, wurde um 1500 zur Apsis einer nach Westen angefügten zweischiffigen Hallenkirche umfunktioniert, indem man die westlichen drei Seiten des Oktogons entfernte und den Raum auf diese Weise zur Halle hin öffnete. An die gotische Halle wiederum wurde 1952 rechtwinklig nach Süden ein großer moderner Kirchenbau angeschlossen. So entstand eine Kirchenfamilie aus drei total verschiedenen Teilen.

Auf der linken Donauseite grüßt auf hohem Berg, 233 m über der Donau, landschaftsbeherrschend die zweitürmige Wallfahrtskirche **MARIA TAFERL** ▸ **Abb. rechts**, vergleichbar den ähnlich exponiert gelegenen zweitürmigen Wallfahrtskirchen Pöstlingberg in Linz, Sonntagsberg bei Waidhofen an der Ybbs und Maria Plain bei Salzburg. Die Wallfahrt Maria Taferl entstand aufgrund zahlreicher wunderbarer Erscheinungen und Heilungen. Die Kirche, begonnen 1660, ist ein niedriger, etwas gedrückt proportionierter Kreuzbau mit einer flachen Pendentifkuppel über der Vierung, das Langhaus gegliedert von dicken Wandpfeilern. Als Baumeister verpflichtete man den heute kaum bekannten kaiserlichen Architekten Georg Gerstenbrand aus Wien († 1669), dann Carlo Lurago und schließlich für die Kuppel Jakob Prandtauer. Erst 1724 konnte der Passauer Fürstbischof Graf Lamberg die Kirche weihen, nachdem die ursprüngliche allzu unscheinbare Ausstattung durch eine prachtvolle neue ersetzt worden war. Maria Taferl ist in Österreich sehr populär; hierher kommen im Jahr um die 300000 Wallfahrer.

Auf Maria Taferl folgt rechts der Donau nach **PÖCHLARN**, dem Ort des edlen Markgrafen Rüdiger von Bechelaren aus dem Nibelungenlied, die gewaltigste barocke Klosteranlage Österreichs, das Benediktinerstift **MELK**, das heute noch als Kloster besteht ▸ **Taf. S. 154/155**. Es ist unter den österreichischen Barockstiften das berühmteste, zum einen wegen der spektakulären Lage auf einem Felsplateau oberhalb der Donau ▸ **Taf. S. 157**, zum andern wegen der großartigen Geschlossenheit von Kirche und Konventsgebäuden, die nirgendwo ihresgleichen hat. Das Kloster geht auf eine Burg zurück, die den babenbergischen Markgrafen seit dem 10. Jahrhundert als Pfalz diente, bis Leopold III. die Residenz 1106 nach Klosterneuburg verlegte. Neben der Burg gab es ein Kanonikerstift mit Weltgeistlichen, doch Leopold II. wandelte dieses 1089 in ein Benediktinerkloster um. Nachdem Leopold III. seine Pfalz in Melk aufgegeben hatte, schenkte er 1113 den Burgberg endgültig dem Kloster. Schon bald erlangte es die Exemtion, also die Unabhängigkeit vom Bischof in Passau. 1297 vernichtete ein Brand das gesamte Kloster, dessen Existenz jetzt und in der Folgezeit bis zum Ende des 14. Jahrhunderts, als es sich dem Juden Hetel restlos verschuldet hatte, ernsthaft gefährdet war. Bald darauf wurde Melk unter Abt Nikolaus Seyringer (1418–1425), der vom Konstanzer Konzil als Visitator hierher geschickt worden war, zum Ausgangspunkt einer umfassenden Reform der österreichischen Benediktinerklöster und in Verbindung mit der Wiener Universität zu einem geistigen und kulturellen Zentrum des Landes. Die Reformation brachte Melk abermals an den Rand der Auflösung, doch gelang im 17. Jahrhundert eine wirtschaftliche Konsolidierung. Das heutige Barockkloster ist der Initiative des Abtes Berthold Dietmayr zu verdanken, eines der großen Prälaten des 18. Jahrhunderts, der 1700, erst 30-jährig, gewählt wurde und zeitweilig auch das Amt des Rectors magnificus der Wiener Universität bekleidete. Sofort leitete er die Vorbereitungen für eine Modernisierung des Klosters ein und fand in Jakob Prandtauer aus St. Pölten den geeigneten Architekten. Zunächst wurde nur an eine Barockisierung, dann an den Neubau der Kirche gedacht, doch fiel 1711 die Entscheidung für den Neubau der Gesamtanlage. 1702 wurde der Grundstein der Kirche gelegt. Prandtauer leitete bis zu seinem Tode 1726 die Arbeiten, und sein Schüler Joseph Munggenast brachte sie zum Abschluss. Kaum waren die Gebäude vollendet, als 1738 ein Brand schwere Schäden anrichtete, die Abt Dietmayr kurz vor seinem Tode noch erlebte. Unter seinem Nachfolger wurden sie von Munggenast behoben, der auch die beiden Kirchtürme, mit leichten Abweichungen gegenüber Prandtauers Plänen, neu aufführte. Die Kirche mit ihrer reichen Ausstattung wurde erst 1746 geweiht.

Auf der Bergzunge zieht sich die Anlage über 320 m hin und weist nach Süden gegen die im Tal gelegene Stadt mit einer lang gezogenen Seitenfassade, deren endlos gereiht wirkende 59 Fensterachsen von drei Risaliten eingefasst und akzentuiert werden ▸ **Taf. S. 154/155**. Dieser Trakt enthält die kaiserlichen Appartements und die Räume zur Unterbringung des Hofes, aufgereiht an einem 196 m langen Gang. Die Klausur liegt auf der anderen Seite; hier springen die Gebäude in mehrfacher Abtreppung gegen das Donautal vor und sind, im

Maria Taferl, Wallfahrtskirche, Chorraum

Melk, Benediktiner-Stiftskirche, Kuppel

Kontrast zur Stadtseite, keineswegs regelmäßig. Nur fällt das an dieser Seite nicht weiter auf. Der Zugang zum Kloster liegt im Osten zwischen zwei gewaltigen halbrunden Bastionen, von wo aus man den ausgedehnten Prälatenhof erreicht. Die Schauseite des Klosters ist nach Westen zur Donau hin gerichtet, die mit einem Seitenarm direkt unterhalb des Felsens vorbeifließt ▸ **Taf. S. 157**.

Dieser Prospekt ist eine unvergleichliche Invention, die zu Recht weltberühmt geworden ist. Prandtauer legte der Kirche mit ihrer hohen italienischen Tambourkuppel und bewegten, plastisch modellierten Zweiturmfassade eine kleine Terrasse vor, die seitlich von den Kopfbauten der beiden Seitentrakte eingefasst wird. Diese stehen nicht parallel zueinander, sondern leicht schräg und geben der Terrasse einen rapezförmigen Grundriss mit der Schmalseite gegen die Donau. Hier ließ Prandtauer im Halbkreis eine Mauer mit einem Altan auf der Mauerkrone vorwölben, wobei er in der Mitte eine Öffnung in Form einer Serliana aussparte, die von der Donau aus den Blick auf die Kirchenfassade frei lässt. Die ganze Baugruppe stimmt in allen ihren Teilen wie selbstverständlich zusammen und geht auch mit der Landschaft eine so glückliche Verbindung ein, dass der Eindruck entstehen kann, Kirche und Kloster seien ein Stück gewachsener Natur, das weithin die Landschaft bekrönt und beherrscht. Es war die topographische Situation, die Prandtauer zu seiner Invention, einem wahren Geniestreich, beflügelte. Die beiden Kopfbauten, die außen kraftvoll gegliedert sind und sich so von den zurückhaltenden Längsseiten abheben, enthalten im Inneren die Prunkräume: im Norden die Bibliothek und im Süden den Marmorsaal, der als Festsaal für Gäste gedacht war. Er bietet über den mit dunklem Marmor und Stuckmarmor verkleideten Wänden durch ein lichtes Deckenfresko von Paul Troger einen Ausblick in das Reich der Pallas Athene.

Die Kirche ist im Inneren ein auf den Farbklang von Rotbraun und Gold abgestimmter, in üppigstem Reichtum ausgestatteter Prunkraum ▸ **Taf. S. 156**. Das ist der typische Klang des österreichischen Hochbarock. Der steil aufsteigende Saalraum des Langhauses wird von drei Seitenkapellen mit kleinen Emporen eingefasst und von querrechteckigen Flachkuppeln gewölbt. Der Wandaufbau ist bestimmt von einer kolossalen Pilasterordnung mit einem mächtigen, Achse für Achse konkav zurückgebogenen Gebälk. Dieses bringt in die Raumbegrenzung eine leicht ondulierende Bewegung. Hierzu in Kontrast gesetzt sind die im Gegensinn vorschwingenden Emporenbrüstungen, die dem sonst strengen Aufbau einen Beiklang verspielter, reich gezierter Theaterlogen geben. Hier hatten die Theaterspezialisten Beduzzi und Galli Bibiena die Hand im Spiel. Prandtauer aber ging es darum, die tektonische Schwere der Ordnung mit Kraft in Spannung und Bewegung zu bringen. Das Ergebnis ist ein Raum, der etwas Majestätisches, Machtvolles hat und von hohem Pathos erfüllt ist. Die Ausstattung gibt dem Pathos einen Zug des Rauschhaften, das sich noch steigert, wenn andere Sinneseindrücke, insbesondere brausende Orgelklänge, dazukommen. Der Raum kulminiert in der hoch aufragenden Tambourkuppel ▸ **Abb. oben**; hier wird er vor dem Hochaltar ins Gewaltige überhöht. Keine andere Klosterkirche Österreichs ist so wie die von Melk darauf angelegt, den Menschen mit allen Mitteln, welche die Architektur und Ausstattungskünste bieten, zu überwältigen und ihn, barock gesprochen, »hinwegzuheben«.

Schloss **SCHALLABURG** in nächster Nachbarschaft zu Melk ist eine hochmittelalterliche Burg, die 1572 bis 1600 im Auftrag von Hans Wilhelm aus der protestantischen Familie von Losenstein zum heutigen Renaissanceschloss umgebaut worden ist. Der Ruhm von Schallaburg ist der große dreiseitige Laubenhof mit überaus prächtigen zweistöckigen Arkaden ▸ **Taf. S. 160, 161**. Auf jede Arkade des Erdgeschosses kommt im Obergeschoss eine Doppelarkade. Das Gesicht erhalten die Arkaden durch reiche Terrakotta-Zier und durch die fast endlose Reihe von männlichen und weiblichen Hermen an der Ostseite, die vor der Stirn der Pfeiler des Obergeschosses zum Hoh hin stehen. Zahlreiche Ziersteine, Konsolen, Kopfmasken, Reliefs, Säulchen und andere Dekorationselemente übersteigern das Erscheinungsbild zu einer prachtvollen Reliefarchitektur mit ausgeprägter Licht-Schatten-Wirkung. Der in einer Portalinschrift genannte Jakob Bernecker könnte der Meister dieses österreichischen Hauptwerks der Renaissance oder besser: des Manierismus gewesen sein.

Ein zweiter kunsthistorisch bedeutender Ort in der Umgebung von Melk ist **MAUER**, berühmt wegen des spätgotischen Schnitzaltars in der Kirche ▸ **Taf. S. 158, 159.** Er ist nicht der Hochaltar, sondern steht in seltsamer Position an einer Seitenwand und gab allein schon deswegen der Forschung Rätsel auf. Die Kirche, ehemals eine Wallfahrt, gehörte Stift Göttweig. Der Chor wurde mitsamt Hochaltar und einem Seitenaltar 1509 geweiht, doch bleibt es mehr als fraglich, ob der heutige Schnitzaltar mit einem dieser Altäre identisch ist. Nach neueren, noch unveröffentlichten Forschungen (M. Latzin) ist der Schnitzaltar, der wohl nur schwerlich die türkischen Raubzüge 1529 unbeschädigt überstanden haben kann, erst danach hierhergekommen. Ursprünglich könnte er in der Schlosskapelle von Albrechtsberg gestanden haben, von wo er nach Einführung der Reformation abgegeben worden sein dürfte. Die frühere Meinung, der Altar stamme aus der Stiftskirche Göttweig und sei ein Werk der Werkstatt Martin Kriechbaums aus Passau, die auch den berühmten Altar von Kefermarkt geliefert hat, ist nicht haltbar. Heute gilt es als nahezu sicher, dass der Altar von Mauer um 1510/20 in einer Wiener Werkstatt gefertigt worden ist, der Kefermarkter aber in der Tat in Passau.

Die Figuren im Schrein von Mauer sind expressive, teilweise ungestüm wilde Schnitzphantasien jener Richtung der spätesten Gotik, die man früher etwas plakativ als »spätgotischen Barock« bezeichnet hat, heute aber eher für eine Nebenrichtung des »Donaustils« hält, wie er in der gleichzeitigen Malerei ausgebildet worden ist. Im Schrein dargestellt ist oben Maria mit dem Kind auf dem Schoß, umgeben von Gottvater und der Taube des Heiligen Geistes, ausgezeichnet zudem von zwei Engeln mit der Himmelskrone als Ehrenzeichen. Die Figurengruppen darunter sind auf der linken Seite männliche Heilige, zumeist Apostel, und auf der rechten weibliche, die modisch gekleidet und noch modischer frisiert sind und sich recht neckisch geben. Die meisten der Heiligen wenden sich nach oben. Sie empfehlen den himmlischen Personen einige wenige nackte, etwas kleinere Menschen, also wohl »arme Seelen«. Auf den Altarflügeln, deren Rahmen und Leerflächen bereits reines Renaissanceornament aufweisen, zeigen die Reliefs vier Szenen des Marienlebens, teilweise nach Vorlagen Dürers und Schongauers. Die Kreuzigungsgruppe zuoberst kam wohl erst später dazu, vielleicht zu dem Zeitpunkt, als der Altar endgültig in Mauer aufgestellt worden ist. Die Voraussetzung für diese hochvirtuose Schnitzkunst, die in den geradezu zerklüfteten Faltenlandschaften der Gewänder kaum noch steigerungsfähig erscheint, bot offenkundig der Nürnberger Veit Stoß.

Am Anfang der Wachau bestimmt an der rechten Flussseite das auf einem Felsen direkt am Ufer gelegene Schloss **SCHÖNBÜHEL**, ein Neubau von 1819 bis 1821, das Landschaftsbild ▸ **Taf. S. 162/163.** Gleich danach folgt das ehemalige Kartäuserkloster Marienpforte bei **AGGSBACH-DORF**, von dem außer einigen unscheinbaren Resten nur die einschiffige, 1392 geweihte Kirche erhalten ist.

Burg Aggstein in der Wachau, Federzeichnung von Wolf Huber, 1542

DIE VENUS VON WILLENDORF UND FANNY VOM GALGENBERG

In Willendorf, einem Ort direkt an der Donau, sind in mehreren Schichten Zeugnisse des Paläolithikums (Altsteinzeit) ergraben worden, so vor allem die berühmte, 1908 aufgedeckte »Venus von Willendorf«, eine nur 11 cm große, ehemals rot bemalte Kalksteinskulptur (Wien, Naturhistorisches Museum). Sie stellt eine extrem dicke nackte Frau dar, die ihre winzigen Hände auf die gewaltigen Brüste gelegt hat, das Gesicht aber unter einem korbartig heruntergezogenen Haarkranz verbirgt. Die Frauenfigur war offenbar ein Fruchtbarkeitssymbol. Entstanden ist sie nach Ausweis moderner Radiocarbon-Messung vor etwa 25 000 bis 30 000 Jahren. Ähnliche Figuren sind inzwischen in ganz Europa gefunden worden, z. B. in Kostienki am mittleren Don eine fast identische und in Willendorf selbst noch eine zweite, die etwas mehr als doppelt so groß ist, sowie eine weitere bei Dolni Vestonice in Mähren.

Noch älter als die »Venus von Willendorf« ist die erst 1988 in Stratzing bei Krems aufgefundene »Fanny vom Galgenberg« (Wien, Naturhistorisches Museum), ein nur 7,2 cm kleines Figürchen aus grünem Amphibolitschiefer, das eine nackte Frau mit großen hängenden Brüsten und hoch erhobenem rechtem Arm wiedergibt. Wegen dieser Armbewegung hat man die Frau nach der Tänzerin Fanny Elsler »Fanny« getauft. Das Alter der Figur wird auf 32 000 Jahre geschätzt. Sie galt bislang weltweit als der älteste Fund dieser Art, doch scheint die 2008 in einer Höhle bei Ulm entdeckte »Venus vom Hohlen Fels«, eine 6 cm große, aus einem Mammutzahn geschnitzte Figur, noch älter zu sein, vielleicht 35 000 Jahre.

Die Bilder des ehemaligen Hochaltars befinden sich heute in den Stiftssammlungen von Herzogenburg. Sie sind frühe Werke des »Donaustils«. 1501 wurden sie von dem Augsburger Jörg Breu gemalt, als dieser sich in Österreich aufhielt und dabei außerdem für Melk und Zwettl tätig war.

Unmittelbar neben der Kartause ragt 300 m über der Donau auf steilem, vorgeschobenem Felsen die Burgruine **AGGSTEIN** auf, ehemals ein Sitz der Herren von Kuenring ▸ **Taf. S. 164/165, Abb. links.** Später wechselte die Herrschaft mehrfach. Der heutige Bau, eines der beliebtesten Ausflugsziele der Wachau, stammt im Wesentlichen aus dem 15. Jahrhundert, nachdem die Burg 1429 an Georg Scheck von Wald gekommen war. Unter geschickter Ausnutzung des Areals zieht sich die Anlage von der Vorburg über den langen Hof bis zur höher aufragenden Wohnburg hin.

Noch etwas höher als Ruine Aggstein gelegen ist die benachbarte Wallfahrts- und ehemalige Servitenkirche **MARIA LANGEGG** (1765–1773). Sie ist ein gutes Beispiel für den durchweg hohen Qualitätsstandard, den die Barockarchitektur Österreichs auch bei ländlichen Baumeistern erreicht hatte. Bei der für Österreich typischen Einturmfasade wird der Turm elegant von zurückschwingenden, konkav gekurvten Abseiten eingefasst. Das Innere ist ein dreigeteilter Saalbau mit eingezogenem Chor. Die Bauidee zielt darauf, den Raum nach dem Grundrissschema des griechischen Kreuzes auf die quadratische, flach überkuppelte Mitte zu zentrieren, wodurch aus dem längsgerichteten Saalbau letztendlich ein Zentralbau wird. Der Architekt dieser bemerkenswerten Kirche war der sonst kaum bekannte Michael Ehmann aus Stein an der Donau.

Gegenüber von Aggsbach-Dorf liegt in der Bergwelt des Jauerling, dessen Gipfel 959 m hoch ist, die Wallfahrtskirche **MARIA LAACH**. Deren Langhaus entstand um 1496, der Chor etwas früher. Als dreischiffige Staffelhalle mit Netzrippengewölbe verkörpert der Bau den hohen Qualitätsstandard österreichischer Landkirchen der Spätgotik. Zu welch phantasievollem Ideenreichtum die Steinmetzen fähig waren, zeigt die Westempore, deren Maßwerkbrüstungen in allen drei Schiffen unterschiedlich sind und stellenweise in ihrer Feinheit an geklöppelte Spitzen erinnern.

Bekannt ist Maria Laach vor allem wegen des vorzüglich erhaltenen spätgotischen Hochaltars ▸ **Abb. rechts**, der gleich zweimal das Datum 1480 trägt. Vom Typus her ist er ein Wandel- oder Flügelaltar mit Schrein und doppelten Flügeln, wobei an der Innenseite der inneren Flügel Reliefs angebracht sind und alle übrigen Seiten Gemälde aufweisen. Thema sind das Marienleben und die Passion Christi. Der Schrein ist mit seinem Kielbogen und der feinen, hauchdünnen Maßwerkzier eine brillante, auf ideale Symmetrie bedachte Schreinerarbeit. Er birgt unter einem Maßwerkbaldachin die thronende, von zwei Engeln verehrte Madonna und bietet ihr ein würdiges, ausgewogen schönes Gehäuse. Zwei weitere Engel breiten hinter dem Thron ein Tuch aus, das die Madonna hinterfängt und abschirmt – ein in der Spätgotik, z. B. bei Michael Pacher, beliebtes Motiv. Die Madonna ist zwar mit allen Mitteln als Himmelskönigin präsentiert, doch ihr Sentiment, das ein wenig unbedarft, wenn nicht kindlich anmutet, macht sie zugleich auch zur demütigen »ancilla Domini«, zur Magd des Herrn.

Während die Kirche gebaut wurde, war Maria Laach als bayerisches Lehen in der Hand der Truchsesse von Staatz. Später ging das Patronat an die Herren von Kuefstein über. Die Kirche wurde deren Grablege. Erhalten haben sich einige Totenschilde und Grabmäler dieses Geschlechts. Ein stolzes Adelsmonument ist das hoch aufgesockelte Freigrab des Hans Georg III. Kuefstein aus dem Jahre 1607, das den auf dem Kenotaph knienden und betenden Grundherrn in voller Rüstung zeigt. Das qualitätvolle Werk wird dem aus Mecheln gebürtigen niederländischen Wanderkünstler Alexander Colin zugeschrieben, der vor allem für das Kaiserhaus tätig war und nicht nur das gemeinsame Grabmal Ferdinands I., seiner Gattin Anna und Maximilians II. für den Chor des Prager Veitsdomes schuf, sondern auch am Grabmal Maximilians I. in Innsbruck die Reliefs fertigte.

Die kleinen Städtchen **SPITZ**, **ST. MICHAEL** und **WEISSENKIRCHEN**, die in der Wachau am linken Donauufer liegen, sind viel besuchte romantische Weinorte mit spätgotischen Hallenkirchen ▸ **Taf. S. 166/167**. Wegen der Türkengefahr wurden auf Befehl Ferdinands I. 1530/31 die Kirchen von St. Michael und Weißenkirchen mit Mauern und Bastionen befestigt. So entstanden wehrhafte Kirchenburgen, wie man sie vor allem aus Siebenbürgen kennt. Besonders eindrucksvoll ist der Bautenkomplex von St. Michael, wo sich vor der Kirche und ihrem Wehrturm eine dicke Rundbastion vordrängt.

Die Krone der Wachau ist **DÜRNSTEIN**, direkt am linken Ufer unterhalb der Burgruine gelegen ▸ **Taf. S. 168.** Die historisch bedeutsame Burg wurde um die Mitte des 12. Jahrhunderts vom mächtigen Ministerialengeschlecht der Kuenringer erbaut und kam 1355 in den Besitz der Landesherren. Stadt und Burg sind noch heute durch Wehrmauern, die sich den felsigen Hang hinaufziehen, miteinander verbunden. 1645 wurde die Burg von den Schweden unter General Thorstenson zerstört.

1289 stiftete Leutold von Kuenring ein Klarissenkloster, das jedoch nur bis 1572 existierte. Von der ehemals zweischiffigen gotischen Kirche, die im Barock als Getreidespeicher diente, sind nur die hoch aufragenden kastenartigen Umfassungsmauern erhalten, an denen deutlich wird, dass die Kirche innerhalb der österreichischen Gotik einen nicht geringen Rang eingenommen haben muss.

Die Mitte der kleinen, verwinkelten Stadt bildet das ehemalige Augustiner-Chorherrenstift ▸ **Abb. S. 142**, gegründet 1410 von Elsbeth, der letzten Kuenringerin. Im baubesessenen 18. Jahrhundert übernahm der hochgebildete Propst Hieronymus Übelbacher (1710–1740) das Stift, das klein und verschuldet war. Doch der Erlös des Handels mit Getreide und Wein schaffte eine solide wirtschaftliche Grundlage, die es dem Propst ermöglichte, in der kurzen Zeitspanne von 1721 bis 1725 das Stift umzubauen und die Kirche neu zu errichten. Hierbei nutzte man den knapp bemessenen Felsvorsprung über dem Ufer geschickt aus.

Maria Laach, Wallfahrtskirche, Schrein des Hochaltars, 1480

Die Pläne für die Kirche werden Matthias Steinl zugeschrieben, einem Künstler, der gerühmt wurde als ein Mann, der in jeder Kunst erfahren ist (»vir omne arte expertus«). Seiner hochgeschätzten Tätigkeit als Elfenbeinschnitzer verdankte er den schönen Titel »kaiserlicher Kammerbeinstecher«. An der Planung beteiligt war wohl auch Jakob Prandtauer, während die Ausführung in den Händen von Joseph Munggenast lag.

Ein Unikat von sprühendem Erfindergeist ist der auf einer Terrasse über dem Wasser aufragende Kirchturm mit gewaltigen Voluten in der Funktion von Strebepfeilern als Unterbau, vorgelegten Obelisken an den Kanten des leicht einschwingenden Oberstocks und einer deckelartigen Haube als Abschluss, die an barocke Porzellanterrinen erinnert. Datiert ist der Turm erst 1733. Der Baukörper sieht so aus, als sei er eine Plastik, die durch eine Metamorphose Architektur geworden ist. Singulär ist auch die blau-weiße Farbfassung. Diese wurde bei der letzten Restaurierung rekonstruiert und ersetzt den früheren Ockerton. Das Blau-Weiß lässt manchen Betrachter unwillkürlich an Wedgwood-Keramik denken, die es in dieser Farbgebung allerdings erst seit etwa 1775 gab. Wegen seiner ungewöhnlichen Form und Farbe, was beides immer wieder bei den Besuchern für Erstaunen sorgt, wurde der Dürnsteiner Turm zum sofort einprägsamen Wahrzeichen der Wachau.

Nicht minder spektakulär ist das Portal zur Kirche. Es ist eine konkav geschwungene, reich mit Säulen und Pilastern, Obelisken und Giebelschwüngen instrumentierte Ädikula, ein hochbarock bewegtes großes Tor von pathetischer Kraft, dem der Propst zudem noch eine ausgeklügelte theologische Sinngebung unterlegt hat. Hingegen gehört das Außentor des Stiftes mit dem flachen Tempelgiebel eher der klassischen Richtung des Barock in der Art Prandtauers an.

Das Innere der Kirche ist ebenso ungewöhnlich wie das Äußere. Dem Raum liegt der allgemein gebräuchliche Typus des Wandpfeilersaales mit Emporen, Stirnpilastern und Gurtbögen zugrunde, doch ist die eigentlich starre Wandform hier in Bewegung gebracht, da die Emporen mit ihren Brüstungen im vorderen und hinteren Abschnitt konvex in den Raum vorgewölbt sind, im mittleren aber im Gegensinn zurückschwingen. Trotz der streng frontal gestellten Pilaster an den Pfeilerstirnen rufen die Kurven einen ondulieren-

Dürnstein, Augustiner-Chorherrenstiftskirche

RICHARD LÖWENHERZ

Die Burg von Dürnstein wurde 1192 kurzfristig für die Weltpolitik bedeutsam. 1189 begannen Kaiser Friedrich Barbarossa, König Philipp August von Frankreich und König Richard Löwenherz von England gemeinsam den Dritten Kreuzzug, wobei die Deutschen und Franzosen durch das Donautal zogen. Barbarossa ertrank 1190 im Fluss Saleph an der kleinasiatischen Küste, und Philipp August gab ebenso wie ein Teil des deutschen Heeres den Kreuzzug vorzeitig auf. Richard Löwenherz hingegen erreichte mit seiner Kriegsflotte das Heilige Land und konnte in Stadt und Festung Akkon einziehen. Auf der Rückfahrt strandete er in der Adria, woraufhin er versuchte, zu Fuß in Verkleidung in sein französisch-englisches Reich zu gelangen. Doch in Erdweg bei Wien wurde er 1192 erkannt und gefangen genommen. Der Babenberger Herzog Leopold V. der Tugendhafte, der von Richard Löwenherz vor Akkon beleidigt worden war, übergab den König seinem Vasallen Hadmar II. von Kuenring, der ihn auf Burg Dürnstein in ehrenvoller ritterlicher Haft hielt.

Der Sage nach soll einer von Richards Knappen, der treue Sänger Blondel, der nicht wusste, wo sein Herr inhaftiert war, von Burg zu Burg gezogen sein, um ihn zu suchen. Hierbei sang er vor den Burgmauern als Erkennungszeichen die ihm und dem Herrn bekannten Lieder. Erst in Dürnstein erhielt er aus der Burg die lang ersehnte Antwort; jetzt hatte er ihn gefunden. Diese Geschichte, ein Loblied auf die Liebe und ritterliche Treue dem Herrn gegenüber, ist eine spätere Erfindung und benutzt den Namen des altfranzösischen, um 1155 geborenen Minnesängers Blondel de Nesle.

Richard Löwenherz wurde 1193 nach nur zweimonatiger Haft dem Stauferkönig Heinrich VI., dem Sohn und Nachfolger Barbarossas, übergeben und jetzt nicht mehr in Dürnstein, sondern auf der Reichsfestung Trifels im Pfälzer Wald festgesetzt, bis im Februar 1194 das Lösegeld von angeblich 23 Tonnen Silber bezahlt war und Richard dem Staufer den Lehnseid geleistet hatte. Jetzt konnte er zurückkehren, um den englischen Besitz in Frankreich gegen Philipp August zu verteidigen. Das Lösegeld teilte sich Herzog Leopold mit König Heinrich. Der Geldsegen bot Leopold die Möglichkeit, die Städte Enns und Hainburg und angeblich auch Wien mit neuen Wehrmauern zu umgeben.

Stein, Göttweiger Kapelle, Südwand des Vorraums, »Christus befreit den Hl. Matthias aus dem Kerker«, um 1310

den Schwung und Gegenschwung hervor. Es war wohl Steinl, der die Idee hatte, das herkömmliche Aufbauschema rektangulärer Wandpfeiler durch Bewegung zu beleben. Zugleich ersetzte er die übliche, immer etwas sperrige Wölbform einer Tonne mit Stichkappen durch Flachkuppeln, sog. Böhmische Kappen, die eine ungleich elegantere Wölbform sind. So gab er der österreichischen Barockarchitektur einen frischen, belebenden Impuls.

Der Ausgang der Wachau bzw. aus der Gegenrichtung gesehen, das Tor zur Wachau ist die Doppelstadt **KREMS** und **STEIN**. Zwischen beiden liegt ein kleiner Ort, der den verbindenden Namen »Und« trägt. Die beiden Städte waren immer getrennt und hatten eigene Befestigungen und Tore, von denen in Krems das unter Friedrich III. entstandene dreitürmige Steiner Tor, das Wahrzeichen der Stadt, erhalten ist ▸ **Taf. S. 170**. In Stein hingegen stehen noch das Kremser und das Linzer Tor, beides im Barock umgestaltete Bauten der Gotik. Krems ist seit dem Jahr 2000 zusammen mit der Wachau Weltkulturerbe der UNESCO.

Die Region ist uraltes Siedlungsgebiet. Die in Krems aufgefundene Figur, die als »Fanny vom Galgenberg« bekannt ist (s. S. 140), wird auf ein Alter von über 32 000 Jahren geschätzt. Krems ist 995 erstmals urkundlich erwähnt und wird hierbei »urbs«, also Stadt, genannt. In Stein gab es schon im 8. Jahrhundert rings um die hoch gelegene Michaelskirche eine Siedlung. Beide Orte hatten die gleichen landesfürstlichen Rechte und eine gemeinsame Verwaltung. 1305 wurde das Stadtrecht, das für beide Städte galt, bestätigt. Der Handel mit Salz und Eisen sowie der Weinbau ließen die Wirtschaft prosperieren. Für den Wohlstand sorgten zugleich auch die Mautstelle in Krems und die 1463 mit kaiserlichem Privileg zwischen Stein und Mautern errichtete Donaubrücke.

Angesichts dieser günstigen Voraussetzungen nimmt es nicht wunder, dass schon früh die Bettelorden einzogen: 1223/24 in Stein die Minoriten und 1236 in Krems die Dominikaner. Beide Orden erhielten bald nach der Niederlassung ihre Kirchen: jeweils eine Pfeilerbasilika mit Rippengewölben, beide in karger Schlichtheit, wie sie für die frühe Bettelordensarchitektur charakteristisch ist. Die Kirche in Stein, geweiht 1264, gehört mit ihren sechsteiligen Gewölben auf Konsolen zu den frühesten gewölbten Bettelordenskirchen überhaupt.

Beide Städte haben ihr geschlossenes, historisch gewachsenes Stadtbild gewahrt. In Krems wird es beherrscht von der hoch gelegenen Piaristenkirche ▸ **Taf. S. 170/171**, der ehemaligen Pfarrkirche (1457–1508), die eine ganz vorzügliche weiträumige Hallenkirche mit vielgliedrigen Bündelpfeilern und Netzrippengewölben ist, entstanden im Zusammenhang mit dem Langhaus des Wiener Stephansdomes. In Stein überragt der klobige Vierkantturm der ehemaligen Frauenbergkirche, heute Kriegergedächtnisstätte, die Stadt. Ein besonderes Kleinod ist in Stein die Göttweiger Kapelle von etwa 1320/30, ein erlesener kleiner Raum mit fein profilierten Rippengewölben und einem komplett erhaltenen Freskenzyklus aus der Bauzeit ▸ **Abb. oben**. Beides ergänzt sich zu einem Gesamtbild von seltener Reinheit.

Von den Profangebäuden ist die Gozzoburg in Krems ein einzigartiges Zeugnis für die Wohnkultur begüterter Familien im Hochmittelalter. Der reiche Bürger Gozzo, der wiederholt zwischen 1249 und 1282 das Amt des Stadtrichters und landesfürstlichen Kammergrafen bekleidete, erwarb ein bestehendes Haus der Zeit nach 1235 und erweiterte es zu einem Palast mit großem Wappensaal, bei dem sogar, selten genug, die Holzbalkendecke, datiert 1254, erhalten ist. Das Ganze ist der bedeutendste bürgerliche Profanbau dieser Zeit in Österreich.

Zu den berühmtesten Einwohnern der Doppelstadt zählt der Barockmaler Martin Johann Schmidt (1718–1801), bekannt als »Kremser Schmidt«, der seit 1748 in Stein lebte und über 1000 Altar- und Andachtsbilder in einer für ihn typischen dunstig-dunklen Ton-in-Ton-Malerei schuf, gleichermaßen auch Deckenbilder wie z. B. in der frühbarocken Pfarrkirche von Krems.

Auf Krems folgt nach der Einmündung der kleinen Flüsschen Traisen und Kamp, von denen der erste aus südlicher Richtung und der zweite aus nördlicher kommt, das Tullner Becken, eine flache Niederung, die ehemals ein Überschwemmungsgebiet mit vielen Seitenarmen, Altwassern und Auwäldern war, heute aber zum Großteil eine landwirtschaftliche Nutzfläche ist. Kurz vor Wien passiert der Fluss abermals eine Engstelle: die »Wiener Pforte«. Diese ist der Durchbruch zwischen den Hügeln des Weinviertels und einem Ausläufer des Wiener Waldes mit dem Kahlenberg.

Unterhalb von Wien fließt die Donau durch die weite Ebene des Marchfeldes. Hier hat sich eine 50 km lange Auenlandschaft gebildet, die größte, die in Europa erhalten ist. Nahe der österreichisch-slowakischen Grenze, wo von Tschechien her die March einmündet, passiert die Donau die Porta Hungarica, auch Ungarische Pforte oder Hainburger Pforte genannt. Am Nordufer erstrecken sich die Kleinen Karpathen mit dem Burgberg Devin (Theben) bis zum Fluss, am Südufer das Leithagebirge mit dem Hundsheimer Berg. Die Porta Hungarica ist bereits der achte Durchbruch der Donau durch Gebirgs- oder Felsmassive. Gleich dahinter liegt Bratislava (Pressburg), die Hauptstadt der Slowakei, und rechts des Flusses beginnt Ungarn.

In nächster Nachbarschaft zu Krems wurde 1269 im Tal des Flüsschens Krems das Dominikanerinnen-Kloster **IMBACH** gestiftet. Es erhielt zahlreiche Privilegien, von König Ottokar II. Przemysl sogar die niedere Gerichtsbarkeit, und wurde zu einem bevorzugten Kloster für Damen des Adels. Von der Anlage erhalten blieb nur die bald nach der Klostergründung entstandene Kirche. Sie ist die früheste zweischiffige Hallenkirche Österreichs, wo dieser Bautypus später weit verbreitet war. In Imbach ist das Langhaus mit seinen drei überschlank aufsteigenden Achteckpfeilern extrem hoch und steil, hingegen der einschiffige Chor niedrig und gedrückt; das Ganze eine unerhört kühne, faszinierende Raumschöpfung, für die es damals außer zweischiffigen Profanräumen wie z. B. Refektorien keinerlei Voraussetzungen gab. Nachfolge fand dieser Pionierbau wenig später, seit 1289, mit der ebenfalls zweischiffigen, nicht ganz so steilen Klarissenkirche in Dürnstein, die heute eine profanierte Ruine ist. In Imbach wurde dem Langhaus während des frühen 14. Jahrhunderts die Katharinenkapelle angebaut, ein kostbares Schmuckstück der entwickelten Gotik mit Blendarkaden und kleinen Figürchen im Sockelbereich und prächtigen Maßwerkfenstern, gleichsam eine »Ste-Chapelle« im Kleinformat von großer Feinheit und hoher Qualität.

Rechts der Donau, gegenüber von Krems ragt auf hohem Berg weithin sichtbar in eindrucksvoller landschaftsbeherrschender Lage das Benediktinerstift **GÖTTWEIG** auf, das unter den großen österreichischen Barockstiften eines der größten und bedeutendsten ist und heute noch besteht ▸ **Taf. S. 172, Abb. rechts.** Gegründet wurde die Niederlassung als Augustiner-Chorherrenstift 1083 durch Bischof Altmann von Passau, einem scharfen Verfechter der päpstlichen Ansprüche im Investiturstreit und Förderer der Augustiner-Chorherren, weil diese, im Unterschied zu den Mönchsorden, auch Seelsorge betrieben. Altmann († 1091), der von den Anhängern Kaiser Heinrichs IV. verfolgt und aus Passau vertrieben wurde, fand Zuflucht beim Babenberger Markgrafen Leopold II. und wurde in Göttweig bestattet. Hier wird er bis heute wie ein Heiliger verehrt, obwohl er nie kanonisiert worden ist. 1094 wurde Göttweig in ein Benediktinerkloster umgewandelt und von Mönchen aus dem im Schwarzwald gelegenen, der cluniazensischen Reform nahestehenden Kloster St. Blasien besiedelt.

Seine Glanzzeit erlebte Göttweig unter Abt Gottfried Bessel, der von 1714 bis 1749 das Kloster leitete. Er stammte vom Rand des Odenwaldes und war mit Kurfürst Lothar Franz von Schönborn bekannt, dem Fürsterzbischof von Mainz und Erzkanzler des Hl. Römischen Reiches, der ihn mit diplomatischen Missionen betraute. Als Karl VI. 1711 in Frankfurt zum Kaiser gekrönt wurde, leitete Bessel die kirchliche Zeremonie. Mit dem Kaiserpaar blieb er auch weiterhin in Verbindung, ebenso mit dem Hause Schönborn. Ein engerer Kontakt bestand zum Reichsvizekanzler Friedrich Karl von Schönborn, dem späteren Fürstbischof von Würzburg und Bamberg. Gleich nach der Wahl zum Abt fasste Bessel einen Neubau des Klosters ins Auge und wandte sich 1714 an Jakob Prandtauer, den Baumeister von Melk, und an den damals noch unbekannten Ingenieur Balthasar Neumann. Doch erst das verheerende Großfeuer von 1718, das auf Brandstiftung zurückging und, wie später gemunkelt wurde, vom Abt selbst gelegt worden sein soll, schuf die Voraussetzung für eine großzügige Neuplanung. 1719 reichten Jakob Prandtauer und Balthasar Neumann Pläne ein. Die Wahl fiel jedoch auf den kaiserlichen Hofarchitekten Johann Lucas

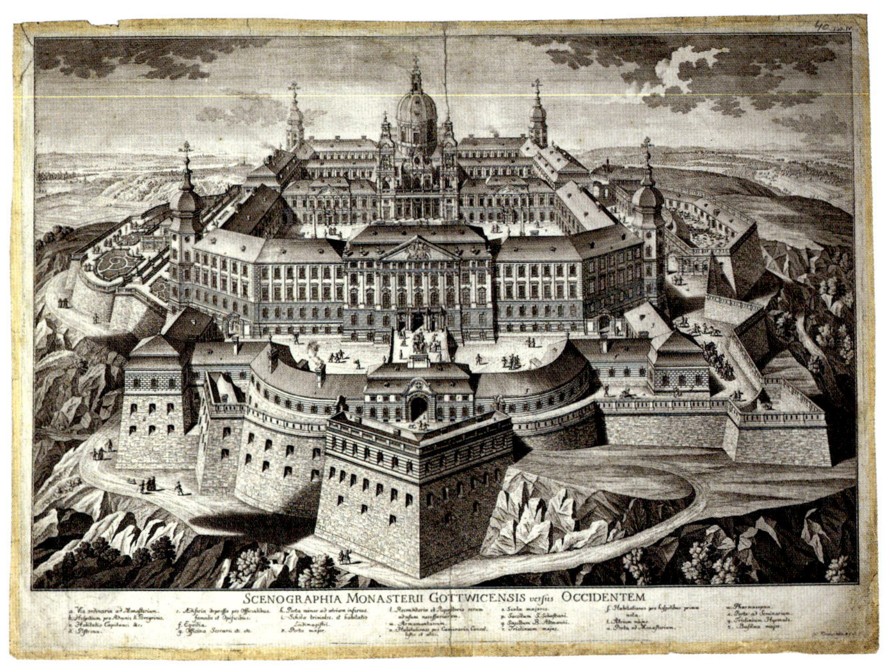

Göttweig, Klosteranlage von Westen, Stich Salomon Kleiner, 1744/45

von Hildebrandt in Wien, den bevorzugten Architekten des Prinzen Eugen und des Friedrich Karl von Schönborn. Das Bauprojekt sollte allein schon deswegen großartig werden, weil Karl VI. damals den Plan hegte, das kleine Habsburger Hausbistum Wien auf Kosten des riesigen Bistums Passau zu einem Erzbistum zu erheben und die Klöster Melk, Göttweig und Klosterneuburg zu dessen Suffraganen zu machen.

Hildebrandts Projekt, das der seit 1734 tätige Bauleiter Franz Anton Pilgram in den Einzelheiten verändert hatte, wurde 1744/45 im Auftrag Abt Bessels vom kaiserlichen Hofkupferstecher Salomon Kleiner aus Augsburg mit 15 Stichen veröffentlicht, auf denen die Abtei, so wie sie werden sollte, in Vogelschau von allen Seiten aus gezeigt wird, ergänzt durch einen Grundriss und Innenansichten wichtiger Räume wie der Bibliothek und des Treppenhauses. Kleiner erhielt dafür 950 fl., der Freskant Paul Troger für sein Fresko in der Kaiserstiege hingegen nur 800 fl. Auffällig sind die mächtigen Bastionen, die das Kloster als eine uneinnehmbare Bergfestung erscheinen lassen. Sie beweisen, dass die Belagerung Wiens durch die Türken 1683 noch immer ein Trauma war. Der Klosterbereich selbst ist ein ausgedehntes Schloss mit einem breiten Ehrenhof vor der Kirchenfassade, die auf der Mittelachse liegt, und je zwei kleineren, abgeschlossenen Höfen links und rechts der Kirche. Beherrscht wird diese von einer italienischen Tambourkuppel, die hinter der zweitürmigen Westfassade hoch aufragt. Auf allen vier Seiten verlaufen lang gestreckte Bautrakte. Sie sind von überkuppelten Ecktürmen eingefasst und durch einen Mittelpavillon akzentuiert, der verhindert, dass die endlosen Fensterachsen – an den Längsseiten sind es nicht weniger als 33 – allzu monoton erscheinen. Vollständig ausgeführt wurden von all dem nur der Trakt im Osten, zur Donau hin, und der im Norden; die alte Kirche hingegen, die beim Brand 1718 fast ganz verschont geblieben war, ließ man stehen und legte ihr erst 1754 eine an Hildebrandts Plänen orientierte Fassade vor. Von den Festungswerken wurden nur wenige Teile ausgeführt, darunter die wie ein Schiffsbug vorspringende Westbastion.

Glanzstück der Schauräume ist die nordwestlich der Kirche in dem schräg gestellten Bautrakt untergebrachte Kaiserstiege ▸ Taf. S. 173, die mit großem Aufwand ins Leere führt, weil sie nicht wirklich ein Ziel hat, denn der westliche Mitteltrakt mit dem Kaisersaal, zu dem sie den Zugang bieten sollte, blieb unausgeführt. Das Treppenhaus wurde 1736 begonnen. Hierbei hielt man sich nicht mehr an die Entwürfe Hildebrandts, die mit unterschiedlichen Lösungen experimentiert hatten, sondern betraute Franz Anton Pilgram mit einem neuen Plan. Pilgram stellte in den Kastenraum eine Treppe ein, die seitlich mit zwei Armen beginnt, dann auf Wendepodesten rechtwinklig umbiegt, um sich schließlich in einem einzigen mittleren Arm zu vereinen, der in Gegenrichtung zu den Seitenarmen weiterführt, bis die Höhe des ersten Stocks erreicht ist. Taghell belichtet wird der Raum durch mehrstöckige Fensterwände an den beiden Längsseiten. Eine technische Meisterleistung ist der gemauerte, extrem flache Plafond von 255 m² Fläche. Seit 1970/71 sorgt ein neuer Dachstuhl aus Stahl dafür, dass der Plafond nicht durchhängt. Auf der Fläche, einem idealen Malgrund, schuf Paul Troger 1739 ein Fresko, das Karl VI. in den Himmel hebt, indem es ihn als Helios-Apoll auf dem Sonnenwagen zeigt und zugleich als Gott der Musen feiert; das Ganze eine allegorische Huldigung an die lichtbringende gute Regierung ▸ Taf. S. 174, 175. Der Kaiser, der 1740 starb, hat das Treppenhaus allerdings nicht mehr gesehen, wohl aber seine Tochter Maria Theresia, die mit ihrem Gemahl Franz Stephan von Lothringen 1746 den Abt besuchte. Die als Pendant zur Kaiserstiege gedachten Mönchsstiege, die für die Südseite des Klosters geplant war, aber nie ausgeführt wurde, sollte entsprechend mit einer Apotheose des hl. Benedikt ausgemalt werden.

Im fruchtbaren Tullner Feld ist der einzige Ort von Bedeutung die rechtsseitig der Donau gelegene Stadt **TULLN**. Im Nibelungenlied ist Tulln der Ort, in dem Kriemhild erstmals Etzel trifft. Das bekannteste Bauwerk von Tulln ist der nach der Mitte des 13. Jahrhunderts entstandene Karner. Wie auch die meisten anderen Karner ist er ein im Inneren doppelgeschossiger Zentralbau, der halb unter der Erde als Beinhaus zur weiteren Aufbewahrung der aus den Gräbern geborgenen Gebeine gedient hat und darüber eine Kapelle enthält. Diese ist eine kreisrunde Rotunde mit einer umlaufenden Blendgalerie und mit Rippen unter der kuppeligen Wölbung. Solche Karner gibt es gerade in Österreich recht häufig. In der Spätromanik und Frühgotik sind sie nicht selten wahre Prachtbauten wie z. B. in Mödling bei Wien, Pulkau im Weinviertel oder Deutsch Altenburg an der Donau (s. S. 226), doch der Karner in Tulln übertrifft alle an Bauzier. Außen bildet er ein elfseitiges Polygon mit Apsis aus, gegliedert durch spitzbogige Blenden, Vorlagen an den Kanten, einen Rundbogenfries am Dachansatz und eingetiefte kleine Arkadengalerien im unteren Wandbereich. Das Prunkstück ist das überbordend reiche Trichterportal mit gestuften Gewänden, an denen sich Säulen und üppig verzierte Kanten abwechseln, was sich dann oberhalb der Kapitelle in den Bogenläufen fortsetzt. Die Lust an der Zier hängt eng zusammen mit der Bauhütte von St. Stephan in Wien, die weit ausgestrahlt hat, bis hin nach Ják im südlichen Ungarn.

An der Wiener Pforte liegt, leicht über den Fluss erhöht, das heute noch existierende Augustiner-Chorherrenstift **KLOSTERNEUBURG** ▸ Abb. S. 146, 147. Der Gründer war der babenbergische Markgraf Leopold III. von Österreich der Heilige (1095–1136), der mit Agnes, der Schwester des letzten Salierkaisers Heinrich V. und Witwe Herzog Friedrichs I. von Schwaben, verheiratet war.

Anders als die Legende es will, hatte es an dieser Stelle bereits ein römisches Kastell gegeben. Über dessen Fundamenten dürfte das Stift, das zunächst mit weltlichen Chorherren besetzt war, um 1100 entstanden sein. Gleich daneben ließ sich Markgraf Leopold, der 1113 seine Residenz von Tulln nach Klosterneuburg verlegte, eine prächtige Pfalz bauen. Erst als er 1113 in den Alleinbesitz des Stiftes gelangt war, stattete er es reich aus und übergab es 1130 dem Orden der

In typisch mittelalterlicher Weise wurde die Gründung von Klosterneuburg zu einer Wunderlegende ausgeschmückt, die zeigen sollte, dass der Himmel selbst es war, der den Anstoß gegeben hatte. Als das Herrscherpaar einmal auf den Söller seiner Burg auf dem Kahlenberg oberhalb von Wien heraustrat, wurde der kostbare Schleier der Markgräfin von einem Windstoß weggetragen und blieb trotz Suchens verschwunden. Neun Jahre danach, als der Markgraf zur Jagd auszog, fand er den Schleier unbeschädigt in einem Holunderbusch und verwunderte sich sehr. In diesem Moment erschien ihm die Muttergottes, die ihm befahl, ihr zu Ehren an dieser Stelle eine Kirche und ein Kloster zu bauen, was der Markgraf dann auch unverzüglich tat. Diese Geschichte wurde 1505 von dem Passauer Maler Rueland Frueauf d. J. auf vier Tafeln dargestellt, die wohl aus Anlass der 1485 erfolgten Heiligsprechung Leopolds entstanden sind (Klosterneuburg, Stiftsmuseum): Der weißbärtige Markgraf, angetan mit Staatsgewändern, Hermelinpelz und österreichischem Erzherzogshut, reitet zusammen mit seiner ebenfalls gekrönten jugendlichen Gattin zur Jagd aus. Dann erlegen die Knechte und Hunde in Abwesenheit des Paares einen gewaltigen Keiler, der eine wahre Bestie ist, und schließlich erscheint dem knienden Markgrafen – seine Gattin ist nicht mehr dabei – angesichts des aufgefundenen Schleiers die Muttergottes. Zuletzt besucht das Herrscherpaar die Baustelle von Klosterneuburg. Frueauf malte die Bilder wie Märchenszenen einer geschichtsverklärenden Romantik, weshalb er auch schon als der Moritz von Schwind seiner Zeit bezeichnet worden ist.

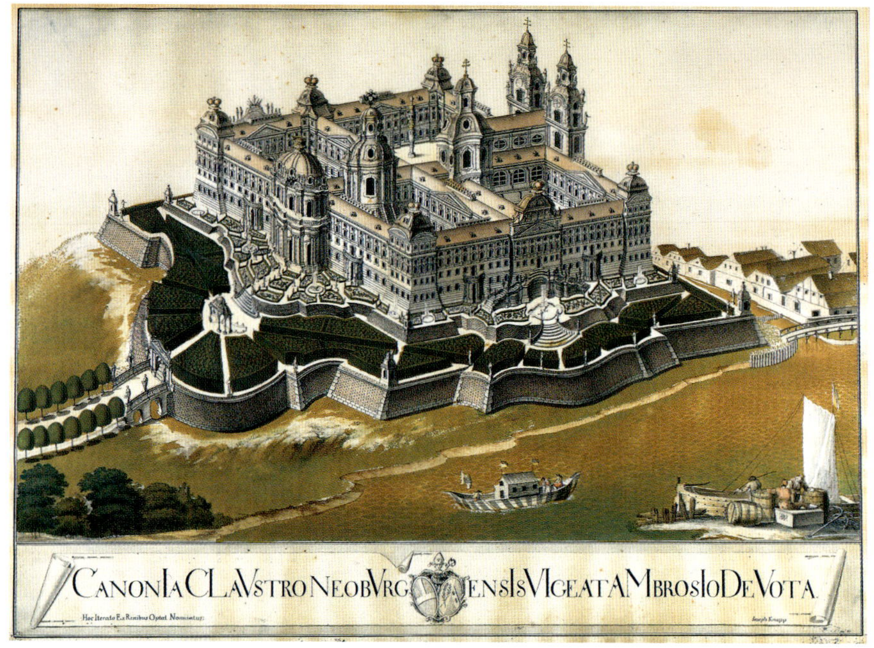

Klosterneuburg, Augustiner-Chorherrenstift, Idealansicht von Joseph Knapp, 1744

Augustiner-Chorherren. 1114 ließ er die Kirche ▸ **Abb. S. 147** beginnen, eine dreischiffige Basilika mit Querhaus, Chorquadrum, drei Apsiden und einem achteckigen Vierungsturm, aber ohne Westtürme. Die heutigen kamen erst später dazu. Diese Kirche, die 1136 geweiht wurde, ist im Kern noch die bestehende. Im Ursprungszustand war sie ein sehr hoher, im Gebundenen System angelegter Gewölbebau, der vielleicht Emporen hatte. Von der Wölbung blieb nur ein einziges Kreuzrippengewölbe erhalten. Es befindet sich im nördlichen Querarm und scheint erst nach dem Brand von 1158 entstanden zu sein. Der romanische Bau, der außen im 19. Jahrhundert zu Tode restauriert worden ist, wurde im Inneren während des 17. und 18. Jahrhunderts völlig barockisiert.

Von den mittelalterlichen Konventsgebäuden ist in stark restauriertem, zum Teil rekonstruiertem Zustand der reich mit dünnen Säulchen gegliederte und von sechsteiligen Rippengewölben überdeckte Kreuzgang erhalten, dessen südlicher und östlicher Flügel aus dem 13. Jahrhundert enge Verwandtschaft zu den österreichischen Zisterzienser-Kreuzgängen dieser Zeit aufweisen. Die beiden anderen Flügel mit der neuneckigen Brunnenkapelle kamen im 14. Jahrhundert dazu. Der wichtigste gotische Bau in Klosterneuburg war die aufsehenerregende »Capella speciosa«, geweiht 1222. Sie stand in dem Pfalzgebäude, das sich Leopold VI. der Glorreiche anstelle der alten Pfalz neu erbauen ließ, nachdem er 1198 seinen Regierungssitz nach Klosterneuburg verlegt hatte. Die Kapelle mit zweischaligem Wandaufriss war überaus kostbar aus gelblichen, rötlichen und weißen Marmorsorten gefertigt. Der Bautrupp muss direkt aus Frankreich gekommen sein, entweder aus Reims oder Burgund. 1799 wurde die Kapelle, deren Aufbau nur zeichnerisch überliefert ist, abgebrochen. Teile davon wurden nach Laxenburg bei Wien überführt und dort im Schlösschen eingebaut.

Im 18. Jahrhundert, als Wien nach dem Sieg über die Türken einen ungeahnten Aufschwung nahm und das Haus Habsburg ein neues Selbstwertgefühl entwickelte, wollte sich Karl VI., der vor seiner Wahl zum Kaiser 1711 der habsburgische Thronprätendent für Spanien gewesen war, nun nahe der Residenzstadt Wien einen österreichischen Escorial schaffen und wählte hierfür Klosterneuburg, wo ja schon im Mittelalter eine herrscherliche Pfalz mit dem kirchlichen Stift verbunden gewesen war. Zum Architekten wurde der Italiener Donato Felice d'Allio bestellt. Dieser hatte sich soeben bei einer vergleichbaren, wenn auch sehr viel kleineren Aufgabe bewährt, dem Bau des Wiener Salesianerinnenklosters, das die Kaiserin Amalia, Witwe Josephs I., gestiftet hatte, um sich hierin einen angemessenen Witwensitz einzurichten.

Die Grundzüge des Projekts für Klosterneuburg dürfte aber Joseph Emanuel Fischer von Erlach ausgearbeitet haben, der Favorit des Hofbauamtsleiters Gundaker Graf Altan. Den anschaulichsten Eindruck des Projekts, von dem zahlreiche Planzeichnungen erhalten sind, vermittelt eine Vogelschauansicht, die in Klosterneuburg aufbewahrt wird und durch ein Chronogramm in der Bildunterschrift auf 1774 datiert ist. Die Ansicht entstand zu einer Zeit, als die Arbeiten längst eingestellt waren. Begonnen wurden sie 1730, doch schon zehn Jahre später brachte der Tod Karls VI. die Unternehmung zum Erliegen. Erst Joseph Kornhäusel führte 1836 bis 1846 wenigstens den angefangenen Hof der Nordostseite vereinfacht zu Ende.

Ursprünglich geplant waren aber, wie die Vogelschau zeigt, vier Höfe: zwei neben der total barockisierten Kirche, die eine neue Zweiturmfront und eine Kuppel erhalten sollte, und zwei neben der von einer hohen Tambourkuppel bekrönten Prunkstiege. Gegliedert sind die Trakte durch die damals üblichen Eck- und Mittelpavillons. Sie tragen alle eine Kuppel oder ein kuppeliges Dach, und so kommt die Gesamtanlage auf nicht weniger als neun Kuppeln und dazu noch die Hauben der beiden Kirchtürme. An der nach Wien gerichteten Ostseite wölbt sich der Mittelpavillon als überkuppelte Rotunde vor ▸ **Taf. S. 176**; hierin ist der Kaisersaal untergebracht, auf den zielgerichtet die Prunkstiege zuführt. Um weithin sichtbar zu machen, dass dies ein Klosterschloss des Hauses Habsburg und des Kaisers ist, wurden auf der Kuppel über dem Kaisersaal großformatig die mittelalterliche Kaiserkrone und auf dem Eckpavillon zur Donau hin der Erzherzogshut nachgebildet. Von der Größe des Hauses Habsburg kündet auch der Kaisersaal ▸ **Taf. S. 177**. Er ist eine in Marmor ausgekleidete querovale Rotunde mit einer umlaufenden Kolonnade aus Doppelsäulen und einem unverkröpften Gebälk, das wie ein fester Reif den Raum zusammenfasst. In die Kuppel schneiden ovale Stichkappen mit tiefen Laibungen ein, wahre Lichtkanäle, die den Eindruck gewaltiger Mauerstärke erwecken. Das Ganze ist eine ins Pompöse gesteigerte und deswegen etwas leere Wiederholung jener Säle des Johann Bernhard Fischer von Erlach, die immer auch Ausdruck der neu gewonnenen Größe der Habsburger Monarchie waren, insbesondere der Mittelsaal der Wiener Hofbibliothek und vorher schon der Ahnensaal des Schlosses Frain (Vranov) an der Thaya. Entsprechend zeigt in Klosterneuburg das von Daniel Gran gemalte Kuppelfresko eine Allegorie auf den Ruhm des Hauses Habsburg.

Künstlerisch ist es jedoch nicht das gigantische Kaiserprojekt, das den Ruhm von Klosterneuburg ausmacht, sondern ein Ausstattungsstück: der »Verduner Altar« ▸ **Taf. S. 178, 179**. Er befindet sich heute im ehemaligen Kapitelsaal und dient als Grabaltar Leopolds des Heiligen, der hier bestattet ist. Geschaffen wurde das 1181 datierte Werk von Nikolaus von Verdun, der später auch große Teile des Dreikönigsschreins von Köln anfertigte. Der Altar zählt zu den bedeutendsten Metall- und Emailarbeiten des Mittelalters. Das Darstellungsthema ist die Heilsgeschichte, die in drei Stufen vor Augen geführt wird: in der Mittelzone der neutestamentliche Bund unter Christi Gnade, »sub gratia«, darüber die alttestamentliche Zeit vor der Gesetzgebung des Moses, »ante legem«, und unten die Zeit nach der Gesetzgebung, »sub lege«. Aus diesen drei Zeiten sind jeweils thematisch zusammengehörige Begebenheiten in Beziehung gesetzt, woran deutlich wird, dass sich das Alte Testament im Neuen erfüllt. Diese Vorstellungsweise in Typen und Antitypen, die »Typologie«, war für das mittelalterliche Denken charakteristisch. Künstlerisch ist das Werk eine großartige Renaissance antiker Formen. Im Ursprungszustand verkleideten die Tafeln die Kanzel. 1331 machte man hieraus einen Altar und fügte auf der Rückseite vier neue Gemälde hinzu (heute in der Stiftsgalerie), bei denen sich erstmals in der gotischen Malerei Österreichs der Einfluss der italienischen Trecentomalerei in der Nachfolge Giottos bemerkbar macht.

Klosterneuburg, Augustiner-Chorherrenstift, Ansicht von Südosten und Inneres der Kirche

St. Florian, Augustiner-Chorherrenstift,
rechts: Altar von Albrecht Altdorfer, Kreuzigung, 1518

St. Florian, Augustiner-Chorherrenstift, links: Kirche, rechts: Kaisersaal

Enns, Pfarrkirche, Wallseerkapelle

LINZ ——— WIEN

Melk, Benediktiner-Stift, Ansicht von Süden

Melk, Benediktiner-Stift,
links: Kirche, rechts: Ansicht von Südwesten

Mauer bei Melk, Wallfahrtskirche, Seitenaltar, rechts: weibliche Heilige

Schallaburg, Burghof

Donautal mit Schloss Schönbühel
folgende Doppelseite: Burg Aggstein

vorhergehende Doppelseite: Blick auf die Donau oberhalb von Weißenkirchen
Dürnstein mit Stift und Burgruine

Krems, links: Steiner Tor, rechts: Piaristenkirche

Donautal bei Krems mit Stift Göttweig
Göttweig, Benediktiner-Stift, Kaiserstiege

Göttweig, Benediktiner-Stift, Kaiserstiege,
Deckenfresko »Sturz der finsteren Mächte« von Paul Troger

Klosterneuburg, Augustiner-Chorherrenstift,
links: Ostansicht, rechts: Kaisersaal

Klosterneuburg, Augustiner-Chorherrenstift, Verduner Altar,
rechts: Szenen aus dem Alten und Neuen Testament

MORDIA QVERE LIMITE SVB PRIMO SVNT VMBRE LEGIS IN IMO INT
EX MELCHISED
OCCISIO ABEL
OBLATIO YSAAC
IOSEPH IN LACV
AM VENIENS REPARARE RVINAM QVE PER SERPENTEM DEIECIT VTRV
ENA DOMINI
PASSIO DOMINI
DEPOSICIO XPI
SEPVLCRV DNI
VAM TRIBVIT MVNDO PIETAS DIVINA SECVNDO ANNO MILLE
AN IVRNA AVREA
OCCISIO ABNER
BOTRVS IN VECTE
IONAS IN VENTRE CETI
S FABRICAVIT CHRISTO MILLENO CENTENO VIGENO NONO

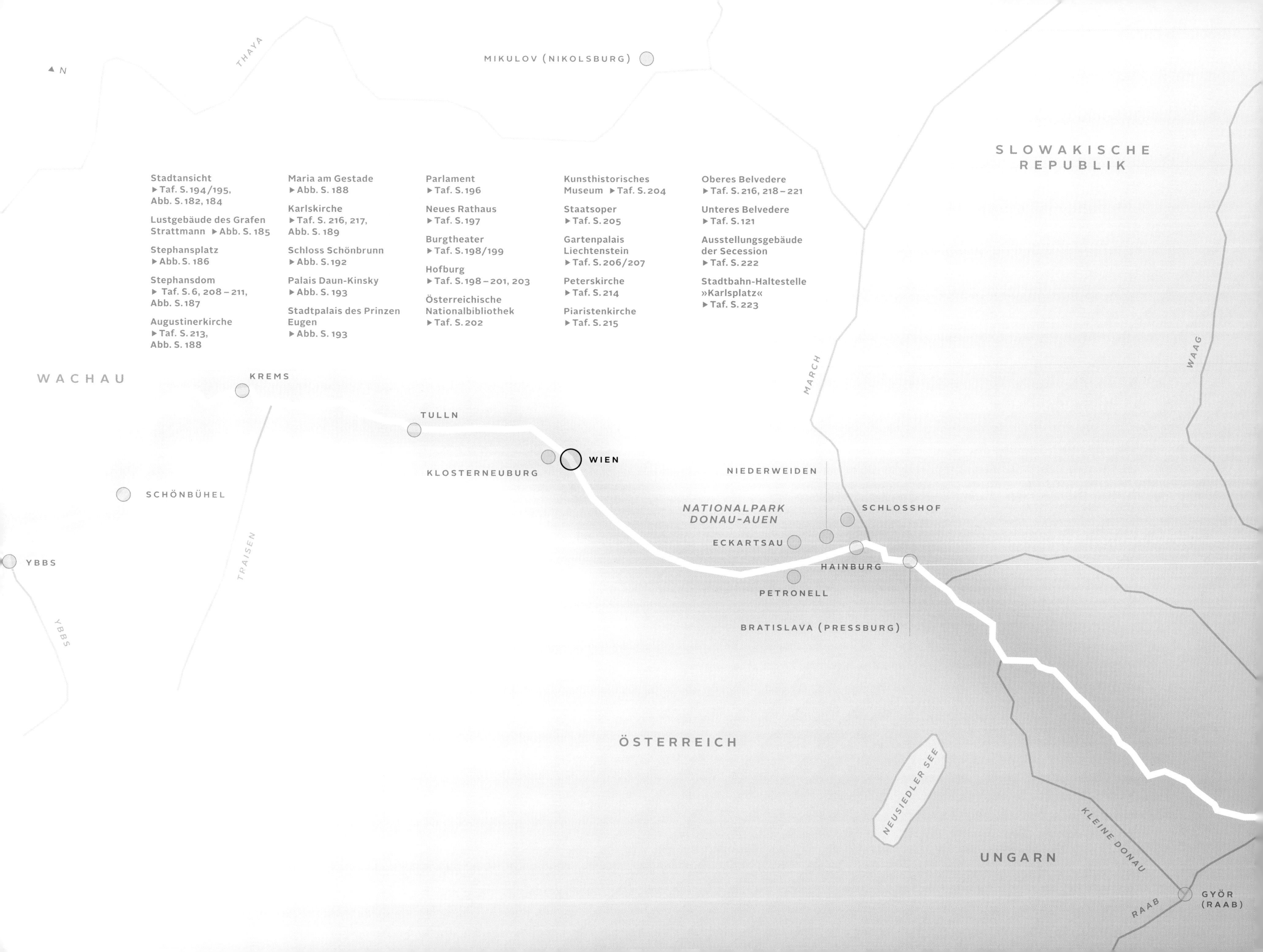
N
THAYA
MIKULOV (NIKOLSBURG)
SLOWAKISCHE REPUBLIK
Stadtansicht ▸ Taf. S. 194/195, Abb. S. 182, 184
Lustgebäude des Grafen Strattmann ▸ Abb. S. 185
Stephansplatz ▸ Abb. S. 186
Stephansdom ▸ Taf. S. 6, 208 – 211, Abb. S. 187
Augustinerkirche ▸ Taf. S. 213, Abb. S. 188
Maria am Gestade ▸ Abb. S. 188
Karlskirche ▸ Taf. S. 216, 217, Abb. S. 189
Schloss Schönbrunn ▸ Abb. S. 192
Palais Daun-Kinsky ▸ Abb. S. 193
Stadtpalais des Prinzen Eugen ▸ Abb. S. 193
Parlament ▸ Taf. S. 196
Neues Rathaus ▸ Taf. S. 197
Burgtheater ▸ Taf. S. 198/199
Hofburg ▸ Taf. S. 198 – 201, 203
Österreichische Nationalbibliothek ▸ Taf. S. 202
Kunsthistorisches Museum ▸ Taf. S. 204
Staatsoper ▸ Taf. S. 205
Gartenpalais Liechtenstein ▸ Taf. S. 206/207
Peterskirche ▸ Taf. S. 214
Piaristenkirche ▸ Taf. S. 215
Oberes Belvedere ▸ Taf. S. 216, 218 – 221
Unteres Belvedere ▸ Taf. S. 121
Ausstellungsgebäude der Secession ▸ Taf. S. 222
Stadtbahn-Haltestelle »Karlsplatz« ▸ Taf. S. 223
WACHAU
KREMS
MARCH
WAAG
TULLN
WIEN
KLOSTERNEUBURG
NIEDERWEIDEN
SCHÖNBÜHEL
NATIONALPARK DONAU-AUEN
SCHLOSSHOF
ECKARTSAU
YBBS
TRAISEN
HAINBURG
PETRONELL
BRATISLAVA (PRESSBURG)
YBBS
ÖSTERREICH
NEUSIEDLER SEE
KLEINE DONAU
UNGARN
GYÖR (RAAB)
RAAB

WIEN

Von den Rebenhängen des Wienerwaldes nach Südosten breitet sich, kaum überschaubar, das Häusermeer von Wien aus, in welchem die Türme des alten Zentrums fast verloren wirken ▸ **Taf. S. 194/195**. Erst im 19. Jahrhundert ist Wien als Metropole der riesigen Donaumonarchie ausgeufert und zur modernen Großstadt geworden, wobei zahlreiche Vororte eingemeindet wurden. Mit dem Wien dieser Zeit verbinden sich Vorstellungen vom verklärten Glanz einer Kaiserstadt, von einer Blüte der Kunst, Musik und Literatur, zugleich von weinseliger Lebensfreude im Dreivierteltakt, aber auch von einer Caféhauskultur zwischen melancholischer, leicht morbider Dekadenz und geistreichem Höhenflug. Im Vergleich zur Donaumonarchie, in der 54 Millionen Menschen gelebt haben, ist das heutige Österreich mit weniger als sieben Millionen Einwohnern zu einem Kleinstaat zusammengeschrumpft, weshalb die Hauptstadt Wien mit ihren 1,7 Millionen Einwohnern im Urteil mancher Kritiker als ein Wasserkopf gilt, der für den Staat viel zu groß ist. Die Vergangenheit macht Wien zu einem ungemein geschichtsträchtigen Ort, und die Vergangenheit bleibt in den Bauten allgegenwärtig und lebendig.

Ursprung der Stadt war das römische Legionslager Vindobona, das um 100 n. Chr. angelegt wurde und noch heute im Stadtgrundriss zu erkennen ist. Die zugehörige Zivilansiedlung erhielt zu Beginn des 3. Jahrhunderts den Status eines Municipiums, d. h. einer Stadt. Der Hauptarm der Donau floss damals direkt an der Stadt vorbei, noch näher als der heutige Donaukanal. Bei den späteren Flussregulierungen 1870/75, als man in der Flussniederung neuen Siedlungsraum zu gewinnen suchte, wurde die Donau weit ins Vorfeld der Stadt verlegt. Seither hat der Strom für das historische Stadtbild keinerlei Bedeutung mehr, ganz im Gegensatz zu den meisten anderen Donaustädten, insbesondere Passau und Budapest, wo die Donau geradezu triumphal von der Stadt empfangen wird.

Unter Karl d. Gr. kam Wien, das in den dunklen vorangehenden Jahrhunderten fortbestanden hatte, unter fränkische Herrschaft und wurde dann Teil der bayerischen Ostmark, die 976 von Kaiser Otto II. den Babenbergern übergeben wurde. Von den Babenberger Markgrafen konnte erst um 1125/30 Leopold III., der in Klosterneuburg residierte, Wien in seinen Besitz bringen. Leopold IV. verlegte vor 1137, als Wien erstmals »civitas« genannt wird, die Residenz hierher. Die Babenberger, seit dem »privilegium minus« nunmehr Herzöge, bauten Wien weiter aus. Leopold V. der Tugendhafte verwendete das Lösegeld, das er König Richard Löwenherz von England abgepresst hatte, für den Bau einer Stadtmauer, und Leopold VI. der Glorreiche machte die Stadt zu einem Musenhof und Mittelpunkt des Minnesangs. Unter seiner Regierung erhielt Wien 1221 Stadtrecht wie auch Stapelrecht für Handelswaren. Das Stapelrecht erbrachte in der Folgezeit einen beträchtlichen Wohlstand.

Nachdem der Erbe der Babenberger, der böhmische König Ottokar II. Przemysl, 1278 bei Wien auf dem Marchfeld gegen Rudolf I. von Habsburg Schlacht und Leben verloren hatte, fiel Österreich für sechseinhalb Jahrhunderte an das Haus Habsburg. Wien wurde unter König Albrecht I. (ermordet 1308), dem Sohn und Nachfolger Rudolfs I., Hauptstadt des Hl. Römischen Reichs. Habsburg verlor dann zwar die Krone an die in Prag residierenden Luxemburger und zwischenzeitlich an Ludwig den Bayern, doch bauten die österreichischen Herzöge, die sich seit dem gefälschten »privilegium maius« von 1358 Erzherzöge nennen durften, Wien weiter aus. Rudolph IV. der Stifter, ein Schwiegersohn Kaiser Karls IV., gründete 1365 nach Prager Vorbild die Wiener Universität, die zweitälteste des Reiches.

1438 wurde Wien endgültig Reichshauptstadt, als nach dem Tode des böhmisch-luxemburgischen Kaisers Sigismund die deutsche Königskrone an den Habsburger Albrecht II., den Schwiegersohn Sigismunds, gefallen war. Unter Friedrich III., seit 1442 Kaiser, wurde Wien zu einer Hochburg der Humanisten, zu denen auch Friedrichs italienischer Sekretär Enea Silvio Piccolomini gehörte, der 1458 als Pius II. Papst wurde. Piccolomini rechnete Wien in seiner Stadtbeschreibung zu den schönsten Städten Europas. Der schwache Kaiser Friedrich musste 1462 die Schmach erleben, dass ihn die aufständischen Bürger in der Hofburg belagerten. 1469 setzte er es durch, dass Wien aus dem Bistum Passau herausgelöst und zu einem eigenen Bistum erhoben wurde, einem Habsburger Hausbistum, das kaum größer als die Stadt war (seit 1722 Erzbistum). Als Residenz bevorzugte der Kaiser allerdings statt Wien das ruhigere Wiener Neustadt, das 1468, ein Jahr früher als Wien, ebenfalls Bistum geworden war (1784 nach

Vogelschau der Stadt Wien, Folbert von Alten Allen, um 1680, Wien, Historisches Museum der Stadt Wien

Die schicksalhafte Verbindung von Österreich und Ungarn in der sog. Donaumonarchie hatte ihren Ursprung in der gezielten Heiratspolitik der Habsburger. »Alii bella gerunt, sed tu, felix Austria, nube!« (Andere führen Kriege, aber du, glückliches Österreich, heirate!): Diesen berühmt gewordenen Vers soll schon Matthias Corvinus gedichtet haben. Nach dem Tode des Corvinus sicherte sich Maximilian im Frieden von Pressburg 1491 die Anwartschaft auf Böhmen und Ungarn. 1515 schloss er dann nach langer Vorbereitung den folgenschweren Ehe- und Erbvertrag zwischen dem Haus Habsburg und König Wladislaw II. Jagiello von Böhmen und Ungarn: Maximilians Enkel Ferdinand (der jüngere Bruder Karls V.) und dessen Schwester Maria wurden den Geschwistern Anna und Ludwig II. von Ungarn (den Kindern Wladislaws) zur Heirat versprochen, und zwar unter dem Vorbehalt der gegenseitigen Erbberechtigung. Besiegelt wurde der Vertrag 1515 im Wiener Stephansdom durch die sog. Wiener Doppelhochzeit, die eigentlich eine Verlobung der vier noch unmündigen Kinder war. Ferdinand heiratete erst 1521, Ludwig 1522. Der Vertrag von 1515 war die Geburtsurkunde der späteren Donaumonarchie. Schon elf Jahre später, 1526, trat der Erbfall ein, als Ludwig, der inzwischen König von Ungarn war, aber keinen Thronfolger hatte, blutjung in der Schlacht von Mohácz gegen die Türken ums Leben kam. In Erfüllung des Vertrags beanspruchte nun Ferdinand, inzwischen Erzherzog, die ungarische Krone. Österreich und Ungarn waren jetzt unter einer Krone vereint, doch fiel der größte Teil Ungarns mitsamt Budapest an die Türken, und nur Oberungarn mit Pressburg, die heutige Slowakei, konnte von Habsburg in Besitz genommen und gegen die Türken gehalten werden. 1529 rückte eine gewaltige türkische Armee, befehligt von Sultan Süleyman dem Prächtigen, nach Österreich vor und belagerte Ende September Wien, doch zog sie schon nach 17 Tagen wieder ab, bedrängt von einem frühen Wintereinbruch.

Im großen Türkenkrieg 1683 bis 1688 konnten die Habsburger, unterstützt von deutschen Fürsten und der Reichsarmee, Ungarn zurückerobern, doch in den Grenzgebieten entlang der Donau zog sich der Krieg noch bis zum Frieden von Passarowitz 1718 hin. Der Frieden brachte die größte Ausdehnung der Donaumonarchie. Belgrad fiel an Habsburg, ebenso ganz Slawonien, das nördliche Serbien und endlich das Banat von Temeschvar (Timişoara) und die Kleine Walachei bis zum Flusse Alt.

1687 bestätigte der ungarische Adel das erbliche Königtum der Habsburger. Doch blieben in Ungarn starke nationale Bestrebungen lebendig, die durch den konfessionellen Gegensatz zwischen den intoleranten katholischen Habsburgern und dem zum calvinistischen Protestantismus neigenden ungarischen Volk noch verschärft wurden. Die feindselige antihabsburgische Stimmung hinderte aber 1741 den ungarischen Landtag nicht daran, die zwischen den europäischen Mächten völlig isolierte Maria Theresia, deren Thronfolge trotz der »Pragmatischen Sanktion« ihres Vaters Karl VI. keineswegs anerkannt war, zu unterstützen und ihr Gelder für eine 100000 Mann starke Armee zu bewilligen. Nur so konnte Maria Theresia den Österreichischen Erbfolgekrieg (1740–1748), in den beinahe ganz Europa verwickelt war, überstehen, doch verlor Österreich dann im Siebenjährigen Krieg (1756–1763) die Provinz Schlesien endgültig an Preußen.

Erfolgreicher als die fast restlos gescheiterte Außenpolitik war unter Maria Theresia und ihrem Sohn und Nachfolger Joseph II. (1780–1790) die innerstaatliche Reformpolitik mit der Einführung der Gleichheit aller vor dem Gesetz, der Wehrpflicht in den österreichischen Stammländern, der Steuerpflicht nunmehr auch für Adel und Geistlichkeit sowie nicht zuletzt der Neubesiedlung der weitgehend entvölkerten Gebiete in Ungarn durch Einwanderer, vor allem Donauschwaben (s. S. 13), wodurch der Anteil der ungarisch sprechenden Bevölkerung auf etwas mehr als ein Drittel reduziert wurde. Abgesehen von der Unterdrückung der Protestanten und Juden wandelte sich Maria Theresias Politik immer mehr zu einem aufgeklärten Absolutismus, der unter Joseph II. im Reformwerk des sog. Josephinismus noch weitergeführt wurde. Hierzu zählte die Säkularisierung von Kirchengut. 1770 gab es in der Donaumonarchie 2163 Klöster mit etwa 45000 Insassen. Joseph reduzierte in den Erblanden den Bestand um 740 Ordenshäuser. Bestehen blieben nur solche Klöster, die allgemeinen Nutzen hatten. 1781 erließ der Kaiser im Zuge der Kirchenreform ein Toleranzpatent für Lutheraner, Calvinisten und Orthodoxe und ein Jahr später auch für Juden. Außerdem wurde die Leibeigenschaft aufgehoben, und die Verwaltung erfuhr eine durchgreifende zentralistische Reform. Alle diese Maßnahmen schufen die Grundlage für die staatliche Organisation der Donaumonarchie im 19. Jahrhundert und wirken bis heute nach.

Der Kaiser des Hl. Römischen Reiches Franz II. (1792–1835) erklärte sich nach Napoleons eigener Kaisererhebung 1804 zum Kaiser Franz I. von Österreich, um wenigstens per Titel eine Parität zwischen Frankreich und Österreich zu erreichen. Als 1806 der Immerwährende Reichstag in Regensburg aufgelöst wurde, legte Franz die römische Kaiserkrone nieder, was das endgültige Ende des Hl. Römischen Reiches bedeutete. In dem neu geschaffenen Kaiserreich Österreich hatte auch die österreichisch-ungarische Doppelmonarchie Bestand. Nach dem Tode Kaiser Franz' I. 1835 regten sich zunehmend national gefärbte Freiheitsbewegungen, die in Österreich und in den Staaten des Deutschen Bundes 1848 zur Märzrevolution führten. Der erst 18-jährige Kaiser Franz Joseph, der dann 68 Jahre lang regieren sollte bis zu seinem Tode 1916, ließ in Österreich die Revolution brutal unterdrücken. In Ungarn suchten aufständische Kräfte unter Führung von Lajos Kossuth, einen von Habsburg gelösten Nationalstaat zu errichten, doch musste die neu aufgestellte ungarische Heimwehr, die Honvéd, vor der Übermacht der russischen Armee, die Österreich ganz im Sinne der 1815 geschlossenen »Heiligen Allianz« zur Hilfe gekommen war, kapitulieren.

Als Österreich nach der Schlacht von Solferino die reiche Lombardei und dann Venetien hatte abtreten müssen und 1866 in der Schlacht von Königgrätz (Hradec Králové) von Preußen besiegt worden war, musste der dadurch geschwächte Kaiser Franz Joseph 1867 der Eigenstaatlichkeit Ungarns zustimmen. Beide Reiche blieben aber in Personalunion verbunden. Es entstand – getrennt durch das Flüsschen Leitha – die kaiserlich-österreichische und königlich-ungarische Doppelmonarchie. Zum kaiserlichen Teil, »Cis-Leithanien« genannt, gehörten die deutschsprachigen Erblande, Böhmen und Mähren, Galizien, die Bukowina und Dalmatien, zum königlichen Teil (»Trans-Leithanien«) Ungarn, die Slowakei, das Banat und Siebenbürgen. 1867 wurde Franz Joseph mit der altehrwürdigen Stephanskrone zum König von Ungarn gekrönt. Dass die Donaumonarchie nicht vorzeitig an den wachsenden Nationalitätenkonflikten zerbrach, war der auf Ausgleich bedachten Politik Kaiser Franz Josephs zu verdanken und wohl nicht zuletzt auch der Beliebtheit der Kaiserin Elisabeth, der legendären bayerischen Prinzessin. Das Ende des 1. Weltkriegs besiegelte das Schicksal der über 640 Jahre langen Habsburger Herrschaft und der Donaumonarchie, die nun in Nationalstaaten zerfiel, wobei Ungarn zwei Drittel seines früheren Staatsgebietes einbüßte.

St. Pölten verlegt). 1488 wurde Friedrich vom ungarischen König Matthias Corvinus aus Wien vertrieben und zwei Jahre später auch aus Wiener Neustadt. Während Friedrich seine letzten Jahre in Linz verbrachte, residierte Matthias bis zu seinem plötzlichen Tod 1490 in Wien. Friedrichs Sohn und Nachfolger Maximilian I. konnte Wien noch im selben Jahr zurückgewinnen und die Ungarn aus den habsburgischen Ländern vertreiben.

Ferdinand I., seit 1531 deutscher König und seit 1558 als Nachfolger Karls V. Kaiser, legte seine Residenz 1533 nach Wien und ließ die Stadt in Erwartung einer weiteren türkischen Invasion zu einer Festung mit 12 gewaltigen Bastionen und 11 in den Graben vorgeschobenen Ravelins ausbauen. Unter Ferdinands Nachfolger Kaiser Maximilian II. (1564–1576), der in Konfessionsfragen tolerant war, trat die Bevölkerung Wiens zu 80 Prozent zum lutherischen Protestantismus über. Doch Kaiser Rudolph II., der in Prag residierte, und vor allem Ferdinand II. setzten alles daran, Wien und das Land zu rekatholisieren. Über ein Dutzend katholischer Orden wurde in die Stadt berufen, initiiert vom Wiener Bischof Kardinal Melchior Khlesl.

In Wien herrschte Wohlleben. So schrieb der berühmte Prediger Abraham a Sancta Clara: »Anno 1679 … stand die Stadt in höchster Glorie. Die schöne Residenz und Burg war wirklich von dem Römischen Kaiser und dessen volkreichem Hofstaat bewohnt. Der Adel, fast in einer unzählbaren Menge und nicht ohne kostbare Pracht, frequentierte ganz dienstbar den Hof. Alles war in der Stadt in höchstem Wohlstand und nichts mangelte, was zu Lust und Gust der Welt konnte träumen. Von Gassen und Straßen waren über hundert. Die klingenden Trompeten und allerseits erschallende Musik aus den adeligen Palästen und Höfen machten immerzu ein solches annehmliches Getöse, dass man dafürgehalten, der Himmel muss haben ein Loch bekommen, wodurch die Freuden metzenweis in die Stadt gefallen.«

Doch urplötzlich war es mit dem Wiener Wohlleben zuende. Im selben Jahr 1679 brach die Pest aus. Wer es sich leisten konnte, floh aufs Land oder nach Prag, so auch Kaiser Leopold I., der angesichts der Katastrophe den Bau einer Pestsäule zu Ehren der Heiligsten Dreifaltigkeit gelobte. Diese wurde dann auch 1687 aufgestellt. Viel schlimmer noch als die Pest hätte die gleich folgende zweite Katastrophe ausgehen können: die Belagerung Wiens durch die Türken 1683 ▸ **Abb. rechts.**

Nach dem glorreichen Sieg und der Vertreibung der Türken nahm Wien unter den Kaisern Leopold I. (1658–1705), Joseph I. (1705–1711) und Karl VI. (1711–1740) eine rasche Entwicklung. Das Haus Habsburg, das sich im Spanischen Erbfolgekrieg nun auch gegen den zweiten Erzfeind, Frankreich unter Ludwig XIV., behaupten konnte, stand so gefestigt wie nie zuvor da. Eine neue Reichsideologie feierte den Kaiser als den höchsten Herrn des Abendlandes und leitete hieraus einen europäischen Suprematsanspruch ab. Sichtbaren Ausdruck fanden diese Vorstellungen vor allem in der Architektur. Es entstand fast über Nacht ein neuer Stil von höchstem Anspruch, den man früher gerne als »Reichsstil« bezeichnet

DIE BELAGERUNG WIENS 1683

Die Unterdrückungsmaßnahmen der Habsburger gegen die freiheitsliebenden, zum großen Teil protestantischen Ungarn führten 1674 zu einer heftigen Rebellion, bei der sich die Aufständischen »Kuruzzen« (Kreuzfahrer) nannten. Sie wandten sich an die Türken um Hilfe und hatten Erfolg. 1683 rückte ein riesiges türkisches Heer von 200 000 bis 250 000 Mann unter dem Großwesir Kara Mustafa von Adrianopel über Belgrad die Donau aufwärts gegen Wien vor. Das kaiserliche Heer wich zurück. Kaiser Leopold und der gesamte Hofstaat flohen nach Passau. Die Türken umzingelten die Stadt mit einem Belagerungsring von über 25 000 Zelten. Die Belagerung dauerte 72 Tage, doch konnten die Verteidiger, die 16 000 Mann stark waren, unter dem Stadtkommandanten Graf Rüdiger von Starhemberg die 18 Sturmangriffe abwehren, was nicht zuletzt ihrer überlegenen Artillerie zu verdanken war. Besonders heftig war zwischen dem Schottentor und dem Burgtor der Krieg der Mineure und Gegenmineure in gegrabenen Stollen und Laufgräben, von denen aus die Angreifer Breschen in die Bastionen sprengen wollten. Das gelang an der Burgbastei, der stärksten von ganz Wien. Die in das Burgravelin eingedrungenen Janitscharen konnten aber wieder hinausgeworfen und die Bresche geschlossen werden. Trotzdem stand die Stadt allein schon wegen des Hungers und einer ausgebrochenen Ruhrepidemie kurz vor dem Fall.

Doch es nahte die Rettung. Ein Heer von etwa 54 000 kaiserlichen, polnischen, bayerischen und protestantischen sächsischen Soldaten rückte an. Den Oberbefehl hatten der polnische König Jan Sobieski, weiterhin Markgraf Ludwig Wilhelm von Baden, der als »Türkenlouis« berühmt geworden ist, sowie Herzog Karl von Lothringen und Kurfürst Max Emanuel von Bayern. Die Entsatzarmee marschierte nicht, wie es Kara Mustafa wohl erwartet hatte, durch das Donautal, sondern über die Höhen des Wienerwaldes. Vom Kahlenberg aus trugen die Truppen einen Überraschungsangriff vor, der auf der ganzen Linie gelang. Die bayerische Reiterei unter Max Emanuel drang tollkühn in das türkische Lager ein, und die bayerische und sächsische Infanterie durchbrach das türkische Zentrum. Das türkische Heer, das während der Belagerung stark dezimiert worden war, ergriff, obwohl zahlenmäßig immer noch überlegen, in wilder Panik die Flucht und ließ das ganze Lager zurück, darunter die Kriegskasse und, was später für Wien wichtig werden sollte, den Kaffee, der in Wien zwar schon bekannt, aber noch nicht gebräuchlich war. Kara Mustafa musste drei Monate nach der Flucht auf Befehl aus Istanbul seiner eigenen Hinrichtung zustimmen und wurde in Belgrad erdrosselt.

Die Entsatzschlacht vor Wien 1683, Gemälde von Franz Geffels, Wien, Historisches Museum der Stadt Wien

hat, heute aber, weniger verfänglich, nur noch »Kaiserstil« nennt. Geprägt wurde er von Johann Bernhard Fischer von Erlach. Gegen diese Richtung setzte Fischer von Erlachs schärfster Konkurrent, Lukas von Hildebrandt, im Profanbau eine verfeinerte, hochkultivierte Noblesse, die ganz auf die Bedürfnisse des Adels zugeschnitten war. Der Kampf dieser beiden Richtungen und ihrer Protagonisten bestimmte für drei Jahrzehnte die Baukunst in Wien.

Der Herold des neuen kaiserlichen Selbstbewusstseins war Hanns Jacob Wagner von Wagenfels, einer der Lehrer des jungen Thronfolgers Joseph. 1691 rühmte Wagner in seinem »Ehrenruf Teutschlands, der Teutschen und ihres Reichs« das »Weltherrschende Wien« und die überlegene deutsche Leistungsfähigkeit, die vorher von den Ausländern, insbesondere den Italienern, überdeckt gewesen sei.

Der Adel drängte immer mehr in den anwachsenden kaiserlichen Hofstaat. Die Folge war eine drückende Wohnungsnot, da die Stadt sich wegen des Befestigungsringes nicht erweitern konnte. Das Glacis vor den Bastionen musste als Schussfeld erhalten bleiben. Schon vor der Belagerung war verfügt worden, dass bei Neubauten ein Drittel der Räume nach einem festgelegten Mietpreis für Hofleute reserviert werden musste, was zu ständigem Streit führte. Die besseren Adelsfamilien wie die Liechtenstein, Dietrichstein, Lobkowitz, Schwarzenberg, Trautson, Abensberg, Althan, Starhemberg, Harrach usw. kauften in den vornehmeren Gassen Parzelle für Parzelle auf und ließen sich standesgemäß repräsentative Stadtpalais errichten. Diese Entwicklung hatte in großem Stil bereits bald nach dem 30-Jährigen Krieg eingesetzt. Damals lag die höchste Vornehmheit darin, dass die Palastfassade möglichst viele Fensterachsen hatte. »Was prächtig ist in einem Gebäude, will eine Länge haben – und je länger, desto vornehmer«: so formulierte um 1680 Fürst Karl Eusebius von Liechtenstein in seinem Architekturtraktat.

Vollends unerträglich wurde die Wohnungsnot seit der Belagerung, weil der Stadtkommandant die Vorstädte hatte niederbrennen lassen und deren Bewohner nun den Schutz der Bastionen suchten. Nach dem Sieg setzte eine kaum vorstellbare Baukonjunktur ein; Wien wurde zu einer einzigen Baustelle. Die Mietshäuser wuchsen mangels Platz nunmehr in die Höhe und erreichten nicht selten sieben Stockwerke. Für den Adel aber entstand in Nähe der Hofburg ein Palais neben dem anderen. Im Jahre 1730, als die Konjunktur noch lange nicht zu Ende war, gab es in der Innenstadt (dem heutigen 1. Bezirk) 930 Bürgerhäuser und 248 Adelspaläste, meist Neubauten. Die Paläste nahmen weit mehr als ein Viertel des Areals in Anspruch. Als 1719 der Bamberger Jesuitenpater und Architekt Nikolaus Loyson, der Bauführer von Schloss Pommersfelden, eine Weiterbildungsreise nach Wien unternommen hatte, vermerkte er voller Begeisterung, dass die Besichtigung der neuen Wiener Architektur mehrere Monate in Anspruch nehmen würde.

Da die Stadt aus allen Nähten platzte, wurde die Niederung jenseits des Donauarms, der an der Stadt vorbeifloss, in dichter Bebauung aufgesiedelt. Es entstand die Leopoldstadt, die später immer mehr zum Quartier der zahllos aus Osteuropa nach Wien strömenden Juden wurde. Hingegen nutzte bei den sanft ansteigenden Hängen, die auf der anderen Seite der Stadt halbkreisförmig das Glacis umziehen, der Adel die Gunst der Stunde. Hier entwickelte sich in lockerer Bebauung ein neues Adelsquartier, das aus kleineren Lustgebäuden inmitten schöner Gärten und Parks bestand. Der Wohnsitz des Adels blieben die Stadtpaläste. Die Lustgebäude in den Vorstädten aber waren der Aufenthaltsort für heitere Sommertage. Hier herrschte die verfeinerte Kultur des Müßiggangs, eine Atmosphäre künstlicher Idylle und schäferartig verspielter Galanterie.

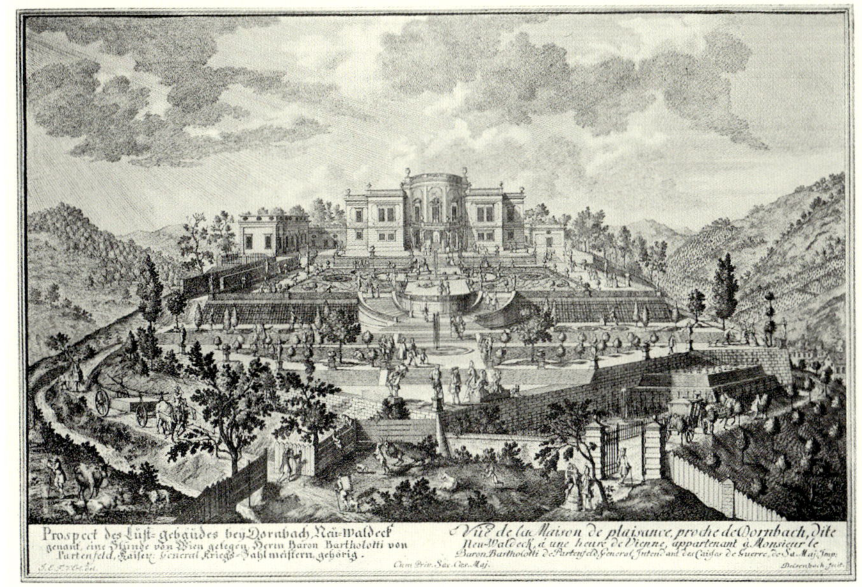

Wien, Lustgebäude des Grafen Strattmann von Johann Bernhard Fischer von Erlach, Stich

Die Bauten selbst waren luftige Köstlichkeiten der Architektur mit geschwungenen Außentreppen, offenen Bögen, Loggien, Terrassen, Brunnen usw. Alles war hier zur Kunst geworden: die im Garten wachsende Natur ebenso wie die Architektur, ja selbst der Müßiggang an sich. Nach wenigen Jahrzehnten war das Glacis umgeben von einem Kranz solcher Anlagen. Sie gaben der Peripherie der Stadt etwas ungemein Heiteres, Bezauberndes. 1716 schrieb die Gattin des englischen Botschafters in Istanbul nach ihrem Wienbesuch: »Ich habe nie etwas so vollkommen Angenehmes und Reizendes gesehen wie die Wiener Vorstadt. Sie ist sehr groß und besteht fast ausschließlich aus entzückenden Palästen.« Erhalten ist hiervon fast nichts. Im 19. Jahrhundert konnte Wien sich die Platzverschwendung nicht mehr länger leisten, und so wurde das Areal mit Mietshäusern überbaut. So ging das Beste, das Wien je gehabt hat, unwiederbringlich verloren. Von den kleineren Lustgebäuden sind nur noch drei, allerdings in stark veränderter Form, vorhanden: die Gartenpalais Starhemberg-Schönburg, Schönborn und Strattmann ▸ **Abb. oben.** Ein weiteres Lustgebäude steckt als Kern im Augartenpalais. Von den größeren Gebäuden ist das Gartenpalais Liechtenstein erhalten, das der aus Lucca gebürtige Domenico Martinelli in die heutige Form eines italienischen »palazzo in villa« gebracht hat ▸ **Taf. S. 206/207.**

Während der Regierung von Maria Theresia (1740–1780) und Joseph II. (1780–1790) wuchs die Einwohnerzahl der Stadt, die um 1700 noch bei 80000 gelegen hatte, auf 175000 im Jahre 1754 an. 1790 waren es bereits 207000. Unter Franz I. erlebte Wien 1805 und dann ein zweites Mal 1809 den Einzug Napoleons, der Schloss Schönbrunn zum Quartier nahm – eine Demütigung für Habsburg. Das Kaiserhaus war nach Ungarn in die sichere Festung Komárom geflohen. Nach Napoleons Sturz traf sich während des Wiener Kongresses 1814/15 in der Stadt die europäische Diplomatie, die hier nicht nur die legendär gewordenen rauschenden Feste feierte, bei denen »der Kongress tanzte«, sondern auch unter Vorsitz des Österreichischen Außenministers Fürst Metternich eine restaurative Neuordnung Europas vornahm.

Die Revolution von 1848 brachte den damals erst 18-jährigen Kaiser Franz Joseph an die Regierung. Gleich darauf wurden 1850 die 34 Vorstädte eingemeindet. 1857 fasste der Kaiser den Entschluss, die Stadtbefestigung aufzulassen und das Glacis für die Bebauung freizugeben. Seither entstand die Zone der Ringstraße mit 650 stattlichen Mietshäusern, bei denen das Großbürgertum als Bauherr auftrat. Hinzu kamen etwa 150 öffentliche Gebäude, darunter die Staatsoper ▸ **Taf. S. 205** und das Burgtheater ▸ **Taf. S. 198/199**, das Parlament ▸ **Taf. S. 196** und das Neue Rathaus ▸ **Taf. S. 197**, die Universität und die Kunstakademie, das Museum für angewandte Kunst und das Kaiserforum ▸ **Taf. S. 200/201** mit dem Kunsthistorischen und Naturhistorischen Museum ▸ **Taf. S. 204**. Bei der Architektur der Ringstraße entwickelte sich in den verschiedenen Spielarten des Historismus eine üppige kalte Pracht, die an Pomp den Barock weit übertraf. Diese Pracht veränderte auch die barocke Altstadt an den wichtigsten Straßen und Plätzen. Die einzige Kirche der Ringstraße, die Votivkirche, nimmt sich als stilreiner Bau der französischen Kathedralgotik in ihrer Umgebung etwas verloren aus. Sie entstand nach einem missglückten Messerattentat, das 1853 auf den Kaiser verübt worden war. Der Bruder des Kaisers, Erzherzog Ferdinand Maximilian (der spätere Kaiser von Mexiko), rief eine Sammelaktion in der gesamten Monarchie ins Leben, mit deren Erlös der Bau finanziert wurde.

Vor allem aber war Wien vom 18. bis ins 20. Jahrhundert ein Weltzentrum der Kultur. Hier lebten oder wirkten wenigstens zeitweilig die größten Komponisten: Christoph Willibald Ritter von Gluck, Wolfgang Amadeus Mozart, Joseph Haydn, Ludwig van Beethoven, Franz Schubert, Johannes Brahms, Anton Bruckner, Hugo Wolf und Gustav Mahler, dann Arnold Schönberg, Alban Berg und Anton Webern, außerdem die Operettenkomponisten Johann Strauß, Franz von Suppé, Karl Millöcker, Emmerich Kálmán, Franz Lehár, Robert Stolz. Von den zahllosen Literaten, die eine Verbindung zu Wien hatten, sind die bekanntesten Peter Altenberg, Hermann Bahr, Max Brod, Egon Friedell, Hugo von Hofmannsthal, Franz Kafka, Karl Kraus, Robert Musil, Joseph Roth, Arthur Schnitzler, Georg Trakl, Franz Werfel, Stefan Zweig. Bildende Künstler und Architekten mit Folgewirkung für die Moderne waren Hans Makart, Egon Schiele und Oskar Kokoschka sowie die Mitglieder der 1897 gegründeten »Vereinigung bildender Künstler Secession«, darunter Gustav Klimt, Josef Hoffmann und Joseph Maria Olbrich, der das Ausstellungsgebäude der Secession entwarf ▸ **Taf. S. 222**.

Das Stadtbild des modernen Wien wurde im späten 19. und frühen 20. Jahrhundert geprägt durch höchst unterschiedliche, eigenwillige Architekten wie Olbrich, der dann die Darmstädter Künstlerkolonie Mathildenhöhe mitgestaltete, weiterhin der Meister des Jugendstils Otto Wagner mit seinen Stadtbahnpavillons ▸ **Taf. S. 223** und der großen Kuppelkirche der Anstalt am Steinhof, schließlich Adolf Loos, ursprünglich ein Innenarchitekt, der mit dem »Looshaus« am Michaelerplatz eine fast ornamentfreie neue Zweckarchitektur schuf und hier seinem Kampfruf »Ornament ist ein Verbrechen!« Ausdruck gab.

Nach dem 1. Weltkrieg entstanden im sozialen Wohnungsbau zukunftsträchtige, künstlerisch eindrückliche Lösungen, so vor allem der Karl-Marx-Hof (1927–1930) von Karl Ehn. Nach dem 2. Weltkrieg machte in den 1980er Jahren der exzentrische Friedensreich Hundertwasser mit seinem berühmt gewordenen, phantastisch versponnenen »Hundertwasserhaus« von sich reden, nicht minder auch der Bildhauer Fritz Wotruba 1974/76 mit der Dreifaltigkeitskirche auf dem Georgenberg, die aus zyklopisch aufeinandergetürmten Betonklötzen besteht und eigentlich eine Skulptur ist. Zuletzt setzte Hans Hollein gegenüber dem Stephansdom mit dem glasspiegelnden Geschäftshaus einen ultramodernen Akzent in die Altstadt, und weit draußen entstanden die »Donau-City« und »UNO-City« mit ihren hohen Bürotürmen.

Wien, Stephansplatz, Gemälde von Rudolf Alt, 1834, Wien, Historisches Museum der Stadt Wien

Die historische Mitte Wiens ist der Stephansdom ▸ **Abb. oben** mit dem 136 m hohen Turmriesen, im Volksmund »Steffel« genannt, der zum Wahrzeichen der Stadt geworden ist ▸ **Taf. S. 208**. Im Mittelalter war er nach dem Turm des Straßburger Münsters der zweithöchste Turm des Hl. Römischen Reiches. Der heutigen Kirche gingen zwei Vorgängerbauten voraus: Der erste, geweiht 1147, entstand auf Veranlassung des Bischofs von Passau, den zweiten betrieben um 1230/40 die Bürger, wohl mit Unterstützung Herzog Friedrichs II. des Streitbaren, des letzten Babenbergers, der vom Passauer Bischof das Patronatsrecht für St. Stephan usurpiert hatte. Die Weihe erfolgte erst 1263. Dieser zweite Bau hatte mit 83 m Länge bereits die Dimensionen eines Domes. Hiervon erhalten sind die beiden achteckigen Westtürme (»Heidentürme«) und das dazwischen angebrachte spätromanische Prachtportal (»Riesentor«).

Die Türme gehen heute allerdings vor dem gewaltigen Dach des gotischen Langhauses etwas unter, zumal das um 1440 entstandene (1948 nach den Kriegszerstörungen rekonstruierte) ornamentale Muster der glasierten Ziegel einen unübersehbaren Blickfänger bildet.

Die spätromanische Kirche wurde nach 1304 durch einen großen gotischen Hallenchor, den sog. Albertinischen Chor, erweitert. Dieser erhielt die Breite des romanischen Querhauses und somit drei gleich breite Schiffe, die in drei gestaffelten Apsiden enden, alle als 5/8-Polygone konstruiert. Der Hallenchor, dessen Schiffe von Scheidarkaden mit kräftig profilierten Bündelpfeilern unterteilt werden, ist in seiner Weite und Ausgewogenheit eines der großen Meisterwerke gotischer Raumkunst. Geweiht wurde der Chor 1340. Der Initiator des Neubaus könnte der Sohn Rudolfs I. von Habsburg, König Albrecht I., gewesen sein, dem man nachsagt, dass er bereits ein Bistum in Wien habe gründen wollen, doch erst unter Herzog Albrecht II., auch »der Weise« oder »der Lahme« genannt, wurde der Bau vollendet. Finanziert hatten ihn die Bürger. Das direkte Vorbild war der 1295 geweihte Hallenchor der im Wienerwald gelegenen Zisterzienserabtei Heiligenkreuz.

Nach allgemein gültiger Lehrmeinung ließ Albrechts II. Sohn Herzog Rudolf IV. der Stifter 1359 das Langhaus beginnen ▸ **Taf. S. 209**. Außerdem gründete er ein herzogliches Kollegiatsstift, dessen Sitz zunächst die Kapelle der Hofburg war, fünf Jahre später aber auf die bis dahin dem Fürstenhaus vorbehaltene romanische Westempore von St. Stephan verlegt wurde. Die Kirche sollte nach Rudolfs ausdrücklichem Wunsch Stiftskirche, Dom und Grabstätte der Habsburger werden. 1365 zog das Stiftskapitel in den Chor um. Zugleich wurde in St. Stephan die Universität gegründet und der Stiftspropst zu deren Kanzler ernannt. Nach den Forschungen von J. J. Böker 2007 ließ Rudolf der Stifter jedoch nur den Südturm beginnen, wohingegen das Langhaus erst im 15. Jahrhundert entstanden ist, zusammen mit dem Nordturm.

In der Tat konzentrierten sich die Arbeiten auf den Südturm, der 1433 vollendet werden konnte. Der erste Turmbaumeister scheint Michael Knab (Chnab), »der Herzogen Baumeister«, gewesen zu sein. 1403/04 ist ein Meister Wenzel, offenbar ein Parler, erwähnt. Es folgte 1404 bis 1429 Peter von Prachatitz, schließlich brachte Hans von Prachatitz die Arbeiten am Turm zum Abschluss. Während des Baus gab es mehrere Planänderungen, mit der Folge, dass der Turm viel höher wurde, als er ursprünglich geplant gewesen war. Einmal mussten sogar einige bereits gesetzte Steinlagen wieder abgetragen werden, was in Bauhütten normalerweise, allein schon aus Kostengründen, vermieden wurde.

Der Turm zählt zu den Weltwundern der Architektur. Wie eine Nadel, die sich in vielen Stufen nach oben verjüngt, ragt er steil zum Himmel auf. Aus dem quadratischen Unterbau und seinen weit vortretenden Strebepfeilern an den Kanten wächst fast unmerklich, von Maßwerk überspielt, ein Oktogon heraus, das auf den Schrägseiten von Fialtürmen, sog. Riesen, umstellt ist. Zuletzt geht das Oktogon in einen überschlanken durchbrochenen Spitzhelm über. Der Aufbau von unten bis oben ist ein Triumph feinster filigraner Maßwerkzier, von dem der Baukörper stachelig übersponnen ist. Die alles prägende Leitform ist in vielfachen Variationen und Größenabstufungen der Wimperg, eine steile, spitzige Giebelform, die bereits am spätromanischen Westbau das Bild mitbestimmt und am Langhaus wiederkehrt, hier allerdings zum größten Teil als Ergänzung des 19. Jahrhunderts. Mit originalem Maßwerk versehen ist am Langhaus nur der westliche Wimperg der Südseite.

Das Langhaus ▸ **Taf. S. 209** ist im Unterschied zum Chor eine Staffelhalle mit leicht überhöhtem Mittelschiff und Netzrippengewölben. Als Baumeister des Langhauses und des Nordturms konnte Böker Laurenz Spenning wahrscheinlich machen. Die seit 1446 eingezogenen Gewölbe gelten traditionsgemäß als Werk von Meister Hans Puchsbaum. Wenig später, 1469, wurde St. Stephan mit der Gründung des Bistums Wien zur Domkirche erhoben. Für die Bautätigkeit hatte das kaum noch eine Bedeutung. Es fehlte noch der Nordturm, genannt »Adlerturm«. Er sollte zwar ein Pendant zum Südturm werden, doch weist er trotzdem eine eigene Formensprache auf. 1511 wurde der Bau, als der Turm etwa die Firsthöhe des Chordaches erreicht hatte, eingestellt.

Der Stephansdom ist reich ausgestattet, teils mit Werken höchster Qualität. Eine Skulptur von europäischem Rang ist die volkstümliche sog. Dienstbotenmadonna ▸ **Taf. S. 211**, vielleicht ein Importstück der hoch entwickelten französischen Kunst von hinreißender schwingender Eleganz in Haltung und Gewandbildung und zugleich von zarter Lieblichkeit in der Mutter-Kind-Beziehung. Die Datierung dieses Meisterwerks bewegt sich zwischen 1270 und 1340, je nachdem, ob man die Skulptur für ein französisches oder für ein in Wien entstandenes Werk hält.

Reich ausgestattete gotische Figurenportale sind die »Fürstenportale« des Langhauses: das »Singertor« an der Südseite und das »Bischofstor« an der Nordseite, beide hinter sechseckigen Vorhallen versteckt, die nachträglich zum Schutz davorgelegt worden sind. Am Singertor stehen die Statuen von Herzog Rudolf dem Stifter, der ein Kirchenmodell trägt, und seiner Gemahlin Katharina von Böhmen, einer Tochter Kaiser Karls IV., begleitet von ihren Wappenträgern; am Bischofstor sind es Rudolfs Bruder Albrecht III. und seine Gattin Elisabeth von Böhmen (nach anderer Meinung handelt es sich hier ebenfalls um Rudolf und Katharina). Hiermit eng verwandt sind die Statuenpaare an den Strebepfeilern des Südturms: Karl IV. mit Blanca von Valois sowie Albrecht II. mit Johanna von Pfirt (heute im Museum der Stadt Wien). Der genealogische Zyklus wird abgeschlossen vom Grabmal Rudolfs und Katharinas mit den Liegefiguren der Verstorbenen, ehemals wohl im Mittelschiff des Chores aufgestellt, später in das nördliche Chorseitenschiff transloziert. Alle diese Werke sind Spitzenleistungen der Bildhauerkunst der zweiten Hälfte des 14. Jahrhunderts.

Das Hauptwerk der Ausstattung ist das ungewöhnlich aufwendige Hochgrab Kaiser Friedrichs III. im südlichen Chorseitenschiff, eines der größten Fürstengräber des Mittelalters. Hierfür berief der Kaiser 1467 aus Straßburg den damals führenden nordeuropäischen Bildhauer, den Niederländer Nicolaus Gerhaert van Leyden († 1473 in Wiener Neustadt), der die figürliche Deckplatte aus rotweiß geflecktem Salzburger Buntmarmor schuf und wohl auch für das Ganze ein Modell lieferte. Künstlerisch herausragend ist die unter einem Baldachin liegende, von Wappen und heraldischer Zier umgebene Gestalt des Kaisers mit tief unterschnittenen, virtuos gearbeiteten Gewandfalten. Um dieses Wunderwerk überhaupt betrachten zu können, wurde von vornherein auf der Rückseite eine Treppe angelegt, von der aus man den Rand der Deckplatte betreten und

Wien, Stephansdom, Kanzel

die Kaiserfigur umwandeln kann. Das Monument war eigentlich für Wiener Neustadt bestimmt, wo auch die Gattin Friedrichs III., Eleonore von Portugal, bestattet ist und hier 1467 eine Grabtumba mit figürlicher Deckplatte erhalten hat, doch entschied sich der Kaiser kurz vor seinem Tode für den Stephansdom. Die endgültige Fertigstellung unter der Leitung des »kaiserlichen Grabmachers« Michael Tichter zog sich noch zwanzig Jahre, bis 1513, hin.

Ein weiteres Meisterwerk ist die steinerne Kanzel ▸ **Abb. S. 187** mit einer nicht mehr steigerungsfähigen Pracht feinsten geschweiften spätgotischen Maßwerks, entstanden um 1500. Die Büsten der vier Kirchenväter an der Brüstung sind scharf beobachtete Physiognomiestudien mit pointierter Wiedergabe unterschiedlicher menschlicher Charaktere ▸ **Taf. S. 6**. Sie gehören in die Nachfolge des Nicolaus Gerhaert, vergleichbar dessen Büsten für das Kanzleigebäude in Straßburg. Der Meister der Kanzel, wohl Anton Pilgram aus Brünn, hat sich unter der Kanzeltreppe mit Zirkel als Fenstergucker selbst dargestellt. Pilgram schuf auch den schwungvoll auf Bogenrippen vorkragenden Orgelfuß, datiert 1513, ein Virtuosenstück der Steinmetzkunst, getragen vom Meister selbst, dessen Porträtbüste mit Zirkel und Winkeleisen zuunterst angebracht ist ▸ **Taf. S. 210**.

Während der Bauzeit von St. Stephan entstanden in Wien noch zwei weitere Hallenkirchen von Bedeutung: seit 1330 die Augustinerkirche ▸ **Abb. unten** neben der herzoglichen Burg und wenig später die Minoritenkirche, die von Herzog Albrecht II. besonders gefördert wurde. Bei deren mit Skulpturen geschmücktem Westportal ist der Beichtvater des Herzogs, Frater Jakobus Parisiensis, urkundlich genannt. Trotz der zeitlichen Nähe sind die beiden Bauten zueinander konträr: Die Minoritenkirche, deren Seitenschiffe wie beim Chor von St. Stephan die gleiche Breite wie das Mittelschiff haben, ist fast ebenso breit wie lang. Einen Chorraum gibt es hier nicht. In den Raumproportionen sind Länge, Breite und Höhe zum Ausgleich gebracht, zum Eindruck ruhiger Weiträumigkeit. Die Augustinerkirche hingegen ist ein lang gestreckter Steilraum mit schmalen Seitenschiffen und einem extrem langen einschiffigen Chor, dessen Apsis einen eigenen, aus sieben Seiten des Zehnecks konstruierten Zentralraum bildet. Gleich neben der Augustinerkirche ließ Herzog Otto der Fröhliche 1337 bis 1341 eine Kapelle für den Georgsritterorden erbauen. Sie ist eine kleine zweischiffige Halle mit zwei parallel angeordneten Apsiden, eine Kostbarkeit der Gotik.

Ganz anders ist die nicht sehr große Kirche Maria am Gestade ▸ **Abb. rechts**, wegen der steilen Freitreppe vor der Westfassade auch »Maria Stiegen« genannt. Sie steht, teilweise auf römischen Fundamenten, am Steilufer (dem »Gestade«) des ursprünglichen Donauverlaufs, wo sich im Mittelalter eine Anlegestelle für Schiffe befand. Der einschiffige kreuzrippengewölbte Langchor (1330–1357), der mit fünf Seiten eines Achtecks schließt, verkörpert den Standardtypus gotischer Chöre des 14. Jahrhunderts, doch machen ihn die großformatigen Maßwerkfenster, die zwischen den Strebepfeilern die gesamte Wandfläche einnehmen und deren alte Verglasung zum Teil erhalten ist, zu einem kostbaren Glashaus. Im Inneren schießen hauchdünne Dienste und Laibungsprofile in die Höhe und gehen ohne Kapitell in die Rippen und Fensterbögen über; das Ganze eine wohl proportionierte Steinmetzarchitektur von erlesener Qualität, eine wahre »capella speciosa«, wie man sie in Frankreich bei Königskapellen findet.

Im schmaleren Langhaus (1394–1414) mit seinen Netzrippengewölben regiert bereits die Spätgotik. Es entstand nach dem Plan des herzoglichen Baumeisters Michael Knab. Dessen Meisterstück ist der Turm, der ungewöhnlicherweise siebeneckig ist und – ebenso ungewöhnlich – einen durchbrochenen Maßwerkhelm in Kuppelform trägt. Der Helm zählt zu den feinsten Preziosen der Spätgotik. Später fand er am nördlichen Treppentürmchen des Passauer Domchors ebenbürtige Nachfolge. Im Blick von der Stiege aus schließt sich der Turm mit dem Giebel, dem Großfenster und dem baldachinartigen Portal der Westfassade zu einem einzigartigen Ensemble spätgotischer Kostbarkeiten zusammen.

Nachdem im 16. Jahrhundert ein Großteil der Wiener Bevölkerung evangelisch geworden war, stagnierte in der Stadt der Kirchenbau. Doch im Zuge der Gegenreformation nahm er mit den vielen neuen Ordenskirchen, aber auch mit Pfarrkirchen einen neuen Aufschwung. Es entstanden zahlreiche Saalkirchen mit Abseitenkapellen, teilweise auch mit Emporen, so seit 1631 die Dominikanerkirche, deren Fassade den römischen Gesù-Typus nach Wien brachte, und seit 1627 die Jesuitenkirche. Deren kahles Inneres gestaltete 1703 bis 1707 der renommierte Architekt und Perspektivmaler Andrea Pozzo, ein Jesuitenbruder, durchgreifend um, indem er in die vorhandenen Öffnungsarkaden zu den Seitenkapellen jeweils eine Kolonnade im Wechsel von glatten und gewundenen Stuckmarmorsäulen einstellte und darüber eine Empore anlegte, wie sie für die Meditation der Jesuiten erforderlich war. Die Brüstungen der Emporen schwingen wie Balkone in den Raum vor. Gleichermaßen schuf Pozzo einen szenographischen raumschließenden Hochaltar mit Säulen und gegenüber im Westen einen gewaltigen Orgelprospekt, bei dem das Licht des Fassadenfensters mitbaut.

links: Wien, Augustinerkirche mit Grabmal der Erzherzogin Marie Christine von Antonio Canova, 1798–1805
oben: Wien, Maria am Gestade, Fassade und Kircheninnenraum

Und endlich malte Pozzo zur Probe seiner konkurrenzlosen Perspektivkünste an die Wölbung in der Mitte der Kirche eine illusionistische Tambourkuppel. So erhielt der Kirchenraum einen pompösen, voll tönenden Ornat, einen römischen Klang, wie ihn Wien bis dahin nicht gekannt hatte.

Der barocke Zentralbau fand mit der Servitenkirche (1651–1677) Eingang in Wien. Sie ist eine längsovale Rotunde mit vier Kreuzarmen auf den Hauptachsen und vier Altarnischen auf den Diagonalen, das Ganze zusammengefasst von einer Pilasterordnung mit umlaufendem Gebälk und abgeschlossen von einer Kuppel mit Stichkappen und Obergadenfenstern. Der Architekt war wohl der kaiserliche Baumeister Carlo Martino Carlone.

Die große Zeit des barocken Zentralbaus in Wien setzte zu Beginn des 18. Jahrhunderts ein. Der erste Paukenschlag war die Peterskirche in der Nähe des Grabens, die ursprünglich eine Pfarrkirche gewesen war ▸ **Taf. S. 214**. Kaiser Leopold I. wies sie der Dreifaltigkeitsbruderschaft zu, einer gesellschaftlich wichtigen Vereinigung, der das Kaiserpaar persönlich und viele Mitglieder des Hochadels und der bessergestellten Bürgerschaft angehörten. Nach dem Frieden von Karlowitz 1699, der den Türkenkrieg vorerst beendete, gab der Kaiser die Bewilligung zum Neubau, nicht aber auch das Geld, das erst durch eine Sammelaktion in der Bevölkerung zusammenkam. 1702 wurde der Bau begonnen und 1733 geweiht. Den Plan, der sogar in Stichen veröffentlicht wurde, lieferte Gabriele Montani. Als Montani ein Jahr später als Festungsbaumeister nach Spanien ging, übernahm ein anderer, nicht namentlich überlieferter Architekt den Bau. Die Forschung ist sich einig, dass es nur Lukas von Hildebrandt gewesen sein kann.

Montani hatte eine längsovale Rotunde mit Seitenkapellen in der Art der Servitenkirche vorgesehen und den Bau bereits begonnen, weshalb der Grundriss festlag. Hildebrandt änderte den Plan radikal mit einem einzigen Kunstgriff: Er übertrug auf die ovale Rotunde den Aufbau von Bramantes Kuppelzentrum der Peterskirche in Rom, das dort ein ungleichseitiges Oktogon bildet. Bei der Transformierung vom Oktogon zur Rotunde machte Hildebrandt aus Bramantes Pendentifs, die dort zum Fußkreis der Tambourkuppel vermitteln, senkrecht aufgehende Mauern. Und aus den runden Tondi, die Bramante den Pendentifs aufgesetzt hatte, wurden bei Hildebrandt hochovale Okulusfenster von gewaltiger Mauerstärke in der Laibung, ein hochwirksames Motiv, das im österreichischen Barock sofort Schule machte. Auf den Unterbau setzte er eine Tambourkuppel, wie sie in Rom vorgebildet war; sie macht den Raum, der im Bereich des Unterbaus noch breit gelagert ist, zu einem Steilraum. Die Gesamterscheinung ist, nicht zuletzt auch wegen der massiven Stärke und Schwere der Mauern, von römischer Monumentalität. Hildebrandt brachte die »gravitas romana« nach Wien. So wurde aus dem päpstlich römischen St. Peter ein kaiserlich-österreichisches St. Peter.

Das Gegenstück zur Peterskirche ist die Karlskirche ▸ **Abb. rechts**, ein Haupt- und Staatsbau, der zum Symbol der Habsburger Monarchie schlechthin geworden ist. Initiator war Kaiser Karl VI. Anlässlich der Pestepidemie von 1713 gelobte er den Bau einer Votivkirche zu Ehren des Pestheiligen Karl Borromäus, der zugleich sein eigener Namenspatron war. Finanziert wurde der Bau durch eine europaweite Sammelaktion; sie reichte von Spanien bis Schlesien, von den Niederlanden bis ins protestantische Siebenbürgen. Als Bauplatz wählte man den exponiertesten Ort von ganz Wien: die Stelle, wo das Glacis, von der Hofburg aus gesehen, fast im rechten Winkel nach Nordosten umbiegt. Dieser Ort gewährte von zwei Seiten aus eine unverstellte Fernsicht auf die Kirche.

An der Planung beteiligten sich im Wettbewerb Johann Bernhard Fischer von Erlach, Lukas von Hildebrandt und der Theaterspezialist Fernando Galli-Bibiena. Der Kaiser höchstselbst entschied sich für das Projekt Fischers. Hiermit wandte er sich gegen eine starke Fraktion in der öffentlichen Meinung, die für Hildebrandt plädierte. 1716 wurde der Bau begonnen und nach Fischers Tod 1723 von seinem Sohn Joseph Emanuel mit leichten Änderungen, insbesondere an der Kuppel, bis 1739 zum Abschluss gebracht.

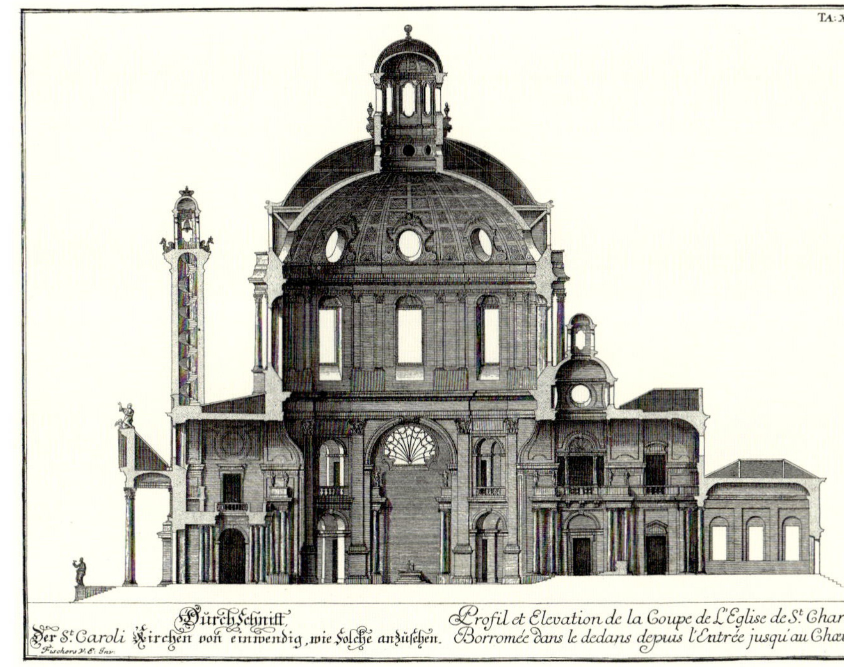

Wien, Karlskirche von Johann Bernhard Fischer von Erlach, Längsschnitt, Stich aus der »Historischen Architektur« von Johann Bernhard Fischer von Erlach, 1721

Das Innere der Karlskirche ist eine äußerst steile und hohe längselliptische Rotunde, die trotz der vier Kreuzarme von geradezu monolither Einfachheit ist. Der Raum hat nur ein einziges Thema: übermenschliche Größe. Die Kuppelschale über dem Tambour ist in ferne Höhe gerückt. Was hier spricht, ist das nackte Riesenvolumen des Raumes. Dem entspricht die gewaltige Mauerstärke, der gegenüber die Pilasterordnung nur flach aufgelegt ist. Die Steilheit, die zum Himmel strebt und den Menschen ganz klein macht, war auch bei anderen Kirchen das Mittel, mit dem Fischer den Raum sakral zu überhöhen suchte.

Zuallererst ist die Karlskirche aber eine Außenarchitektur, ein auf Fernsicht berechneter Prospekt, der weniger wie eine Kirchenfassade denn wie ein Ruhmesmonument erscheint ▸ **Taf. S. 216**. Fischer lieferte dem Kaiser eine Kaiserarchitektur, die außerdem noch eine Kirche ist. Dass Fischer in diese Richtung ging, war schlau gedacht, denn bei einer solchen Stoßrichtung konnte Karl VI. gar nicht anders als dem Projekt Fischers den Zuschlag zu geben.

An der Fassade ist alles römisch. Das kaiserlich-antike Rom ist mit dem neuzeitlichen Rom zur Synthese gebracht. Antik sind die Tempelfront in der Mitte und die beiden spiralförmig aufsteigenden, mit Reliefs versehenen Triumphalsäulen, welche die Säulen des Trajan und des Mark Aurel in Rom nachbilden, allerdings in den Reliefs mit anderer Thematik. Für das neuzeitliche Rom steht St. Peter. Hierauf verweist unübersehbar die Kuppel, die aber, anders als in

Rom, am Fuß der Wölbung mithilfe geschweifter Aufsätze noch einen höchst weltlichen herrscherlichen Kronreif dazubekommen hat. Auf die Fassade von St. Peter gehen zudem die beiden seitlichen Turmpavillons mit den Durchfahrten sowie die hohe Attika zurück.

Fischer suchte diese heterogenen Elemente mit dem Mittel der Gruppierung zu einem Ganzen zusammenzuschließen. Gegen den gelagerten Querriegel, der sich von Pavillon zu Pavillon erstreckt, sind die aufragenden Teile: die Säulen und die Kuppel, gesetzt. Die antiken und die neuzeitlichen Teile bilden Dreiergruppen aus, wobei die antike Gruppe in der Mitte mit der Tempelfront niedrig ist, die neuzeitliche Gruppe aber in der Mitte mit der Kuppel hoch aufragt. Bei den Beziehungen herrscht das Prinzip der Umkehrung. Die Teile ergänzen sich komplementär.

Zugleich ist die Fassade ein vielschichtiger Bedeutungsträger. So spielen die beiden Säulen als die auffälligsten Elemente nicht nur auf das Imperium Romanum der Caesaren, sondern auch auf die Säulen Jachin und Boaz vor dem Salomonischen Tempel in Jerusalem an. Die Allusion auf Salomon, den Inbegriff der Weisheit, macht die Kirche auch zu einem Tempel der Weisheit. Zudem lassen sich die Säulen auf die »Säulen des Herkules« an der Meerenge von Gibraltar, also auf das ehemals habsburgische Spanien, beziehen und nicht zuletzt auch auf die Devise Karls VI. »constantia et fortitudine« (mit Beharrlichkeit und Mut). Die Tempelfront war nach zeitgenössischen Quellen eine Allusion auf den Friedenskaiser Augustus. Das macht die Kirche außerdem zu einem Tempel des Friedens. Und endlich ist sie überdeutlich ein neues St. Peter, aber kein päpstliches, sondern ein kaiserliches.

Insgesamt gesehen, brachte dieser Prestigebau der habsburgischen Kaisermonarchie von den Sinngehalten her die uralten Gegensätze der Gewalten, der staatlichen und der kirchlichen, die man im Mittelalter »regnum« und »sacerdotium« genannt hatte, zum Ausgleich. Beides ist hier in Einheit versöhnt. Das macht die Karlskirche vollends zum Friedenstempel. Architektur eignet sich eben auch staatsideologisch zum Mittel der Politik. Nach all dem konnte Fischers Invention nicht zukunftsträchtig sein. Der Bau war als einsamer Solitär gedacht und blieb es auch.

Hildebrandts Gegenprojekt zur Karlskirche ist nicht erhalten und auch nirgendwo beschrieben. Doch scheint es in einer anderen vom Kaiser geförderten Wiener Kirche seinen Niederschlag gefunden zu haben: der Kirche der Piaristen ▸ **Taf. S. 215**. Der Orden war bettelarm und bekam trotzdem den prächtigsten und ideenreichsten barocken Kirchenraum von ganz Wien. Die Piaristenkirche ist das totale Gegenteil zu Fischers Karlskirche. Auf die Fassade kommt es hier überhaupt nicht an; vielmehr zielt die Invention auf ein möglichst spektakuläres Inneres. Der Hauptraum bildet ein ungleichseitiges Oktogon mit vier Kreuzarmen aus. Das aufsehenerregend Neue liegt darin, dass alle acht Seiten konvex in den Raum einschwingen, die Schrägseiten ebenso wie die Bögen der Kreuzarme. Auch in den Details wie z. B. der Ausrichtung der Pilaster ist das Ganze eine völlig in sich stimmige Systemarchitektur, die überall die Meisterhand verrät. Die gleiche Grundidee hatte Hildebrandt bereits 1699 in der Kirche des nordböhmischen Deutsch Gabel (Jablonné v Podještědí) erprobt, dort allerdings mit hoher Tambourkuppel, aus der in der Piaristenkirche eine Flachkuppel ohne Tambour wurde. Hildebrandt erwies sich als Pionier einer neuen Richtung des Kirchenbaus: der »kurvierten Architektur«, die vor allem im radikalen böhmischen Barock bis hin zu Balthasar Neumann Nachfolge fand. Den Wettbewerb für die Karlskirche hatte zwar Fischer von Erlach gewonnen. Die Nachwelt aber führte die Ideen Hildebrandts weiter.

Der historisch wichtigste Profanbau in Wien ist die Hofburg. Sie war über Jahrhunderte die kaiserliche Residenz und wuchs im Laufe der Zeiten zu einem unregelmäßigen Bautenkonglomerat zusammen. Der Ursprungsbau, eine wehrhafte Burg mit vier Ecktürmen (vergleichbar dem erhaltenen Schloss Orth an der Donau östlich von Wien), entstand unter König Ottokar II. Przemysl in der zweiten Hälfte des 13. Jahrhunderts. 1558 bis 1565 ließ Erzherzog Maximilian, der spätere Kaiser Maximilian II., einen von der Burg abgerückten eigenständigen Palast mit dreistöckigem Laubenhof errichten, die heutige »Stallburg« der Lipizzanerpferde. Als dritter Baukomplex entstand unter Kaiser Rudolph II. nordwestlich der alten Burg in isolierter Lage ein neuer Palast, später nach der Witwe Kaiser Josephs I. »Amalienburg« genannt. Kaiser Leopold I. ließ dieses Schlösschen 1660 bis 1668 durch den langen »Leopoldinischen Trakt«, einen Bau von Filiberto Lucchese, mit der alten Burg verbinden. Nach einem Brand im Jahr 1668 erhöhte Pietro Tencala den Trakt um ein Stockwerk. Gegenüber dem Leopoldinischen Trakt errichtete 1726 Joseph Emanuel Fischer von Erlach den »Reichskanzleitrakt« mit drei flachen Risaliten und schloss so diesen Burghof auf der vierten Seite ab.

Als Verbindung zum Augustinerkloster entstand 1723 bis 1735 nach Plänen von Johann Bernhard Fischer von Erlach unter Leitung seines Sohnes Joseph Emanuel die »Hofbibliothek«, ein grandioses Werk der Weltarchitektur und Inbegriff des »Kaiserstils« mit gewaltigem Kuppelsaal in der Mitte und zwei Flügeln, die durch eingestellte Kolonnaden mit jeweils zwei Säulen eine majestätische kaiserliche Würde erhalten ▸ **Taf. S. 202**. Hier fand die Bibliothek des Prinzen Eugen Aufstellung. Vor der Bibliothek errichtete 1767 bis 1773 Nikolaus Paccassi zwei Flügelbauten und schuf so in der Art eines Ehrenhofes einen einheitlichen, U-förmig umschlossenen Platz, den Josephsplatz. Als Fassade der Hofburg zur Stadt begann 1729 Joseph Emanuel Fischer von Erlach eine hochrepräsentative Staatsarchitektur mit gerundeten Kuppelbauten an den Seiten, den »Michaelertrakt«, doch blieb das Projekt, dem das alte Burgtheater Leopolds I. im Wege stand, bis 1883 liegen, als man das angefangene Werk vollendete. In Berlin war man schneller. Dort entstand 1774 bis 1780 nach Plan von Georg Christian Unger die Alte Bibliothek, deren Fassade eine recht getreue Zweitfassung des Projektes für die Michaelerfront ist.

Das Bautenkonglomerat der Wiener Hofburg war insgesamt so heterogen, dass es dem Repräsentationsbedürfnis des Kaiserhauses, das den höchsten Rang im Abendland für sich beanspruchte, auf Dauer nicht genügen konnte, zumal im Hl. Römischen Reich längst eine ganze Reihe modernerer und vor allem einheitlicherer Residenzen entstanden war. Über allem aber stand Versailles, die Residenz des französischen Erzfeindes. Wenn die Hofburg wirklich »kaiserlich« werden sollte, war ein umfassender Neubau unumgänglich. Hierfür entwickelten die beiden Fischer von Erlach wie auch Hildebrandt Pläne. Am radikalsten ging Balthasar Neumann vor, als er in Würzburg 1746 aus seinen Ämtern entlassen worden war: Er schickte für den Neubau der Hofburg gleich drei Plansätze nach Wien: einen kleinen, einen mittleren und einen großen. Im großen Projekt wollte er den Bautenkomplex mit Ausnahme der Hofbibliothek und der Reitschule abreißen lassen und durch ein weit über 300 m breites Schloss ersetzen, eine wahre Weltresidenz mit gewaltigem Treppenhaus. Doch statt zu bauen, musste die Adressatin der Pläne, Maria Theresia, die ohnehin eher zur Sparsamkeit als zur Baulust neigte, Krieg führen. So blieben die Pläne Papier.

Erst im 19. Jahrhundert nahm Kaiser Franz Joseph die hochfliegenden Visionen einer Kaiserresidenz wieder auf. Die alte Hofburg sollte bestehen bleiben und auf dem freien Gelände der ehemaligen Bastion zu einer imperialen Residenz erweitert werden. Gottfried Semper, den der Kaiser 1869 nach Wien berief, entwickelte das Projekt eines »Kaiserforums« mit einem überkuppelten Thronsaal vor dem Leopoldinischen Trakt und zwei spiegelbildlich symmetrischen Flügeln, für deren Mitte jeweils eine gewaltige Exedra mit Kolonnaden vorgesehen war. Auf gleicher Achse wie die Flügel sollten auf dem Gelände des ehemaligen Glacis zwei Museumsbauten die Verbindung zu den bereits bestehenden Kaiserstallungen schaffen, einem Schloss für etwa 500 Pferde, das der ältere Fischer von Erlach von 1719 bis 1723 mit einer 354 m breiten Fassade angelegt hatte. Hinter der Fassade lag ein großer Hof in Form einer weit ausschwingenden Exedra. Die Pläne Sempers wurden von Carl Hasenauer überarbeitet. Zur Ausführung kamen nur die beiden Museumsbauten, das Kunsthistorische ▸ **Taf. S. 204** und das Naturhistorische Museum, mit ihren von vier Türmen umstellten achteckigen Kuppeln sowie der südliche Flügel des Kaiserforums, dessen Bau sich bis 1913 hinzog ▸ **Taf. S. 199 – 201, 203**. Für die vollständige Realisierung dieses Forums, das eine Machtdemonstration sein sollte, wie sie die Welt noch nie gesehen hatte, war die k.u.k. Monarchie am Ende dann doch zu schwach. Kaiser Franz Joseph blieb in Schönbrunn. 1938 inszenierte sich Adolf Hitler mithilfe der Exedra des Südflügels, als eine riesige Menschenmenge ihm nach dem Anschluss Österreichs an das Dritte Reich zujubelte.

Schönbrunn, eine Meile außerhalb der Stadt am Wienfluss gelegen, war ursprünglich ein kleines Jagdschloss. 1683 wurde es von den Türken zerstört. Wenig später, 1688, hatte Johann Bernhard Fischer, der spätere Fischer »von

PRINZ EUGEN

Bei der Verfolgung der Türken erlebte ein junger Offizier aus dem europäischen Hochadel einen kometenhaften Aufstieg: der legendäre, später an den Lagerfeuern besungene Prinz Eugen (1663–1736). Seine Soldaten nannten ihn wegen des schlichten braunen Waffenrocks, den er trug, gerne den »kleinen Kapuziner«. Er entstammte dem Herzoghaus von Savoyen und Piemont und war mütterlicherseits mit Kardinal Mazarin verwandt, dem einflussreichsten französischen Minister und Staatsmann der vorangegangenen Jahrzehnte. Nach dem abfälligen Zeugnis der klatsch- und tratschsüchtigen Herzogin von Orléans, Lieselotte von der Pfalz, war der Prinz klein und hässlich, immer schmutzig und hatte lange Haare, die er entgegen dem Modediktat nicht eindrehte. Zudem stand sein Mund wegen der zu kurzen Unterlippe offen, so dass die zwei großen Vorderzähne stets zu sehen waren. Bei dieser unvorteilhaften, nicht standesgemäßen Erscheinung war es kein Wunder, dass Ludwig XIV. die Bitte des Prinzen, in die französische Armee eintreten zu dürfen, barsch ablehnte. Das war angesichts der späteren Ereignisse eine Fehlentscheidung mit schlimmen Folgen für Frankreich. Der Prinz wollte Frankreich nie mehr betreten, es sei denn mit dem Schwert.

1683 wechselte der 19-jährige Prinz die Seite und erschien vor Kaiser Leopold in Passau, um das Regiment, das vorher sein Bruder Ludwig Julius befehligt hatte, zu übernehmen, doch das Kommando war bereits anderweitig vergeben. Kurz darauf kämpfte Eugen als freiwilliger Ordonnanzoffizier in der Brigade seines Vetters Ludwig von Baden beim Entsatz von Wien am Kahlenberge mit und wurde gleich anschließend zum Oberst eines Dragoner-Regiments ernannt. 1688 war er mit 25 Jahren bereits Feldmarschall-Leutnant und Träger des vom Kaiser verliehenen Ordens des Goldenen Vlieses, der höchsten aller Auszeichnungen. 1693 wurde er Feldmarschall und errang 1697 bei Zenta an der Theiß den kriegsentscheidenden Sieg gegen die Türken. 1699 war der Krieg mit dem Frieden von Karlowitz (Sremski Karlovci) vorerst beendet.

Im folgenden Spanischen Erbfolgekrieg, der 1701 ausbrach und 1713/14 in den Friedensschlüssen von Utrecht und Rastatt beendet wurde, erfochten die österreichischen und englischen Truppen unter Prinz Eugen und dem Herzog von Marlborough Sieg auf Sieg gegen die französischen Armeen Ludwigs XIV., zuerst 1704 bei Höchstädt und Blindheim an der Donau (s. S. 39), dann in Oberitalien und den Spanischen Niederlanden bei Ramillies, Turin, Malplaquet und Oudenaarde. 1707 wurde Prinz Eugen nach dem Tode des kaiserlichen Oberbefehlshabers Ludwig von Baden dessen Nachfolger. Der Reichstag in Regensburg wählte ihn zum katholischen Feldmarschall des Reiches. Im selben Jahr 1707 wurde Eugen zum Generalgouverneur des Herzogtums Mailand ernannt. 1716 folgte die Erhebung zum Gouverneur und Generalkapitän der Niederlande. In Wien war Eugen dreißig Jahre lang Chef des Hofkriegsrates und für zwanzig Jahre ranghöchster Minister. Nicht ganz ohne Grund bezeichnete Friedrich d. Gr. den Prinzen Eugen als den »wirklichen Kaiser«.

Nach den glanzvollen Siegen im Spanischen Erbfolgekrieg kämpfte Prinz Eugen erneut gegen die Türken, die von der Donaulinie noch nicht vollends vertrieben waren. Die Festung Peterwardein (Petrovaradin) ließ er als Operationsbasis zur größten Festung im gesamten Donaubereich ausbauen. Bei seinem Sieg 1716 gegen das türkische Hauptheer fiel der türkische Großwesir. 1717 eroberte Eugen das von den Türken gehaltene Belgrad, wobei es zum Bau jener legendären Schiffsbrücke kam, die später in dem populären Lied vom Prinzen Eugen, dem edlen Ritter, besungen wurde. Ein Jahr später erbrachte der Frieden von Passarowitz (Požarevac) für die österreichische Monarchie, die jetzt bis zum Alt reichte, die größte territoriale Ausdehnung ihrer Geschichte.

Im zivilen Leben wurde der Prinz zu einem der größten Bauherrn, Kunstmäzenen und Kunstsammlern seiner Zeit, wofür seine unermesslichen Reichtümer die Voraussetzung boten. Aus welchen Quellen er die nie versiegenden Gelder bezog, bleibt im Einzelnen unklar. Nicht zuletzt legte er sie auch in einer Bibliothek an, die so groß war, dass sie später den Grundstock der Österreichischen Nationalbibliothek bilden konnte. Voller Bewunderung erzählte man sich in Wien, der Prinz habe die Bücher alle gelesen. In der Wiener Gesellschaft war er als faszinierende, hochgebildete, äußerst freigiebige und immer in schlichter Bescheidenheit auftretende Persönlichkeit der strahlende Mittelpunkt.

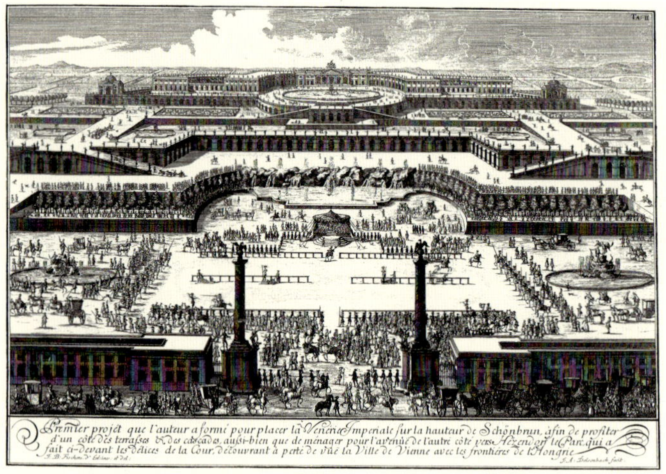

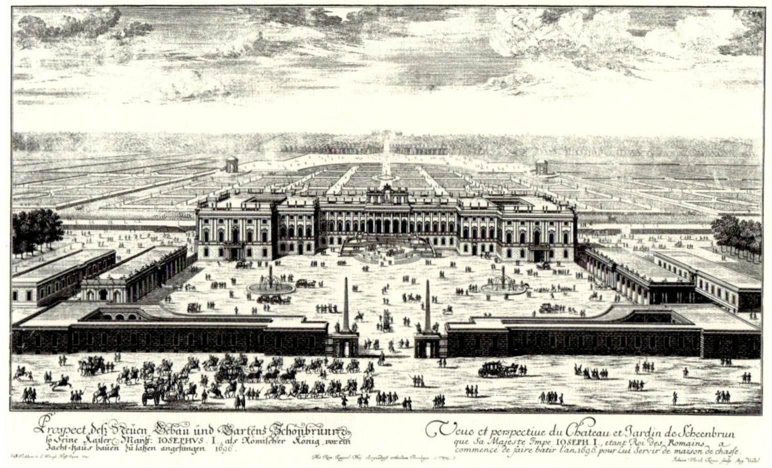

Wien, Schloss Schönbrunn, links und in der Mitte: 1. und 2. Entwurf von Johann Bernhard Fischer von Erlach, Stiche aus der »Historischen Architektur« von Johann Bernhard Fischer von Erlach, 1721
rechts: Parkseite, Gemälde von Bernardo Belotto, gen. Canaletto, Wien, Kunsthistorisches Museum

Erlach«, kaum dass er aus Neapel in Wien eingetroffen war, die utopische Vorstellung, oben auf dem sanft ansteigenden Berghang von Schönbrunn ein vollkommen neues Kaiserschloss zu errichten, das er in bescheidener Untertreibung »Venerie Imperiale«, kaiserliches Jagdschloss, nannte. Wenn dieses Schloss nur ein Jagdschloss war, wie musste demgegenüber erst die Residenz aussehen! Fischer wollte mit dem Entwurf, einem typischen Präsentationsstück, das er 1721 im Stich veröffentlichte, Kaiser Leopold auf sich aufmerksam machen. Das Schloss ist bekannt unter der Bezeichnung »Schönbrunn I« ▸ **Abb. oben.** Mit seinen 73 Fensterachsen und der riesigen mittleren Exedra, die den Abschluss einer künstlichen Landschaftsszenerie mit Felsbarrieren, Wasserfällen, Auffahrtsrampen und einem See bildet, war Schönbrunn I sichtlich als ein »Über-Versailles« gedacht. Es sollte den Kaiser mit den Mitteln von Architektur und Szenographie weit über den Sonnenkönig Ludwig XIV., der in Wirklichkeit der wahre Herr Europas war, erheben. Aussicht auf Verwirklichung bestand angesichts der gigantischen Ausmaße von vornherein nicht, zumal sich Kaiser Leopold damals fast nur noch für sein schönes Hoftheater interessierte, das eine der besten Bühnen Europas war.

1690 wurde Joseph, der Sohn Kaiser Leopolds, 12-jährig zum römisch-deutschen König gewählt. Als der Vater für den neuen König und dessen Hofstaat 1693 in Schönbrunn ein eigenes Schloss errichten wollte, erhielt Fischer den Auftrag. Dieses Schloss (»Schönbrunn II«) ▸ **Abb. oben** ist im Kern das heutige Schönbrunn. Es liegt am Fuße des Berghangs, nachdem Schönbrunn I noch stolz den höchsten Punkt des Berges hatte besetzen sollen. Das Schloss für den jungen König wurde mit zunächst nur 25 Fensterachsen um ein Mehrfaches kleiner als Schönbrunn I angelegt. Es war im Ursprungszustand ein U-förmiger Bau mit vortretenden Seitenflügeln, der Haupttrakt ausgezeichnet durch eine in der Mitte vorgelegte Kolonnade. Die Treppe hinauf zur Beletage lag nicht im Inneren, sondern im Freien vor dem Eingang. Allein schon hieran wird deutlich, dass der Bau eher als Lustgebäude denn als Residenz gedacht war. Aber anders als die vielen anderen Wiener Lustgebäude sollte es ein königliches sein, weshalb die Außenerscheinung sehr viel strenger, wenn nicht steifer gehalten war, ganz dem Zeremoniell bei Hofe entsprechend. Diese Strenge war für Fischer Ausdruck königlicher Erhabenheit. Als Joseph 1699 heiratete, wurden für den erweiterten Hofstaat die seitlichen Blockbauten angefügt, was die ursprünglich ausgewogenen Proportionen ungut veränderte. Doch andererseits war jetzt aus dem Lustgebäude ein veritables Schloss geworden. Man merkt es dieser Architektur an, dass hier nicht die Lust des Adelslebens, sondern die strenge Regel, die Zwänge des Habsburger Hoflebens herrschten.

1743 verlegte Maria Theresia ihre Hofhaltung nach Schönbrunn. Sie ließ das unfertige Schloss durch Nikolaus Paccassi umgestalten und innen glänzend im Stile des Rokoko ausstatten. Jetzt war Schönbrunn zur habsburgischen Residenz geworden. Es folgte der Ausbau des Schlossparks durch Johann Ferdinand Hetzendorf (1766 geadelt mit dem Prädikat »von Hohenberg«), der oben auf dem Berg 1772/75 die »Gloriette« schuf, ein Belvedere in Form eines durchsichtigen klassizistischen Arkadenbaus.

Künstlerisch ungleich bedeutender als Schönbrunn ist das zweite Wiener Barockschloss: das »Belvedere« des Prinzen Eugen. Schon 1693 hatte der Prinz das Areal aufgekauft und 1700 die Gartenanlage beginnen lassen, wo umfangreiche Terrassierungsarbeiten anstanden und für die Brunnen und Fontänen kilometerlange Wasserleitungen gelegt werden mussten. Die Bauplanung übertrug er Lukas von Hildebrandt, der schon 1700/02 auf der Donauinsel Csepel bei Budapest in Ráckeve ein Lustschloss für den Prinzen errichtet und hierbei sein außerordentliches Können bewiesen hatte ▸ **Abb. S. 235.** Ein Bild von Hildebrandts Fähigkeiten konnte der Prinz sich außerdem gleich neben dem Areal des Belvedere beim Palais Schwarzenberg machen, einem ungewöhnlich großen, mit einem praktischen Einfahrtsvestibül ausgezeichneten Adelssitz, den Hildebrandt 1697 jenseits des Glacis für Graf Mansfeld Fürst Fondi errichtet hatte.

1714/16 entstand nach Hildebrandts Plänen das Untere Belvedere als sommerlicher Wohnpalast des Prinzen, ein ebenerdiger einstöckiger Breitbau mit erhöhtem Mittelpavillon. In einer zweiten Baukampagne bis 1723 errichtete Hildebrandt den viel größeren Rohbau des Oberen Belvedere ▸ **Taf. S. 218–220**. Der inzwischen 58-jährige Prinz hatte große Eile. Das Obere Belvedere war als reiner Repräsentationsbau für Empfänge und die berühmten Feste gedacht, bei denen zahllose Gäste großzügig bewirtet wurden. Außerdem war hier die Gemäldesammlung des Prinzen untergebracht. Benutzen ließ sich das Schloss nur im Sommer, denn es war nicht ausreichend beheizbar.

Anders als Schönbrunn, ist das Obere Belvedere in der französisch geprägten Pavillonbauweise angelegt, an der Gartenseite mit einem polygonal vortretenden Mittelpavillon und oktogonalen Eckpavillons, beides verbunden durch in der Höhe gestaffelte gerade Trakte. Statt der italienischen Flachdächer von Schönbrunn verwendete Hildebrandt ganz außen Kuppelhauben, dann Walmdächer und anschließend Mansarddächer sowie schließlich über dem Mittelpavillon ein doppelt gestuftes Mansarddach, das wohl mit Absicht an ein Kommandeurzelt im Feldlager erinnert. Hildebrandt zeigte hier, wie man sichtbar aufsteigende Dächer, die Fischer von Erlach immer verschmäht hatte, für die Wirkung des Baukörpers nutzen kann. In der Steigerung von außen zur beherrschenden Mitte erreichte Hildebrandt mithilfe der Dächer eine traumhafte Sicherheit in der Gesamtproportion und zugleich eine glückliche Ausgewogenheit im Verhältnis der Teile zum Ganzen. Zugleich gab er dem Ganzen durch die feine Dekorationskunst des Wandreliefs statt der Strenge von Schönbrunn einen heiter gelösten Grundzug, wie er einem Lustschloss angemessen ist. Bei der Hofseite ▸ **Taf. S. 218/219**, die sich durch Spiegelung im vorgelagerten großen Teich zu verdoppeln scheint, ist die Mitte wie beim Palais Schwarzenberg ein niedriges Einfahrtsvestibül, das den Besuchern den Zugang bequem machte, doch in der Außenerscheinung führt diese Idee zu einer nicht ganz so glücklichen Lösung wie beim Mittelpavillon der Gartenseite, weil baukünstlerisch über dem Vestibül ein Loch bleibt.

Prinz Eugen hatte Recht, als er nach Vollendung des Schlosses befand, Hildebrandt habe einen Traum eingefangen, und auch Napoleon hatte mit seiner auf Schönbrunn und das Belvedere bezogenen Sottise Recht, in Österreich habe der Untergebene besser als der Herr gewohnt. Das Belvedere erregte sofort eine solche Bewunderung, dass 1731 der Augsburger Verleger Jeremias Wolff, wohl auf Veranlassung des stolzen Bauherrn, ein Bilderbuch der Gesamtanlage mit über 100 Kupferstichen des Salomon Kleiner veröffentlichte. Die Stiche enthalten genaue Bauaufnahmen ebenso wie Ansichten der Interieurs, der Brunnen, sogar der Menagerie mit ihren exotischen Tieren.

Das Stadtpalais des Prinzen in der Himmelpfortgasse ▸ **Abb. rechts unten**, in welchem er wohnte, war 1725 von Fischer von Erlach errichtet worden, jedoch nur mit sieben Achsen statt der ursprünglich geplanten zwölf. Als der Prinz das Lager wechselte und zu Hildebrandt überging, vollendete dieser den Bau nach Fischers Plänen und fügte schließlich 1723/24 weitere fünf Achsen an, wodurch die Fassade zur traditionellen Wiener Endlosfassade wurde.

Modern war damals in Wien ein anderer Fassadentypus: die Risalitfassade nach dem Vorbild von Berninis Palazzo Chigi in Rom. Der Prägebau für Wien war das Stadtpalais Liechtenstein, das Dominik Graf Kaunitz, der österreichische Botschafter in München, vor 1694 nach Plänen des Münchener Hofbaumeisters Henrico Zuccalli hatte beginnen lassen. Der nachfolgende Besitzer Fürst Hans Adam von Liechtenstein übergab die Planung Domenico Martinelli, der Zuccallis Fassade überformte und ihr eine gesteigerte, auf »gravitas romana« abzielende Monumentalität verlieh.

1699 gab Fischer von Erlach beim Palais Batthyány, das später in den Besitz des Friedrich Karl von Schönborn überging, mit dem nunmehr verfeinerten Mittelrisalit eine Antwort auf Martinelli. Hierauf wiederum antwortete 1713/16 Hildebrandt mit dem schräg gegenüber für den Feldmarschall und Vizekönig von Neapel, Philipp Graf Daun, erbauten Palais und seiner hochdekorativen Fassade ▸ **Abb. rechts oben**. Die Arbeit der Architekten war eine ständige Konkurrenz, bei welcher zunächst Fischer von Erlach ins Hintertreffen geriet und zeitweilig arbeitslos wurde, bis er 1708 mit der Böhmischen Hofkanzlei und 1710 mit dem Palais Trautson ein glänzendes Comeback erlebte. Fischer gab hier dem Mittelrisalit die zeitlose, international gebräuchliche Form der klassisch-antiken Tempelfront mit flachem Dreiecksgiebel. Beim Palais Trautson schräg gegenüber der Hofburg jenseits des Glacis, das die Größe eines Schlosses erreicht, gelang ihm der Inbegriff des vornehm souveränen Wiener Adelspalais schlechthin, der Höhepunkt der Palastarchitektur in der Kaiserstadt, wo es innerhalb der Bastionen nahe der Hofburg einen Palast neben dem anderen gab und z. T. heute noch gibt. Veduten der Stadt und ihrer Bauten veröffentlichte damals der Stecher Salomon Kleiner. Er gab seinem Stichwerk den Titel »Das florierende Wien«. Wien florierte in der Tat.

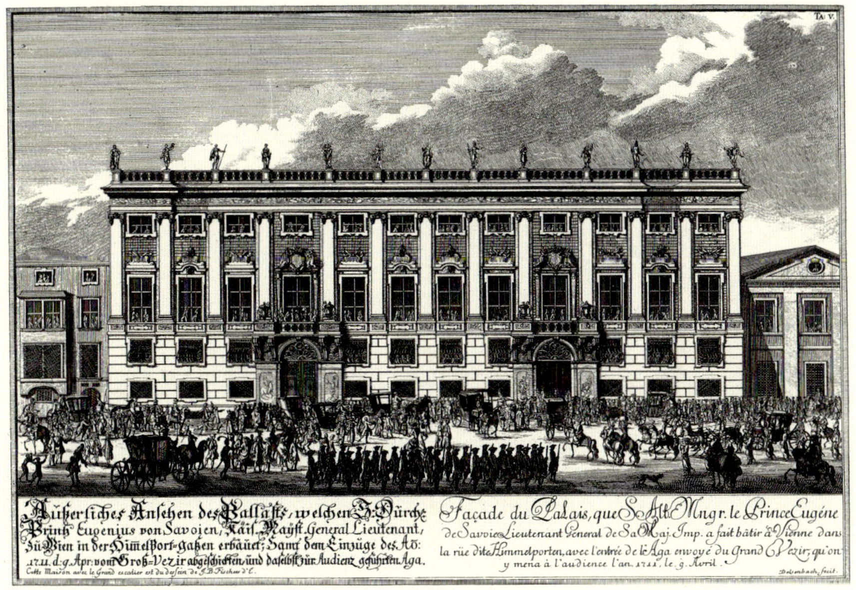

oben: Wien, Palais Daun-Kinsky
unten: Wien, Stadtpalais des Prinzen Eugen von Johann Bernhard Fischer von Erlach, Stich aus der »Historischen Architektur« von Johann Bernhard Fischer von Erlach, 1721

vorhergehende Doppelseite: Wien, Blick vom Leopoldsberg auf die Stadt
Wien, Ringstraße, links: Parlament, rechts: Neues Rathaus
folgende Doppelseite: Wien, Panorama mit Burgtheater und Hofburg

Wien. Für Dich.

vorhergehende Doppelseite: Wien, Hofburg, Kaiserforum
Wien, Hofburg, links: Österreichische Nationalbibliothek (ehem. Hofbibliothek), rechts: Kaiserforum, Reiterdenkmal des Prinzen Eugen

FRANCISCVS · IOSEPHVS · I
NOVI · PALATII · ALAM
EXSTRVXIT · A · D · MCMVIII
Österreichische
Nationalbibliothek

Wien, links: Kunsthistorisches Museum, rechts: Staatsoper

Wien, Gartenpalais Liechtenstein

Wien, Stephansdom

Wien, Stephansdom,
links: Orgelfuß mit Selbstbildnis von Anton Pilgram,
rechts: Dienstbotenmadonna

Wien, Augustinerkirche, Grabdenkmal für Erzherzogin Marie Christine von Antonio Canova, 1798–1805

Wien, links: Peterskirche, rechts: Piaristenkirche

PFARRBLATT
SPENDE

Wien, Karlskirche, rechts: Kuppelfresko »Allegorie der Caritas«
von Johann Michael Rottmayr, 1725/30

bistro

Wien, Oberes Belvedere, vorherige Doppelseite: Eingangsseite,
links: Treppenhaus, rechts: Wien, Blick vom Oberen auf das Untere Belvedere

MALEREI ARCHITEKTVR PLASTIK

Wien, links: Ausstellungsgebäude der Secession, Fassadendetail, rechts: Stadtbahn-Haltestelle »Karlsplatz«

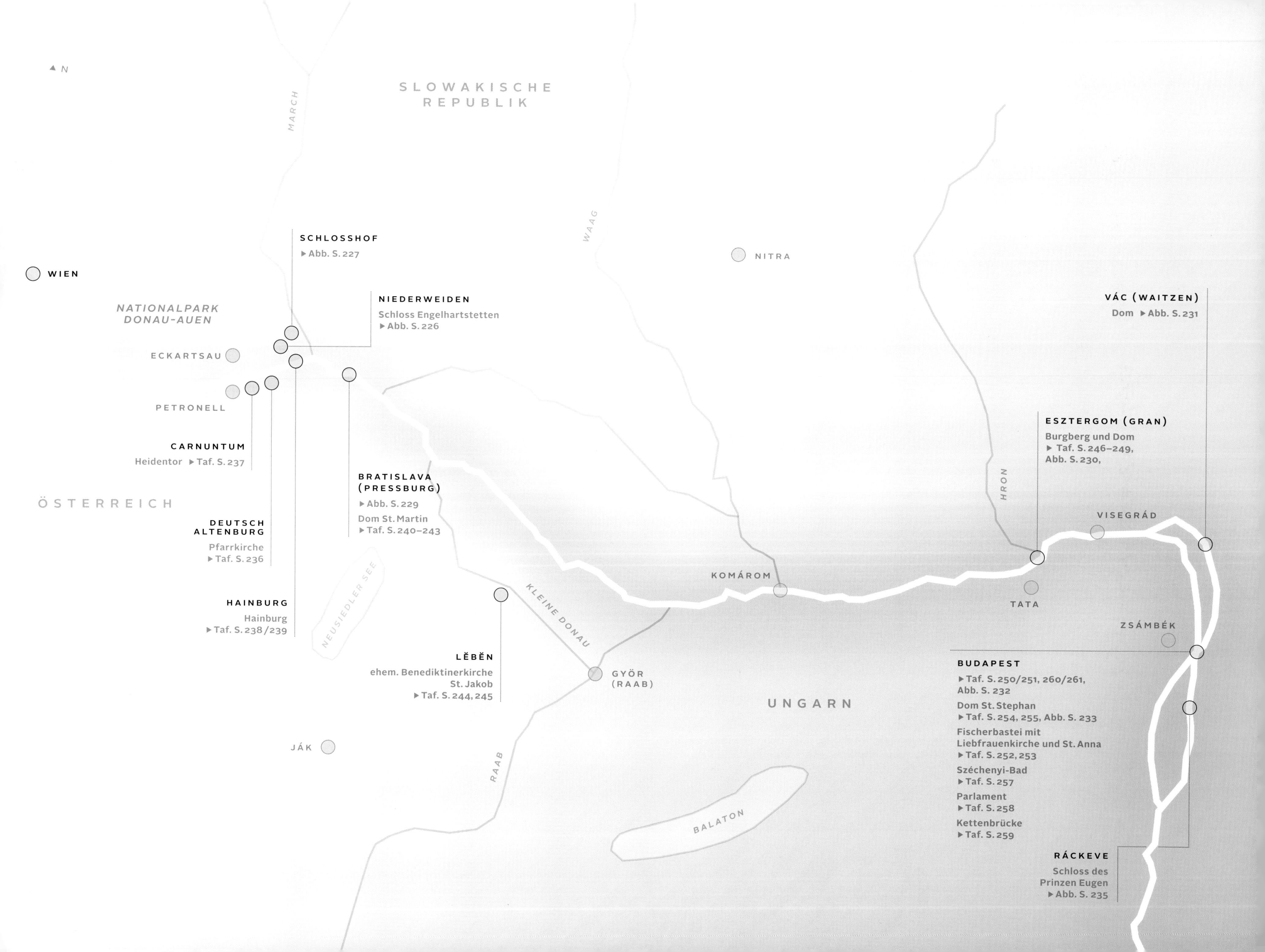
N
SLOWAKISCHE REPUBLIK
MARCH
WAAG
SCHLOSSHOF
▸ Abb. S. 227
NITRA
WIEN
NIEDERWEIDEN
Schloss Engelhartstetten
▸ Abb. S. 226
VÁC (WAITZEN)
Dom ▸ Abb. S. 231
NATIONALPARK DONAU-AUEN
ECKARTSAU
PETRONELL
ESZTERGOM (GRAN)
Burgberg und Dom
▸ Taf. S. 246–249,
Abb. S. 230,
CARNUNTUM
Heidentor ▸ Taf. S. 237
BRATISLAVA (PRESSBURG)
▸ Abb. S. 229
Dom St. Martin
▸ Taf. S. 240–243
HRON
ÖSTERREICH
VISEGRÁD
DEUTSCH ALTENBURG
Pfarrkirche
▸ Taf. S. 236
KOMÁROM
TATA
NEUSIEDLER SEE
KLEINE DONAU
HAINBURG
Hainburg
▸ Taf. S. 238/239
ZSÁMBÉK
LĔBĔN
ehem. Benediktinerkirche
St. Jakob
▸ Taf. S. 244, 245
GYÖR (RAAB)
BUDAPEST
▸ Taf. S. 250/251, 260/261,
Abb. S. 232
Dom St. Stephan
▸ Taf. S. 254, 255, Abb. S. 233
Fischerbastei mit
Liebfrauenkirche und St. Anna
▸ Taf. S. 252, 253
Széchenyi-Bad
▸ Taf. S. 257
Parlament
▸ Taf. S. 258
Kettenbrücke
▸ Taf. S. 259
UNGARN
JÁK
RAAB
BALATON
RÁCKEVE
Schloss des
Prinzen Eugen
▸ Abb. S. 235

WIEN — BUDAPEST

Das Marchfeld, das sich unterhalb von Wien links der Donau hinzieht, ist eine Region der Schlösser. Schloss **ORTH** ist eine Burg vom Kastelltypus, eine rechteckige Anlage mit Binnenhof und wuchtigen Türmen an den vier Kanten, vergleichbar dem Ursprungsbau der Wiener Hofburg. Das Nachbarschloss **ECKARTSAU**, zu welchem ursprünglich ein Seitenarm der Donau geführt hat, bevor der Fluss umgestaut worden ist, liegt direkt am 1996 gegründeten Nationalpark »Donau-Auen«, einem ehemaligen kaiserlichen Jagdgebiet. Der Park umfasst 9300 Hektar Gesamtfläche, davon 60 Prozent Auwald und 25 Prozent Wasser. Das Schloss entstand 1722 bis 1732 wohl nach Plänen des Joseph Emanuel Fischer von Erlach auf den Resten einer mittelalterlichen Wasserburg und wurde 1897/98 für den Thronfolger Franz Ferdinand zum Wohn- und Jagdschloss erweitert. Später war Eckartsau der Wohnsitz Kaiser Karls, des letzten Kaisers des Hauses Habsburg, der hier 1918 die Verzichtserklärung auf die ungarische Krone leistete.

Etwas abseits der Donau-Auen liegt in **NIEDERWEIDEN** Schloss Engelhartstetten, ein kleines Jagdschloss mit ovalem Mittelpavillon, das sich um 1693 Ernst Rüdiger Graf Starhemberg, der Kommandant Wiens bei der Verteidigung gegen die Türken, von Johann Bernhard Fischer von Erlach errichten ließ ▸ **Abb. rechts**. 1727 wurde das Schloss, das zu den Meisterwerken des Wiener Barock zählt, vom Prinzen Eugen, und 1755 von Maria Theresia erworben. Es war wohl Prinz Eugen, der es auf Zweistöckigkeit erhöhen und ihm die heutigen Dächer aufsetzen ließ. Der Ursprungszustand mit den für Fischer von Erlach charakteristischen Flachdächern ist auf einem Stich überliefert. In direkter Nachbarschaft zu Niederweiden liegt auf einer Anhöhe mit prächtiger Sicht auf die March und die Kleinen Karpathen **SCHLOSSHOF**, das größte der Marchfeldschlösser. Prinz Eugen ließ es 1725 bis 1727 von Lukas von Hildebrandt unter hohen Kosten zu einem repräsentativen Bau mit Ehrenhof und Kopfpavillons ausbauen. Auf dem zur March gerichteten Hang entstand zudem ein großer, höchst aufwendiger Park, den man in den letzten Jahren detailgetreu zu rekonstruieren begonnen hat. Den Ursprungszustand des später veränderten Schlosses und des Parks geben mehrere Veduten des Venezianers Bernardo Bellotto wieder ▸ **Abb. S. 227**.

Auf der rechten Donauseite, dem Marchfeld gegenüber, lagen im Bereich der heutigen Orte Petronell und Deutsch Altenburg das römische Legionslager und die Lagerstadt **CARNUNTUM**, beide jeweils mit einem eigenen Amphitheater. Hier an der Grenze der Provinzen Noricum und Pannonien war im 1. Jahrhundert n. Chr. die Legio XV Apollinaris stationiert, unter Kaiser Trajan dann um 114 die Legio XIV Gemina. Carnuntum war der Hauptstützpunkt des Kaisers Mark Aurel († 180) im Verteidigungskrieg gegen die Markomannen und Quaden. Hier wurde wenig später im Jahre 193 der Statthalter Oberpannoniens, Septimius Severus, von der pannonischen Legion zum Kaiser ausgerufen. Er regierte bis 211. Das Lager wurde nach 1885 freigelegt und aufgenommen, jedoch gleich wieder zugeschüttet. Die heutige Bundesstraße folgt dem Verlauf der Via principalis. Von den Römerbauten steht mitten in der Landschaft nur noch das sog. Heidentor aufrecht: zwei massive Pfeiler mit verbindendem Tonnengewölbe ▸ **Taf. S. 237**. Diese Reste gehörten zu einem Monument mit vier Pfeilern und vier Bögen, einem »arcus quadrifrons«, der wohl ein Ehrenbogen, vielleicht aus der ersten Hälfte des 3. Jahrhunderts, war.

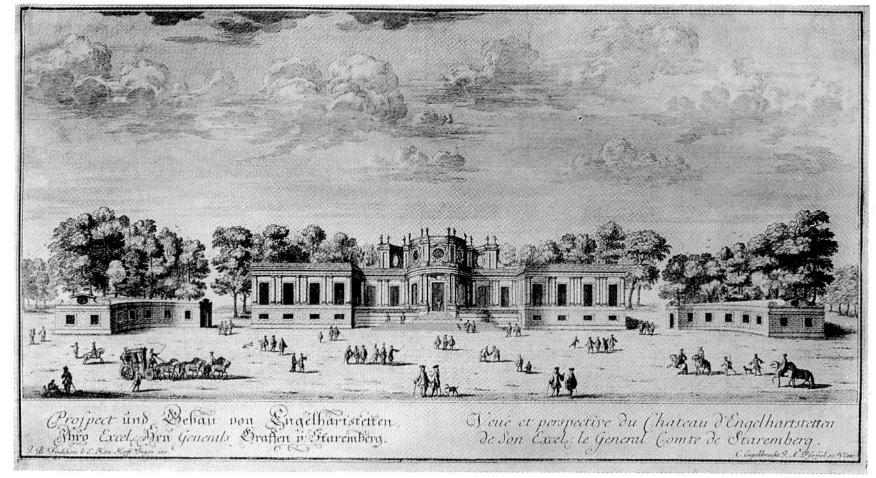

Engelhartstetten, Lustgebäude des Grafen Rüdiger von Starhemberg, Entwurf von Johann Bernhard Fischer von Erlach, Stich

In **PETRONELL** ließen sich die Grafen Abensberg-Traun 1660 bis 1667 durch Domenico Carlone und Carlo Canevale ein stattliches Schloss errichten, einen Vierflügelbau mit Ecktürmen und reich dekorierter Hoffassade (1673), das Ganze ein gutes Beispiel für die Wiener Architektur vor der Türkenbelagerung. Das zweite bedeutsame Bauwerk von Petronell, die romanische Rotunde mit Apsis, mutet zwar wie einer der in Österreich zahlreichen Karner an, doch fehlt das für Beinhäuser notwendige Untergeschoss, weshalb es sich bei der Rotunde wohl eher um eine Hospitalkirche der Johanniter gehandelt haben dürfte.

Die Kirche im Nachbarort **DEUTSCH ALTENBURG**, einem Bad mit Schwefelthermen, soll der Legende nach von König Stephan I. von Ungarn gegründet und nach Zerstörungen dann mit Unterstützung Kaiser Heinrichs III. wieder aufgebaut worden sein. Das spätromanische Langhaus der heutigen Kirche, entstanden nach 1213, ist eine Stiftung von zwei reichen Gutsherren, den Brüdern Dörr. Dieselbe Familie Dörr ließ später zwischen 1350 und 1380 den achteckigen Westturm mit seinen ungewöhnlichen spitzkantigen Strebepfeilern errichten sowie von etwa 1380 bis 1400 den überaus reichen Chor, der in engem Zusammenhang mit der Bauhütte von St. Stephan in Wien entstanden ist ▸ **Taf. S. 236**. Er stammt möglicherweise vom herzoglichen Baumeister Michael Knab aus Klosterneuburg. 1896 bis 1906 wurde der Chor gründlich restauriert. Seine äußere Erscheinung wird von Tabernakeln und hohen Fialen, sog. Riesen, welche die Strebepfeiler bekrönen, geprägt, das Ganze ein feines Juwel der Spätgotik. Einen reizvollen Kontrast hierzu bildet gleich daneben der romanische Rundbau des Karners. Dessen Portal ist, wie so oft bei österreichischen Karnern, ein Prachtportal, ausgezeichnet durch Säulen, die den abgetreppten Gewänden eingestellt sind.

Die Grenzstadt **HAINBURG** rechts der Donau ▸ **Taf. S. 238/239** zeichnet sich durch die gut erhaltene Befestigung der ersten Hälfte des 13. Jahrhunderts aus, die mit dem Lösegeld für den englischen König Richard Löwenherz finanziert worden sein soll. Sie verbindet die festungsartige, auf einem Berg gelegene Burg, heute Ruine, mit der Stadt. Das Wiener Tor mit seinen beiden aus Buckelquadern gebauten Rundtürmen, die später im oberen Teil miteinander verbunden worden sind, zählt zu den eindrucksvollsten Beispielen martialisch wehrhafter Architektur des Mittelalters.

Schloßhof, Schloss des Prinzen Eugen, Gartenseite, Gemälde von Bernardo Belotto, gen. Canaletto, 1758, Wien, Kunsthistorisches Museum

Bei der Porta Hungarica an der Grenze Österreichs zur Slowakei und zu Ungarn beginnt der Mittellauf der Donau. Sie fließt in eine große Ebene und teilt sich in drei weit auseinanderliegende Arme auf. Der Hauptarm in der Mitte bildet die Grenze zwischen der Slowakei und Ungarn. Die beiden äußeren Arme sind kleine Flüsschen, die sich mit zahllosen Windungen und Kehren mäanderartig durch das Land schlängeln: im Norden auf slowakischer Seite die Kleine Donau (Maly Dunaj), im Süden auf ungarischer Seite die Altenburger oder Wieselburger Donau (Mosoni Duna). Der Hauptarm durchfließt eine Auenlandschaft. Zwischen den drei Flussarmen liegen aufgeschwemmte Inseln: im Norden die Große Schüttinsel, die bis zu 25 km breit ist, im Süden die nur 10 km breite Kleine Schüttinsel. Diese Inseln sind über weite Strecken unberührte Sumpflandschaften und Vogelparadiese.

Unterhalb von Bratislava ist der Hauptarm zu einem See aufgestaut. Der größte Teil des Donauwassers wird dann über einen betonierten Kanal zum slowakischen Gabčikovo-Staudamm weitergeleitet, was zur Folge hat, dass die Auenlandschaft des ursprünglichen Hauptarms und die Kleine Schüttinsel allmählich austrocknen. Der Bau von zwei weiteren Staudämmen, der eine bei Esztergom, der andere weiter unten im Donauknie, wurde 1977 zwischen den kommunistischen Regierungen Ungarns und der damaligen Tschechoslowakei vertraglich vereinbart, doch zog Ungarn sich 1992 wegen gravierender ökologischer Schäden, die der Gabčikovo-Staudamm inzwischen verursacht hatte, von dem Projekt zurück.

Bei der alten ungarischen Bischofsstadt Esztergom (Gran) durchbricht der Fluss in einem engen Tal mit steil ansteigenden Hängen noch einmal einen Höhenzug: das Ungarische Mittelgebirge. Dann biegt er bei Vác vor dem unüberwindlichen Hindernis des 653 m hohen Naszály-Berges um 90 Grad nach Süden um und bildet so das Donauknie. Diese Richtung behält der Fluss danach für 500 km bei. Am Donauknie teilt er sich in zwei Arme, erreicht bald Budapest und fließt dann, zunächst immer noch mit zwei Armen, durch Ungarn weiter.

Als äußerster Eckpunkt der Slowakei liegt oberhalb des Grenzflusses March auf einem schroff und steil aufragenden Felsen die Ruine der Festung **DEVIN** (Theben). Auf dem Berg, der kontinuierlich seit der Jungsteinzeit besiedelt war, ließ zur Zeit des Großmährischen Reiches Prinz Rastislav (846–870) eine riesige Burg mit einer trikonchalen ausgemalten Kapelle errichten. Vor der Burg entstand eine befestigte Stadt, von der nur noch Teile der Mauer erhalten sind. Burg und Stadt wurden später von den Herren von Gara (1420–1459), den Grafen von Svätý Jur und Pezinok (1460–1521), den Báthory (1527–1605) und den Pálffy (1635–1935) immer weiter ausgebaut, bis Napoleon 1809 die Burg zerstören ließ. Seither war der Burgfelsen mit dem Türmchen auf einer Felsnadel, der sog. Nonne, ein beliebtes Motiv für die Künstler der Romantik.

Wenige Kilometer donauabwärts an den Grenzen zu Ungarn und Österreich, nur 60 km von Wien entfernt, folgt die ehemals ungarische Stadt **PRESSBURG** (ungarisch Pozsony). 1919 wurde sie der neu gegründeten Tschechoslowakei zugeschlagen und erhielt den Namen **BRATISLAVA**. Seit der Teilung des Staates 1993 ist Bratislava mit 430000 Einwohnern Hauptstadt der selbständigen slowakischen Republik.

Ursprünglich zum Großmährischen Reich gehörig, wurde die Stadt von den Ungarn erobert und besonders von König Stephan I. dem Heiligen gefördert. Sigismund von Luxemburg, der zweite Sohn Kaiser Karls IV., machte Pressburg, nachdem er König von Ungarn geworden war, zu seiner Residenz. Hier gründete König Matthias Corvinus 1465 eine Universität, die nach »Istros«, dem antiken Namen der Donau, »Universitas Istropolitana« genannt wurde. Als 1526 die Türken nach der Schlacht bei Mohácz die Hauptstadt Budapest besetzt hatten, erhob der ungarische Landtag 1536 Pressburg zur ungarischen Hauptstadt. Auf der Burg wurde auch die Stephanskrone, die wichtigste Insignie des Königreiches, verwahrt (heute im Ungarischen Nationalmuseum, Budapest).

Um 1900 galt Pressburg als ein Vorort von Wien und wurde 1914 durch eine elekrische Bahn mit Wien verbunden. Die Verkehrssprache war in erster Linie Deutsch, dann immer mehr Ungarisch und seit 1919 Slowakisch.

Das von ausgedehnten Plattenbausiedlungen der sozialistischen Zeit umgebene recht kleine historische Zentrum (ursprünglich »Posonium« genannt) ist eine gut erhaltene Barockstadt, unter deren Bürgerhäusern und Palais das imposante spätbarocke Primitialpalais, vollendet 1781, herausragt. Es wurde von Melchior Hefele für Kardinal Joseph Battyány, den Erzbischof von Esztergom und Primas der ungarischen Kirche, errichtet, ausgezeichnet durch eine repräsentative Fassade mit Risalit in Form einer strengen klassischen Tempelfront. Im Spiegelsaal des Palais wurde 1805 nach der Schlacht von Austerlitz das Pressburger Abkommen getroffen, das Napoleon auf den Gipfel seiner Macht erhob.

Beherrscht wird das Stadtbild ▸ **Abb. S. 229** von der hoch gelegenen Burg, einem weithin sichtbaren kastenförmigen Vierflügelbau mit schlanken Türmen an den vier Kanten, im Volksmund der »umgekehrte Tisch« genannt. Hier

Ende des 9. Jahrhunderts drängte ein neues gefährliches Reitervolk in die von der Donau durchflossene Pannonische Tiefebene: die Ungarn (Magyaren) unter Führung des Árpád. Sie stammten aus dem Gebiet des Ural und waren die Wolga abwärts, dann am Nordrand des Schwarzen Meeres entlang und schließlich donauaufwärts gezogen, bis sie 895 über die Karpatenpässe das heutige Ungarn in Besitz nahmen. Sie eroberten binnen Kurzem Pannonien bis zur Enns sowie das neu gegründete Großmährische Reich, den ersten slawischen Staat Mitteleuropas. In den Jahren von 898 bis 955 fielen die Ungarn nicht weniger als 33-mal plündernd und mordend im ostfränkischen Reich ein. Besonders heimgesucht war immer wieder Bayern, wo man sich durch Fliehburgen und Stadtbefestigungen zu schützen suchte. Am Ende vermochte König Otto I., der spätere Kaiser Otto der Große, aus allen Stämmen des ostfränkischen Reiches – Bayern, Schwaben, Franken und Sachsen – erstmals ein Reichsheer zu vereinen, das zudem durch böhmische Truppen verstärkt war. Dieses Heer vernichtete 955 unter Ottos Führung in einer zweitägigen Schlacht auf dem Lechfeld vor den Toren der hart bedrängten Stadt Augsburg das ungarische Heer und beendete damit die Plünderungszüge aus dem Osten. Die Lechfeldschlacht gilt als Geburtsstunde des Deutschen Reichs, das freilich noch für Jahrhunderte »Römisches Reich« genannt wurde, seit Kaiser Barbarossa sogar in Angleichung an die »Sancta Ecclesia Romana« nunmehr »Sacrum Imperium Romanorum«, Hl. Römisches Reich.

In Nachbarschaft zur bayerischen Ostmark, die Kaiser Otto II. 976 dem Geschlecht der Babenberger übergab, entstand nun unter den Arpaden, den Nachkommen Árpáds, das Königreich der inzwischen sesshaft gewordenen Ungarn. Auf Drängen des eifrig missionierenden Passauer Bischofs Pilgrim ließ 973 Großfürst Géza (Geisa), der Heide war, seinen Sohn und Thronfolger Vajk taufen. Dieser erhielt den Namen des Passauer Bistumspatrons Stephan. Die Taufe fand angeblich in Bamberg statt, dem Stammsitz der Babenberger. Um die nachbarschaftlichen Beziehungen zu Bayern zu stärken, heiratete der junge Stephan 997 Gisela, die Tochter des bayerischen Herzogs Heinrich des Zänkers. Giselas Bruder Heinrich wurde später als Heinrich II. Kaiser des Römischen Reiches.

Die Christianisierung der Ungarn setzte Stephan (ungarisch István) mit rücksichtsloser Härte durch und gründete zur Organisation der Kirche zehn Bistümer mit Esztergom (Gran) an der Donau als Sitz des Fürstprimas. Im Jahre 1001 empfing Stephan von Papst Sylvester II., wohl mit Einverständnis Kaiser Ottos III., die Königskrone. Die erhaltene »Stephanskrone«, die wichtigste und berühmteste Insignie der ungarischen Geschichte, ist allerdings erst später angefertigt worden. In Esztergom wurde Stephan zum apostolischen König gesalbt. Trotz dieser von Rom ausgehenden Initiative war Ungarn von nun an ein selbständiges Königreich ohne Lehnsabhängigkeit. Hierbei war es von entscheidender Bedeutung, dass die ungarische Kirche, obwohl im Grenzbereich byzantinischen Einflusses, nicht orthodox, sondern katholisch war und somit Rom unterstand. Seither war und blieb Ungarn nach Westen ausgerichtet. 1038 starb König Stephan und wurde 1083 heiliggesprochen. Seine Gemahlin Gisela kehrte nach Bayern zurück, wo sie um 1042 in das Passauer Kloster Niedernburg eintrat und dort Äbtissin wurde. Zwanzig Jahre später starb sie.

Das Königreich Ungarn, dessen natürliche Westgrenze zur Ostmark durch die Flüsse March und Leitha gebildet wurde, expandierte. Das Gebiet der heutigen Slowakei bis zur Porta Hungarica und nach Norden hinauf bis in die Zips, die an das polnische Galizien grenzt, wurde einverleibt (bis 1918 »Oberungarn«), ebenso das bevölkerungsarme Transsilvanien bis zum Karpatenbogen. Zudem konnte Kroatien, das seit 924 ein von der römischen Kirche gegründetes Königreich war, 1102 in Personalunion mit dem Königreich Ungarn vereint werden, ein Zustand, der bis 1918 anhielt. Die ungarischen Könige, insbesondere Géza II. (1141–1162) und dessen Enkel Andreas II. (1204–1235), holten in die dünn besiedelten Grenzregionen zahlreiche ausländische Kolonisten (»Hospites Regni«) und gewährten ihnen, damit sie auch kamen, beispiellose, fest verbriefte Sonderrechte und Freiheiten, so z. B. in Transsilvanien den Siedlern aus der Rhein- und Moselgegend, den sog. Siebenbürger Sachsen.

Nach den Verwüstungen im Mongolensturm 1241 erlebte Ungarn unter den Königen Karl Robert (1307–1342) und Ludwig dem Großen (1342–1382), beide aus dem französischen Haus Anjou, eine wirtschaftliche und kulturelle Blüte. Danach gelang es dem jüngeren Sohn Kaiser Karls IV., Sigismund, durch Heirat mit Maria von Ungarn 1387 die ungarische Königskrone zu erwerben. 1410 wurde er deutscher König und 1433 Kaiser. Das Hl. Römische Reich und die Königreiche Böhmen und Ungarn waren jetzt unter einem einzigen Herrscher vereint. Bedroht war Ungarn schon damals durch den Vormarsch der Türken an der Donaulinie. Die beiden Kreuzzüge gegen die Türken 1396 und 1444 hatten in katastrophalen Niederlagen geendet, doch gelang es dem ungarischen Reichsverweser János Hunyadi, die Türken 1456 bei Belgrad zu besiegen und so für mehrere Jahrzehnte den Vormarsch zu stoppen. Hunyadis Sohn Matthias mit dem Beinamen Corvinus wurde vom ungarischen Komitatsadel und den Baronen zum König gewählt. Seine Regierung (1458–1490) erwies sich als segensreich für Ungarn. Seit 1469 war Matthias zugleich König von Böhmen, musste sich aber dort die Herrschaft mit dem Gegenkönig Wladislaw, einem Spross des jagiellonischen polnischen Königshauses, teilen. Beide waren hochkultivierte Förderer der Künste und Wissenschaften und bauten ihre Regierungssitze Prag und Buda zu prachtvollen Residenzen aus. Nach dem Tode des Matthias Corvinus 1490 wurde sein böhmischer Konkurrent Wladislaw († 1516) sein Nachfolger in Ungarn. Als der neue türkische Sultan Süleyman der Prächtige das durch Bauernaufstände geschwächte Königreich Ungarn angriff, wurde 1526 die kleine ungarische Armee bei Mohács an der Donau (am heutigen Dreiländereck Ungarn, Kroatien und Serbien) vernichtet, und der erst 20-jährige König Ludwig II., der Sohn Wladislaws, kam ums Leben. Sein Nachfolger wurde aufgrund des Heirats- und Erbvertrages von 1515 Erzherzog Ferdinand von Österreich, der Bruder Karls V. und spätere Kaiser Ferdinand I. In der Folgezeit wurde Ungarn bis zur Donau türkisch, Oberungarn aber (die heutige Slowakei) konnte von Habsburg gehalten werden. Statt Budapest wurde Pressburg ungarische Hauptstadt.

hatte König Béla IV. 1245 einen Wohnturm errichten lassen, der um 1250 von rechteckigen Mauern umfasst wurde, den Außenmauern der heutigen Burg. Im 15. Jahrhundert wurde die Anlage unter König Sigismund ausgebaut und erhielt eine prachtvolle Schlosskapelle. 1811 brannte die Burg ab und wurde erst 1953 wiederhergestellt.

Die bedeutendste Kirche der Stadt ist die ehemalige Propstei- und Pfarrkirche St. Martin, der heutige Dom, eine Hallenkirche des 14. und 15. Jahrhunderts, begonnen 1302 anstelle einer romanischen Kirche, vollendet 1452 ▸ **Taf. S. 240**. In der Kirche fanden von 1563 bis 1830 insgesamt 19 Krönungen statt (10 Könige, eine Königin, nämlich Maria Theresia, alle aus dem Hause Habsburg, sowie 8 Königsgemahlinnen). Als 1725 Emmerich (Imrich) von Esterházy Erzbischof von Esztergom geworden war, ließ er das Innere von St. Martin barockisieren. Er holte den Bildhauer Georg Raphael Donner nach Pressburg, der hier elf Jahre lebte und für den Hochaltar in Bleiguss die Figurengruppe des hl. Martin mit dem Bettler schuf, ein hochvirtuoses Meisterwerk von Weltrang, wobei der reitende Martin hinreißend als ungarischer Husar wiedergegeben ist ▸ **Taf. S. 241**. Der Altar wurde 1865 abgebrochen. Die Martinsgruppe blieb in der Kirche als Einzelkunstwerk erhalten, während die beiden ehemals zugehörigen adorierenden Engel ins Museum nach Budapest gelangten.

Das moderne Wahrzeichen der Stadt ist die 1967 bis 1972 errichtete Donaubrücke, damals der ganze Stolz der sozialistischen Ingenieurskunst ▸ **Abb. rechts**. Die Brücke von 430 m Länge und 21 m Breite ist eine asymmetrische Hängekonstruktion mit einem gewaltigen, schief stehenden Pylonenpaar, auf dessen Krone ein Restaurant eingerichtet wurde. Von der Brücke führt eine Autobahn, für die das ehemalige Judenviertel planiert werden musste, durch die Altstadt. Die verkehrsreiche Straße trennt den Burgberg und die wenigen Reste des Judenviertels einschneidend von der Altstadt ab, eine der brutalsten städtebaulichen Sünden der letzten Jahrzehnte.

Bratislava (Pressburg), Blick auf Burg und Donaubrücke

Ab Bratislava ist die Donauregion bis Budapest weniger reich an bedeutenden historischen Stätten als vorher. Die Bischofsstadt **GYÖR** (Raab) an der Einmündung der Rába (Raab) ist nach der vierjährigen Besetzung durch die Türken (1594–1598) im 17./18. Jahrhundert als Barockstadt wiederaufgebaut worden, wobei der romanische Dom, dessen drei fast gleich hohe Apsiden erhalten blieben, 1639 bis 1645 durch einen Neubau von Giovanni Antonio Rava ersetzt wurde. Kurz zuvor, 1634 bis 1641, war nach Plänen des Florentiners Baccio di Bianco die Jesuitenkirche entstanden, ein Saalbau mit Abseitenkapellen und einer Zweiturmfassade nach dem Muster der ein Jahrzehnt früher errichteten Jesuitenkirche in Wien. Die beiden Türme in Györ kamen allerdings erst im 18. Jahrhundert hinzu. Es folgte 1721 bis 1725 die Karmeliterkirche, eine Rotunde mit Seitenkapellen, die der Tiroler Martin Athanasius Witwer, ein Mitglied der Karmeliter, entworfen hat.

Westlich von Györ steht in **LĚBĚN** die romanische Benediktinerkirche St. Jakob, entstanden um 1210 ▸ **Taf. S. 244, 245**. Die Kirche, deren ursprüngliche Kreuzrippengewölbe des Mittelschiffs 1631 durch ein barockes Tonnengewölbe ersetzt werden mussten, ist die älteste der drei berühmten ungarischen Geschlechter- oder Sippenkirchen, so benannt nach den adeligen Stiftergeschlechtern, die die Bauten finanzierten und in ihnen nicht nur eine Patronatsempore, sondern auch ihre Begräbnisstätte einrichteten. Die Geschlechterkirchen sind steile dreischiffige querhauslose Basiliken mit drei Parallelapsiden, Bündelpfeilern und Kreuzrippengewölben. Am Außenbau machten die Stifter ihren Staat mit einer mächtigen Zweiturmfront im Westen und einem Prunkportal, dessen reiche Bauzier dem Riesentor von St. Stephan in Wien Konkurrenz macht. Diese Fassaden sind sichtlich als Statussymbole der Geschlechter

MARIA THERESIA IN PRESSBURG

Für das Haus Habsburg ging es im Österreichischen Erbfolgekrieg um die Anerkennung der »Pragmatischen Sanktion«, d. h. der weiblichen Thronfolge. Maria Theresia, die Tochter des 1740 gestorbenen Kaisers Karl VI., war zwischen den europäischen Großmächten isoliert und von Frankreich, Preußen, Bayern und Sachsen bedroht. In ihrer Not wandte sie sich an den am wenigsten verlässlichen Teil der Monarchie, an Ungarn, und erschien 1741 beim Landtag in Pressburg. Hier wurde sie, die man als sehr weiblich und attraktiv empfand, zunächst öffentlich zum Teufel gewünscht, doch gewann sie dann schnell die Abgeordneten, die sie hochleben ließen (Vivat domina et rex noster!) und versprachen, Leben und Blut zu opfern (Vitam et sanguinem consecramus) und für unseren König Maria Theresia zu sterben (Moriamur pro rege nostro Maria Theresia). Obwohl weiblich, wurde sie hier als König und nicht als Königin bezeichnet, da ein regierendes Staatsoberhaupt nach ungarischer Vorstellung männlich sein musste. Maria Theresia, damals 24 Jahre alt, hatte die Ungarn auf der ganzen Linie gewonnen. So war es nur folgerichtig, dass der Landtag der Mitregentschaft ihres Gatten Franz Stephan von Lothringen zustimmte und außerdem Gelder für eine etwa 100000 Mann starke Armee bewilligte, die sie, insbesondere gegen den Preußenkönig Friedrich d. Gr., dringend benötigte.

gedacht. Eine weitere Kirche von diesem Typus steht nahe der Donau in **ZSÁMBÉK** bei Budapest, seit dem Erdbeben in den 60er Jahren des 18. Jahrhunderts eine eindrucksvolle Ruine. Das dritte und reichste Beispiel ist St. Georg in **JÁK** in Westungarn nahe der Grenze zur österreichischen Steiermark.

In Sichtweite zu Györ liegt landschaftsbeherrschend auf einem Berg eines der geistlichen Zentren Ungarns: die Benediktinerabtei **PANNONHALMA**, gegründet 996 von Großfürst Géza und besiedelt von Mönchen aus Italien. König Stephan I. der Heilige stattete die Abtei 1001 mit Grundbesitz aus und gewährte Privilegien, die denen der benediktinischen Mutterabtei Montecassino entsprachen. Seither war Pannonhalma der Mittelpunkt des benediktinischen Lebens in Ungarn. In den Türkenkriegen wurde das Kloster, das zur Festung ausgebaut war, mehrfach belagert und brannte 1575 nieder. Der Wiederaufbau begann 1699. Die heutige klassizistische Außenerscheinung stammt aus der Zeit um 1830, als Janós Packh und Joseph Engel die Bibliothek und den hohen Turm mit der aufgesetzten Ringkolonnade errichteten. Die Kirche, geweiht 1224, ist eine spätromanische Basilika mit Kreuzrippengewölben. Besonders aufwendig ist das vom Kreuzgang in die Kirche führende Südportal, die »Porta speciosa«, im reizvollen Kontrast von schlanken Säulenpaaren aus rotem Marmor und Kapitellen aus weißem Kalkstein.

Von großer militärischer Bedeutung war auf halber Strecke zwischen Pressburg und Budapest die an beiden Ufern der Donau gelegene Doppelstadt **KOMÁROM**. Die Festung auf der heute slowakischen Seite (Komárno) an der Mündung der Váh (Waag) wurde Ende des 16. Jahrhunderts von italienischen Ingenieuren mit Wassergräben und spitzwinkligen Bastionen angelegt. Sie wurde nie erobert, anders als die ähnlich angelegte Festung im nahe gelegenen Neuhäusel (Nové Zámky), die 1664 in türkische Hand fiel. In Komárno suchte während der napoleonischen Kriege das Habsburger Kaiserhaus Zuflucht. Die Stadthälfte Komárom auf der ungarischen Seite wurde erst 1850 bis 1871 durch die gewaltige Festung Monostori mit uneinnehmbaren Erdbastionen, Gräben und Kasematten geschützt, die größte Festung Mitteleuropas aus dieser Zeit. Sie wurde nie belagert.

Eine weitere Festung gegen die Türken war **TATA**, ursprünglich eine Burg der Familie Lackffy, die 1397 in königlichen Besitz überging. König Matthias Corvinus ließ die Burg, die idyllisch an einem See liegt, zur Festung ausbauen. Sie wurde mehrfach erobert und zurückerobert. Erhalten ist außer den Bastionen und einem dicken Vierkantturm der gotische Palas mit eleganten Drillingsarkaden in den Fenstern; eines der schönsten mittelalterlichen Profangebäude in Ungarn.

Am Eingang des Donaudurchbruchs durch das Ungarische Mittelgebirge liegt erhöht auf einer rechtsseitigen Uferterrasse **ESZTERGOM** (Gran, Strigonia),

Esztergom, links: Burgberg mit Dom, rechts: Dom, Bakócz-Grabkapelle

Ungarns »Heiliger Berg«, von wo die Christianisierung und die Staatsgründung Ungarns ihren Ausgang genommen haben ▸ Taf. S. 246/247 und Abb. links. Hier befand sich das römische Lager Solva Mansio, in dem Kaiser Mark Aurel zwischen 170 und 180 n. Chr. seine Selbstbetrachtungen geschrieben hat.

An diesem Ort gründete um 970 der heidnische Großfürst Géza, der wenig später seinen Sohn und Thronfolger Vajk christlich auf den Namen Stephan (ungarisch István) taufen ließ, seinen Regierungssitz. Stephan, seit 1001 König und 1083 heiliggesprochen, erhob Esztergom zum Erzbistum. Der Burgberg und die Siedlung hatten bald den Rang der ungarischen Hauptstadt; König und Erzbischof residierten hier gemeinsam.

König Stephan ließ auf dem Burgberg seit 1010 einen Dom errichten, geweiht dem hl. Adalbert, dem Bischof von Prag und Erzieher Stephans. Ende des 12. Jahrhunderts wurde der Dom nach einem Brand wiederhergestellt und gewölbt. Er war eine im Travée-System angelegte dreischiffige Basilika mit drei Apsiden, aber ohne Querhaus. Besonders aufwendig war das Portal, die prächtige »Porta speciosa«, die wenig später in Pannonhalma nachgeahmt wurde. In der zweiten Hälfte des 12. Jahrhunderts erweiterte man den Dom durch einen dreischiffigen Ostbau. Zu einer prächtigen Residenz ausgebaut wurde die Burg von König Béla III., der in Byzanz erzogen worden war. König Béla IV. verlegte 1242 nach dem Mongolensturm die Residenz nach Ofen (Budapest) und schenkte das Schloss von Esztergom dem Erzbischof.

1543 nahmen die Türken unter Süleyman die Burg ein, doch konnte sie 1595 von Habsburg nach einem fürchterlichen Kanonenbeschuss zurückerobert werden. 1605 fiel sie wieder an die Türken und 1683 an den Polenkönig Jan Sobieski, der die Türken endgültig vertrieb. Während dieser Kriege wurden Burg und Dom immer weiter zerstört, die Trümmer zugeschüttet und teilweise eingeebnet, bis der Burgberg am Ende eine einzige große Bastion war. Bei den Grabungen der 1930er und 1960er Jahre konnten große Teile der Burg freigelegt und anschließend unter Nutzung der vorgefundenen originalen Werkstücke rekonstruiert werden.

Der architektonisch wichtigste der rekonstruierten Räume ist die kleine rippengewölbte Burgkapelle, die aus nur einem Joch mit Apsis besteht. Die Apsis ist ein wahres Kleinod der frühen Gotik: Vor der Rundung der Wand stehen Arkaden mit gestelzten Spitzbögen und frei gestellten, äußerst dünnen Doppelsäulen; das Ganze ein Meisterwerk von offensichtlich französischen Werkleuten, die wohl auf Veranlassung der französischen Gattin König Bélas III., Marguerite Capet, nach Ungarn geholt worden waren. Rekonstruiert wurde außerdem die Porta speciosa des Adalbert-Doms.

Der heutige Dom, die größte Kirche Ungarns, entstand seit 1822, nachdem kurz zuvor der erzbischöfliche Sitz nach Esztergom zurückverlegt worden war ▸ Abb. links. 1856 konnte der Dom in Anwesenheit Kaiser Franz Josephs geweiht werden. Hierbei erklang erstmals die von Franz Liszt eigens zu diesem Anlass komponierte »Graner Messe«. Die Bauleitung hatte Paul Kühnel inne, dann dessen Neffe Janós Packh und zuletzt der Baumeister von Eger (Erlau), József Hild. Der Dom ist ein klassizistischer Zentralbau mit einer gewaltigen Tambourkuppel von 34 m im Durchmesser. Die Außenerscheinung der Kuppel wird bestimmt von einer Ringkolonnade aus 24 Säulen, ähnlich wie bei vielen anderen Kuppeln in der ganzen Welt, deren Urbild Bramantes unausgeführter Entwurf für die Kuppel von St. Peter in Rom ist (London, Paris, St. Petersburg, Washington, Potsdam usw.). Den Eingang zum Dom bildet eine Tempelfront mit acht Riesensäulen, ein mächtiger klassischer Portikus, der laut Inschrift zum Ausdruck bringt, dass dies das Haupt, die Mutter und die Meisterin der Kirchen Ungarns sei (»Caput mater et magistra ecclesiarum Hungariae«). Das großräumige, etwas kahle Innere, dessen Kuppelzentrum letztlich auf St. Peter in Rom zurückgeht, ist von leerer, kalter Pracht. Aus dem alten Dom in den Neubau transloziert wurde die 1506/07 für Erzbischof Thomas Bakócz von italienischen Bauleuten errichtete Grabkapelle, ein florentinisch geprägter Renaissancebau ▸ Abb. links. Die Skulpturen des Altars fertigte Andrea Ferrucci in Florenz und schickte von dort die Werkstücke 1519 nach Ungarn.

Auf Esztergom folgt wenige Kilometer flussabwärts im Donaudurchbruch rechtsseitig der historisch bedeutsame Ort **VISEGRÁD**. Der Name ist slawisch und bedeutet »Hochburg«. Hier ließ König Béla IV. auf hohem Berg eine Festung anlegen. König Karl I., der aus dem Hause Anjou stammte, verlegte 1316 seine Residenz nach Visegrád in den Schutz der Festung und errichtete am Berghang einen königlichen Palast. Diesen ließ König Matthias Corvinus für sich und seine Gattin Beatrix von Aragon aufwendig zu einem Schloss umgestalten und erweitern, teils von einheimischen Meistern, die noch gotisch bauten, teils von Meistern der italienischen Renaissance. Die Pracht und Vielfalt der weiträumigen Anlage mit Höfen, Sälen, Brunnen, Gärten, Fischteichen, Sportplätzen, einer Pferderennbahn usw. wurde von den Zeitgenossen auf das Höchste gerühmt. 1483 nannte der päpstliche Gesandte das Schloss, das über 350 Räume, hängende Gärten und eine Freitreppe zur Donau habe, ein Paradies auf Erden. Nachdem die Türken das Schloss zerstört hatten, verschwanden die Reste später unter Erdrutschen und kamen erst 1934 bei einer Grabung wieder zum Vorschein. Seither wurde der Matthias-Palast zur Gänze freigelegt und mühevoll aus den Trümmern rekonstruiert, so vor allem der Hof mit seinen spätgotisch gewölbten Galerien. Vom Palast der Beatrix hingegen ist bislang nur sehr wenig ergraben.

Unmittelbar hinter dem Donauknie liegt am linken Ufer die alte Bischofsstadt **VÁC** (Waitzen). Nach den Verwüstungen in den Türkenkriegen entstand die heutige barocke Stadt mit ihrer von drei Kirchen geprägten Silhouette: dem Dom, der Franziskanerkirche und der doppeltürmigen Piaristenkirche. Der Dom ▸ Abb. oben, entstanden bald nach 1760, ist ein sehr frühes Beispiel des Klassizismus, insbesondere die kantige Zweiturmfassade, die mit ihrem Säulenportikus bereits die französische Revolutionsarchitektur ahnen lässt. Der Architekt war der Wiener Hofbaumeister Isidore Canevale, der den 1760 berufenen, noch dem Barock verpflichteten Franz Anton Pilgram bald ablöste.

Vác, Dom, Fassade von Isidore Canevale

BUDAPEST

Die Geschichte von Ungarns Hauptstadt Budapest reicht bis in die Altsteinzeit zurück. Später, im 6. Jahrhundert vor Chr., siedelten hier Skythen, dann Kelten. Im heutigen Stadtteil Óbuda (Alt-Ofen) legten die Römer im 1. Jahrhundert nach Chr. am rechten Ufer das Legionslager Aquincum an, verbunden mit einer großen Lagerstadt, die 194 von Kaiser Septimius Severus zur Colonia erhoben wurde. Als Regierungssitz des Statthalters von Unterpannonien (Pannonia Inferior), dessen Palast auf einer Donauinsel lag, war Aquincum die wichtigste und größte Römerstadt an der gesamten Donau. Es gab hier sechs öffentliche Thermenanlagen sowie zwei Amphitheater, von denen das größere aus dem Jahre 145 eine Ellipse von 131 m Länge und 107 m Breite bildete. Es war das größte Amphitheater nördlich der Alpen und fasste 15 000 Zuschauer. Von der Zivilstadt ist etwa ein Drittel ausgegraben und als archäologischer Park mit Museum zugänglich gemacht. Im 5. Jahrhundert nach dem Niedergang der Römerherrschaft ist in Aquincum eine christliche Gemeinde bezeugt; es gab hier eine Doppelkirche und einen bischöflichen Palast. Später legten die ungarischen Könige in Óbuda eine prachtvolle Wasserburg an, in der König Béla III. 1189 Friedrich Barbarossa auf dessen Weg zum Kreuzzug empfing. Mit der Etzelburg der Nibelungensage (s. S. 91) war entweder diese Wasserburg oder eines der antiken Amphitheater gemeint.

Budapest entwickelte sich aus drei verschiedenen, ursprünglich selbständigen Siedlungen: Óbuda und Buda auf der rechten, bergig ansteigenden Donauseite und Pest auf der linken, ebenen Seite. Das slawische Wort »Pest« bedeutet »Ofen«, und die deutschen Siedler übertrugen den Namen »Ofen« auf die gegenüberliegende Stadt »Buda«, die daraufhin bei den Deutschen »Ofen« hieß. Im Mongolensturm 1241 ging das ungarische Reich unter. Nach dem plötzlichen Abzug der Mongolen ein Jahr später siedelte König Béla IV., Ungarns zweiter Staatsgründer, die Bevölkerung von Pest nach Buda um und ließ auf dem Burgberg die neue ungarische Hauptstadt mit Befestigung und Liebfrauenkirche (geweiht 1269) errichten. Buda wurde zum Zentrum des Fernhandels, während ins entvölkerte Pest vornehmlich deutsche Siedler nachrückten. 1470 erhielt Pest dieselben Rechte wie die Königsstadt Buda. Damals hatten beide Städte zusammen etwa 25 000 Einwohner. König Sigismund, der 1433 Kaiser wurde, ließ um 1400 die Burg von Buda, wohl von einem Meister der Prager Dombauhütte, zu einem Palast mit reichem Zierat ausbauen, und König Matthias Corvinus modernisierte die Anlage im Stile der italienischen Renaissance. Zugleich legte er die berühmte »Bibliotheca Corviniana« an. Die Burg war jetzt eine der prächtigsten und berühmtesten europäischen Residenzen.

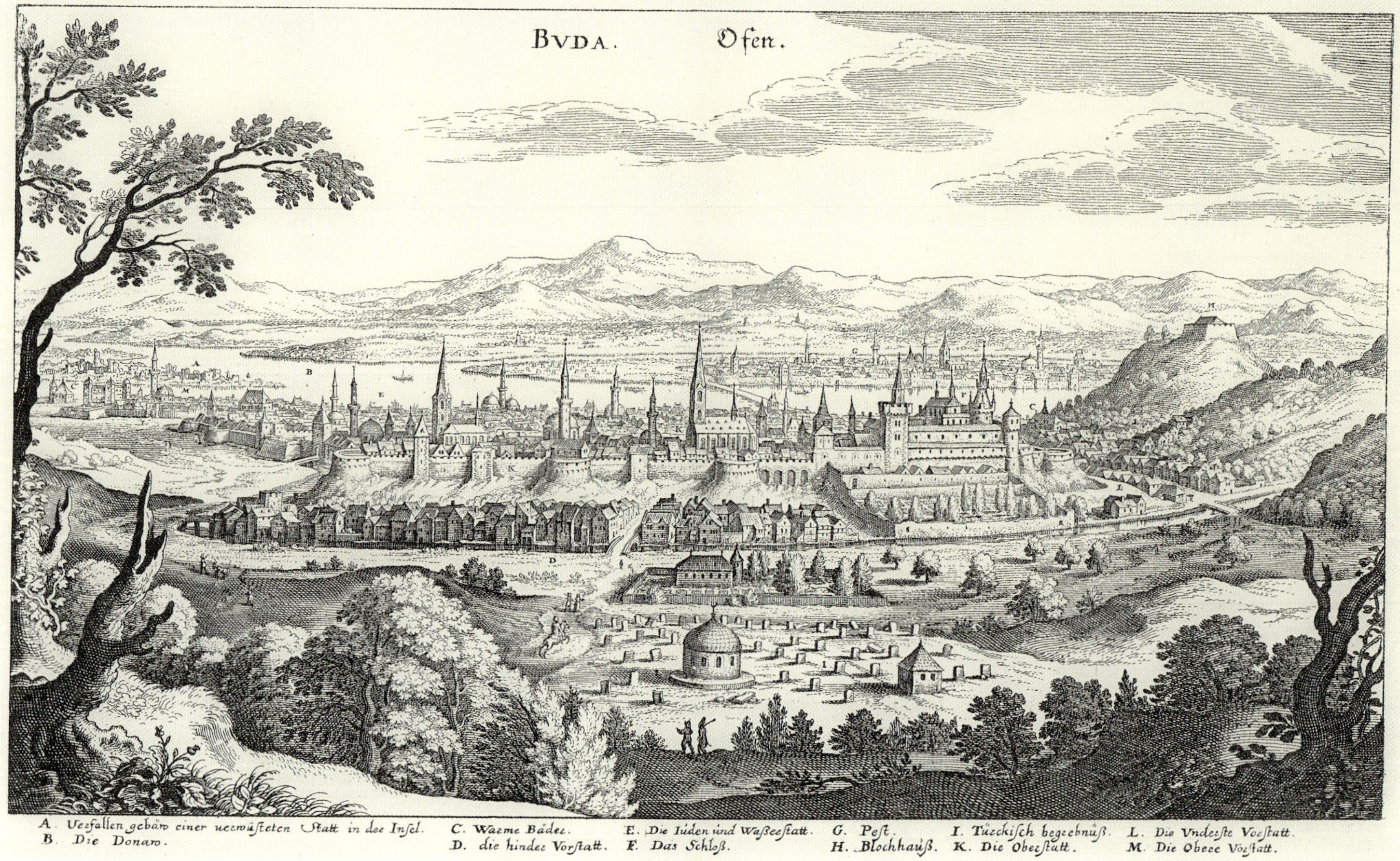

Budapest, Stich von Matthäus Merian, 1641

1526 zog der türkische Oberbefehlshaber Süleyman nach der Schlacht von Mohács ohne Gegenwehr in Buda ein und nahm das Residenzschloss in Besitz. Doch erst 1541 wurden Buda und Pest dem türkischen Reich einverleibt. Der größte Teil Ungarns blieb für 150 Jahre türkische Provinz. Das Schloss nutzten die Türken als Pulverarsenal. Dieses flog 1578 in die Luft, wobei nicht nur das Bauwerk, sondern auch die berühmte Bibliothek des Matthias Corvinus vernichtet wurde. In der Türkenzeit gab es in der Stadt vier Hauptmoscheen und 34 kleinere Moscheen, deren Minarette das Stadtbild bestimmten, wie der Kupferstich des Matthäus Merian von 1641 zeigt ▸ **Abb. oben.** Zudem erbauten die Türken vier große überkuppelte Thermalbäder, von denen drei noch heute in Betrieb sind: das Königsbad, das Rudasbad und das Veli-Bey-Bad.

1684 ergaben sich Pest und zwei Jahre später nach mehr als zweimonatiger Belagerung auch Buda den Habsburger Truppen, wobei der Artilleriebeschuss nun auch die Reste der Burg endgültig in Trümmer legte. Die beiden Städte, zwischen denen lange nur eine Schiffsbrücke bestanden hatte, wurden 1839 bis 1848 von den englischen Ingenieuren William und Adam Clark durch die berühmte, 380 m lange Kettenbrücke verbunden ▸ **Taf. S. 259, 260/261**, eine technische Großtat, die es ermöglichte, dass die beiden Städte 1872 zur Doppelstadt Budapest vereint werden konnten.

Der Stadtteil Pest überflügelte bald das historisch wichtigere Buda, wo der junge Kaiser Franz Joseph 1851 auf dem Gellertberg eine Zitadelle zur Abschreckung ungarischer Aufständischer errichten ließ. Nachdem der Kaiser 1867 der Eigenstaatlichkeit Ungarns hatte zustimmen müssen, erlebte Budapest einen rasanten Aufstieg. 1880 lebten hier 400000 Einwohner, 1918 bereits über eine Million. Getragen vom ungarischen Nationalstolz, wurde die Stadt zu einer der glänzendsten europäischen Metropolen ausgebaut ▸ **Taf. S. 250/251.** Von der älteren Architektursubstanz war nur noch wenig vorhanden, so vor allem die zweitürmigen Barockbauten der Universitätskirche in Pest und St. Anna in der Wasserstadt von Buda. In Pest entstand seit 1851 nach Plänen des klassizistischen Baumeisters József Hild der Kirche St. Stephan als neues kirchliches Zentrum ▸ **Taf. S. 254, 255, Abb. rechts.** Sie ist ein gewaltiger kreuzförmiger Zentralbau mit einer 96 m hohen Tambourkuppel, die der Kuppel von Esztergom Konkurrenz macht, und mit einer Zweiturmfassade, deren Mittelteil im Stile der Neorenaissance auf S. Andrea in Mantua von Leon Battista Alberti zurückgeht. Die ursprüngliche Kuppel stürzte ein, und so zog sich nach einigen Planänderungen, die Miklos Ybl einbrachte, der Bau der Kirche bis 1905 hin. Sie erhielt eine pompöse Ausstattung, u. a. mit Mosaiken venezianischer Spezialisten und einem umfangreichen Statuenzyklus.

Auf den Berghöhen von Buda hatte schon Maria Theresia über den Resten der alten Burg ein Schloss errichten lassen. An dessen Stelle entstand ab 1890 ein großer neobarock-klassizistischer Palast mit weit ausgreifenden Seitenflügeln und einer bekrönenden 62 m hohen Tambourkuppel in der Mitte, ein Riesenbau, der das Panorama von Buda beherrscht (heute Ungarische Nationalgalerie). In der königlichen Oberstadt von Buda, die sich nach Nordwesten anschließt, wurde die gotische Liebfrauenkirche, eine Hallenkirche des 13. Jahrhunderts, die in der Türkenzeit als Moschee gedient hatte, gegen Ende des 19. Jahrhunderts für kommende Königskrönungen neu gestaltet und überreich ausgestattet. Jetzt erhielt auch der hoch aufragende, von (neu-)gotischen Maßwerkformen überzogene Turm seine heutige Gestalt. Zugleich gab man der Kirche das neue Patrozinium St. Matthias in Erinnerung an den Nationalhelden König Matthias Corvinus. 1867 waren hier Kaiser Franz Joseph und seine Gemahlin Elisabeth, die schöne bayerische Prinzessin »Sisi«, die später als Filmfigur berühmt werden sollte, zu den Klängen der Krönungsmesse von Franz Liszt feierlich gekrönt worden. 1916 folgte noch die Krönung des letzten Kaisers und Königs Karl und seiner Gemahlin Zita.

Oberhalb des Steilhangs hinter dem Chor der Kirche wurde von 1895 bis 1903 an der Stelle, wo im Mittelalter die Fischer die Wehrmauer zu verteidigen gehabt hatten, die »Fischerbastei« gebaut, ein von Frigyes Schulek entworfener, der Romanik nachempfundener Palas mit Säulenarkaden zur Donau hin und mit sieben Spitztürmen ▸ **Taf. S. 252, 253.** Diese erinnern an die sieben magyarischen Stämme, die 896 in Pannonien sesshaft geworden waren. Die Fischerbastei, heute eine touristische Hauptattraktion der Stadt mit schönem Ausblick auf Pest, wurde zur Tausendjahrfeier Ungarns angelegt, ebenso der Heldenplatz in Pest sowie gleich neben dem Platz die romantisch-gotische Burg Vajdahunyad im Stadtwäldchen.

Als Ausdruck der neu gewonnenen staatlichen Unabhängigkeit Ungarns wurde von 1884 bis 1904 direkt am Donauufer von Pest nach Plänen von Imre Steindl das neugotische Parlamentsgebäude errichtet ▸ **Taf. S. 258.** Es ist ein überdimensioniert großer, symmetrisch um die 96 m hohe Mittelkuppel angelegter Prestigebau, der mit seiner zur Donau gerichteten, 268 m breiten Schauseite unverkennbar in Konkurrenz zu den 1888 fertiggestellten Houses of Parliament in London tritt. Dort ist die zur Themse weisende Fassade mit knapp 300 m zwar etwas breiter, doch reicht das ungarische Parlamentsgebäude mit 188 m weiter in die Tiefe und ist deshalb insgesamt geringfügig größer. In London wird der Bau von den beiden hohen, ungleichen Türmen beherrscht. In Budapest hingegen setzte man als Markenzeichen der Architektur genau in die Mitte eine von Türmen flankierte Kuppel und brachte das Ganze statt der englischen Asymmetrie in eine Idealsymmetrie, die mit rigider Strenge bis ins Letzte durchgehalten ist. Für den bloßen Nutzungszweck war das Budapester Parlamentsgebäude zur Zeit seiner Entstehung viel zu groß, und so blieben einige Säle und Raumfluchten erst einmal leer. Doch für den Nationalstolz war es gerade groß genug.

Budapest, Dom St. Stephan

In den Jahrzehnten um 1900 erhielt Pest durch eine große Anzahl monumentaler Prachtbauten, vor allem am Kleinen und Großen Ring bis hin zum Heldenplatz, das heutige weltstädtische Gepräge. Einen besonderen Reiz macht hierbei das bunte Nebeneinander der Baustile aus: vom Klassizismus über Neorenaissance und Neobarock bis hin zu Jugendstil, maurisch-byzantinischem Stil, Art déco und Sezessionsstil, doch wird alles das übertrumpft durch die Neugotik des Parlaments. Das Bestreben der Bauherren und Architekten zielte sichtlich darauf, die Pracht der bereits fertiggestellten Wiener Ringstraße in den Schatten zu stellen, was in vielen Fällen auch gelang und zu einem lauten, neureichen, bisweilen protzenden Prunkgehabe führte.

Sehr viel dezenter war demgegenüber die Barockarchitektur gewesen, wie in der Umgebung der Stadt das donauabwärts auf der Insel Csepel gelegene kleine Lust- und Jagdschloss Ráckeve ▸ **Abb. rechts** zeigt, ein Meisterwerk, das 1700/02 der damals noch kaum bekannte Lukas Hildebrandt für den Prinzen Eugen inmitten von dessen Ländereien errichtete. Der Bau ist ausgezeichnet durch eine rhythmisierte Eingangsfassade und einen oktogonalen, höher aufragenden Saalbau in der Mitte, dessen ursprüngliches Mansarddach nach einem Brand durch das heutige unpassende Kuppeldach ersetzt wurde. Hildebrandt brachte mit diesem Schlösschen eine Anschauung der hochkultivierten Adelsnoblesse in das flache ungarische Land, das damals bis hinunter nach Mohács und Pécs weitgehend entvölkert war.

DER WEITERE VERLAUF DER DONAU

Unterhalb von Budapest erstreckt sich am linken Ufer das Pannonische Tiefland mit der Puszta in der Ferne, am rechten in Transdanubien (Dunantal) die fruchtbare Hügellandschaft der Baranya um Fünfkirchen (Pécz) bis hin zum ungarisch-kroatischen Grenzfluss der Drau (Drava), die in den Ostalpen entspringt. Kurz vor der Grenze nach Kroatien liegt an der Donau die ungarische Schicksalsstadt Mohács, wo 1526 das ungarische Heer von den Türken vernichtet wurde und das Land unter türkische Herrschaft kam. Ebenfalls bei Mohács besiegte wiederum Kurfürst Max Emanuel von Bayern 1687 die Türken. Ungarn wurde nun Teil der Habsburger Monarchie.

Kurz hinter der ungarisch-kroatischen Grenze hat die Donau etwa die Hälfte ihrer Strecke erreicht. Danach bildet sie mit ihrem Hauptarm und einigen Nebenarmen über 137 km die Grenze zwischen Kroatien und Serbien. Am westlichen Ufer liegt die kroatische Landschaft Slawonien mit ihrem Hauptort Osijek (Essegg). Kurz bevor die Donau die Grenze von Kroatien nach Serbien passiert, biegt sie in südöstliche Richtung um und erreicht bald die serbische Provinz Vojvodina mit dem am rechten Ufer gelegenen Hauptort Novi Sad (Neusatz), dem am anderen Ufer die lange von den Österreichern und Türken umkämpfte, damals Peterwardein, heute Petrovaradin genannte Festung gegenüberliegt. Hier gelang dem Prinzen Eugen 1716 ein wichtiger Sieg gegen das Hauptheer der Türken.

Wenige Kilometer flussabwärts mündet die Tisza (Theiß) ein, der längste Nebenfluss der Donau und zweitwichtigste Fluss Ungarns. Sie entspringt in den ukrainischen Waldkarpaten. Ehemals war sie 1430 km lang, doch wurde sie durch Begradigungen auf 977 km verkürzt und dabei, um der Hochwasser Herr zu werden, eingedeicht. Sehr viel mehr Wasser als durch die Theiß wird der Donau durch die Sava (Save) zugeführt, die mit einer Breite von fast zwei Kilometern in Beograd (Belgrad) einmündet. Sie entspringt in den Julischen Alpen Sloweniens und durchfließt sowohl die slowenische Hauptstadt Ljubljana (Laibach) als auch die kroatische Hauptstadt Zagreb (Agram). Die Sava, die von allen Nebenflüssen der Donau der mit Abstand wasserreichste ist, sorgt dafür, dass die Donau in Belgrad mehr als doppelt so viel Wasser wie in Budapest führt, das nur 480 km entfernt liegt. Der Höhenunterschied zwischen beiden Städten beträgt gerade eben 24 m, und so ist die Fließgeschwindigkeit hier sehr gering.

Kurz hinter Belgrad mündet, von Süden kommend, die Morava in die Donau. In deren Tal beginnt ein schon in der Antike viel benutzter Landweg über Niš und Sofia nach Konstantinopel.

Bald nach der Morava-Mündung folgt eine der faszinierendsten und zu früheren Zeiten gefährlichsten Stellen des gesamten Verlaufs: **DAS EISERNE TOR**. Hier durchbricht der Strom in vielen Windungen die Karpaten und das Balkangebirge, die sich in diesem Bereich begegnen. Im Norden stoßen mit einer Höhe von über 1200 m die Banater Karpaten auf den Fluss, im Süden ragt das ebenso hohe serbische Erzgebirge empor. Im Flusstal verläuft die Grenze zwischen Serbien im Süden und Rumänien im Norden. Hier, bei dem Legionslager Dobreta errichteten die Römer unter Kaiser Trajan vor 106 n. Chr. eine knapp 1070 m lange Donaubrücke mit hölzernen Bögen auf 20 steinernen Pfeilern, eine Meisterleistung des griechischen Ingenieurs Apollodor von Damaskus, die etwas verkürzt auf einem Relief der Trajanssäule in Rom abgebildet ist. Im Eisernen Tor wechseln sich auf 130 km drei breitere Becken mit vier engen, stellenweise nur 120 m breiten Schluchten ab. Die Wassermassen haben sich an den Engstellen ein Bett von bis zu 80 m Tiefe gegraben, also bis unter den Meeresspiegel, der 20 m höher liegt. Die Schifffahrt war an den Engstellen nahezu unmöglich, bis man gegen Ende des 19. Jahrhunderts auf serbischer Seite an der schwierigsten Passage einen 2,5 km langen Seitenkanal in die Felsen neben dem Fluss sprengte. Stromaufwärts mussten die Schiffe hier allerdings wegen der starken Strömung von Lokomotiven gezogen werden.

Doch inzwischen erlaubt der 1972 als Gemeinschaftswerk von Jugoslawien und Rumänien fertiggestellte Staudamm am Ende des Durchbruchs, der den Fluss 150 km bis nach Belgrad zurückstaut, eine gefahrlose Passage selbst für größere Schiffe. Zugleich ermöglicht der Damm ein leistungsstarkes Wasserkraftwerk für elektrische Energie. 1984 wurde 79 km stromabwärts ein zweites Kraftwerk angelegt, welches die Leistung auf 1296 Megawatt steigerte, nutzbar von beiden Staaten.

Am Ende des Durchbruchtals des Eisernen Tores beginnt der Unterlauf der Donau, der weder landschaftlich noch kulturhistorisch allzu viel bietet und zudem seit dem 2. Weltkrieg in einigen Bereichen eine brutale umweltzerstörende Industrialisierung erleben musste. Der Fluss erreicht bald das serbisch-rumänisch-bulgarische Dreiländereck und bildet ab hier die Grenze zwischen Rumänien auf der nördlichen Seite und Bulgarien auf der südlichen. Am linken Ufer erstreckt sich endlos die Ebene der Walachei bis hin zu den Transsilvanischen Karpaten. Das rechte Ufer ist ein Steilufer. Von hier aus steigt das bulgarische Tafelland sacht bis hin zum Balkanmassiv im Süden an. Am Dreiländereck biegt der Fluss in West-Ost-Richtung um. Kurz vor Svištov, wo die Donau ihren südlichsten Punkt erreicht, mündet von Norden her aus den Karpaten der 650 km lange Oltu (Alt), der Grenzfluss zwischen der westlichen Kleinen Walachei und der östlichen Großen. Nahe der Mündung ließ Kaiser Konstantin d. Gr. 328/329 eine steinerne Donaubrücke errichten, die 1150 m lang war, mehr als dreimal so lang wie die Steinerne Brücke in Regensburg und etwa doppelt so lang wie die Karlsbrücke in Prag. Bei Svištov macht die Donau einen leichten Schwenk nach Nordosten. In einer Breite von etwa 2000 m fließt sie ohne viel Gefälle träge dahin, am linken Ufer begleitet von einem breiten Gürtel aus Sümpfen, Altwassern und Auen.

Hinter der bulgarischen Grenze würde die Donau bald bei der rumänischen Hafenstadt Constanza das Schwarze Meer erreichen, wenn nicht der hügelige Höhenzug der Dobrudscha, der nur bis zu einer Höhe von 400 m ansteigt, den Weg versperren würde. So biegt der Fluss, der hier den Charakter einer mehrarmigen Seenplatte annimmt, nach Norden um. Für die Schifffahrt wurde 1984 ab Constanza ein Kanal angelegt, der den Weg vom Schwarzen Meer zur Donau um 250 km verkürzt.

Bei Galati wechselt der Strom in einem scharfwinkligen Knie von 90 Grad die Richtung und fließt nun nach Osten dem Mündungsdelta zu. Am Knie treffen noch zwei größere Nebenflüsse auf die Donau: der etwas kleinere Sereth, der aus der Bukovina kommt, und der fast 1000 km lange Pruth, der in den ukrainischen Waldkarpaten entspringt. Der Pruth ist der Grenzfluss zwischen Rumänien und Moldawien. An seiner Einmündung reicht Moldawien in einer Breite von knapp einem Kilometer an die Donau heran.

Die Anrainerstaaten auf den letzten Kilometern der Donau sind die Ukraine, deren Grenze das Nordufer ist, und Rumänien, dem das ganze Delta gehört. Von den drei Mündungsarmen ist der mittlere, der Sulina-Arm, für Hochseeschiffe, die bis hinauf nach Braila hinter dem letzten Knie fahren können, auf 7,5 m Tiefe ausgebaggert. Das Delta ist von der UNESCO als Biosphärenreservat ausgewiesen, doch haben die rücksichtslose industrielle Nutzung der riesigen Schilfrohrwälder und eine ungehemmte touristische Erschließung bis in die letzten Winkel dazu geführt, dass das Delta seinen Charakter als einzigartige Naturlandschaft und als Rückzugsgebiet für zahllose Vogel- und Tierarten in den letzten Jahren weitgehend verloren hat. Überall ist es der Mensch, der sich als der größte Feind der Donau und ihrer Landschaft erweist, ganz gleich, in welchem Staat, in welchem politischen System und unter welcher Regierung.

In früheren Jahrhunderten glaubte man, die Donau durchmesse über fast 450 km das Schwarze Meer und fließe dann in Istanbul mit starker Strömung durch die Meerenge des Bosporus und von dort durch die Dardanellen in die Ägäis. Die Donau wäre dann etwa 3500 km lang und somit immer noch um 200 km kürzer als die Wolga. Istanbul würde nach dieser Vorstellung an der Donau liegen – ein glanzvoller Schlusspunkt!

Ráckeve, Schloss des Prinzen Eugen, 1700–1702, links: Hofseite, rechts: Gartenseite

Deutsch Altenburg, Pfarrkirche
Carnuntum, Heidentor
folgende Doppelseite: Blick auf Hainburg

Bratislava (Pressburg), Dom St. Martin, rechts: Figurengruppe »Hl. Martin mit dem Bettler« von Georg Raphael Donner

Bratislava (Pressburg), Dom St. Martin, Chorgestühl

Lěběn, ehem. Benediktinerkirche St. Jakob
folgende Doppelseiten: Esztergom, Blick über die Donau auf den Dom,
Blick vom Burgberg auf die Donau

vorhergehende Doppelseite: Budapest, Stadtpanorama
Budapest, links: Fischerbastei, rechts: Fischerbastei mit Liebfrauenkirche und St. Anna

Budapest, Dom St. Stephan, rechts: Blick in die Kuppel

Budapest, Széchenyi-Bad

Budapest, links: Parlament, rechts: Kettenbrücke
folgende Doppelseite: Budapest, Stadtpanorama

BIBLIOGRAPHIE

TOPOGRAPHIE

Biller, Josef H.: Die Donau vom Schwarzwald bis Passau in Schilderungen aus alten Chroniken, Reiseberichten, Briefen und Tagebüchern. Passau 1969

Demski, Eva: Mama Donau. Frankfurt 2000

Magris, Claudio: Donau. Biographie eines Flusses. München 1988

Trost, Ernst: Die Donau. Lebenslauf eines Stromes. 2. Aufl. München 1983

Weithmann, Michael W.: Die Donau. Ein europäischer Fluss und seine 3000-jährige Geschichte. Regensburg u. a. 2000 (mit umfassendem Literaturverzeichnis zum Flussverlauf vom Ursprung bis zur Mündung und zur Geschichte)

Würth, Stephan: Donau. Deutschland und Österreich. Künzelsau 2005 (Fotoband)

GESCHICHTE UND KUNSTGESCHICHTE

Achleitner, Friedrich: Österreichische Architektur im 20. Jahrhundert. Ein Führer in vier Bänden, Bd. III/1, 2: Wien, Bd. IV: Niederösterreich. Salzburg/Wien 1991 und 1992

Ackerl, Isabella: Geschichte Österreichs in Daten. Von 1806 bis heute. Wiesbaden 2008

Altmann, Lothar und Rupert Türmer OSB: Benediktinerabtei Weltenburg a. d. Donau, gegründet um 600. Geschichte und Kunst (Große Kunstführer Bd. 86). München/Zürich 1981

Altmann, Lothar: Ulm-Wiblingen. Ehemalige Benediktinerabtei. Kirche und Bibliotheksaal (Kleine Kunstführer Nr. 1038). München/Zürich 1975

Angeli, Wilhelm: Die Venus von Willendorf. Wien 1989

Barth, Hilarius M. OP: Dominikanerkirche Regensburg (Kleine Kunstführer Nr. 48). 2. Aufl. München/Zürich 1973

Bauer, Hermann und Anna: Klöster in Bayern. München 1985

Baumgartner, Rupert: Stiftskirche St. Florian. Ried im Innkreis 1996

Beck, Otto: Einstige Kloster- und heutige Pfarrkirche Sankt Martinus in Wiblingen. Päpstliche Basilika. Lindenberg 1997

Betz, Karl-Heinz: Die Stiftskirche Unserer Lieben Frau zur Alten Kapelle in Regensburg (Kleine Kunstführer Nr. 415). 9. Aufl. München/Zürich 1989

Biba, Otto: Die Piaristenkirche Maria Treu, Wien VIII (Christliche Kunststätten Österreichs Nr. 82). 3. verb. Aufl. Salzburg 1981

Bischoff, Cäcilia: Das Kunsthistorische Museum (in Wien). Wien 2008

Böker, Johann Josef: Der Wiener Stephansdom. Architektur als Sinnbild für das Haus Österreich. Salzburg 2007

Böker, Johann Josef u. a.: Architektur der Gotik. Ulm und Donauraum. Ein Bestandskatalog der mittelalterlichen Architekturzeichnungen aus Ulm, Schwaben und dem Donaugebiet. Salzburg 2011

Bogyay, Thomas von: Grundzüge der Geschichte Ungarns. Darmstadt 1990

Boshof, Egon u. a. (Hrsg.): Geschichte der Stadt Passau. Regensburg 1999

Bosl, Karl: Land an der bayerischen Donau. Passau 1987

Brandl, Ludwig, Christina Grimminger und Isidor Vollnhals (Hrsg.): Liebfrauenmünster Ingolstadt 1407–2007. Regensburg 2007

Braubach, Max: Prinz Eugen von Savoyen. Eine Biographie, 5 Bde. Wien/München 1963–1965

Brielmaier, Peter und Uwe Moosburger: Regensburg. Metropole im Mittelalter. 2. Aufl. Regensburg 2007

Brucher, Günter: Barockarchitektur in Österreich. Köln 1983

Brucher, Günter: Gotische Baukunst in Österreich. Salzburg/Wien 1990

Cséfalvay, Pál: Die Basilika, der Domschatz und der Burgberg zu Esztergom. Budapest 2006

Csendes, Peter: Geschichte Wiens. München 1984

Czysz, Wolfgang u. a.: Die Römer in Bayern. Stuttgart 1995

Dannheimer, Hermann (Hrsg.): Das keltische Jahrtausend. Katalog der bayerischen Landesausstellung. Mainz 1993

Demmerle, Eva: Das Haus Habsburg. Potsdam 2011

Dercsényi, Dezsö: Lébény. Szent Jakab templom. Budapest 1994

Dünninger, Eberhard: Weltwunder Steinerne Brücke. Texte und Ansichten aus 850 Jahren. Amberg 1996

Eichler, Katrin: Zur Baugeschichte der drei Regensburger Damenstifte Nieder-, Ober- und Mittelmünster. Regensburg 2009

Ellegast, Burkhard OSB: Stift Melk. 2. Aufl. St. Pölten/Wien 1980

Eppel, Franz: Die Karlskirche in Wien (Christliche Kunststätten Österreichs Nr. 20). 4. Aufl. Salzburg 1980

Feistner, Edith (Hrsg.): Die Steinerne Brücke in Regensburg. Regensburg 2005

Fink, Wilhelm OSB: Kloster Metten (Kleine Kunstführer Nr. 97). 6. Aufl. München/Zürich 1983

Fischer, Franz: Frauenzell. Ehemalige Benediktinerabtei (Kleine Kunstführer Nr. 563). 6. neubearb. Aufl. Regensburg 2001

Fischer, Manfred F.: Befreiungshalle in Kelheim. Amtlicher Führer. München 1978

Fischer, Thomas: Die Römer in Deutschland. Stuttgart 1999

Floßmann, Gerhard: Mauer bei Melk. o. O., o. J.

Fritsche, Gabriela: Die mittelalterlichen Glasmalereien im Regensburger Dom. München/Berlin 1987

Fuchs, Claudia: Kirche zu Unserer Lieben Frau in Günzburg. Lindenberg 2003

Fuchs, Friedrich: Die Regensburger Domtürme 1859–1869, Regensburger Domstiftung. Regensburg 2006

Fuchs, Friedrich: Der Dom St. Peter in Regensburg. Regensburg 2010

Fürst, Ulrich: Die lebendige und sichtbahre Historie. Programmatische Themen in der Sakralarchitektur des Barock (Fischer von Erlach, Hildebrandt, Santini) (Studien zur christlichen Kunst 4). Regensburg 2002

Gartenmeier, Adelgart OSF: Die Klosterkirche Maria Medingen (Kleine Kunstführer Nr. 509). 5. Aufl. Regensburg 1994

Gaspar, Zsuzsa (Hrsg.): Österreich-Ungarn. Das Habsburgerreich von 1867 bis 1918. Wien 2008

Geschichte der bildenden Kunst in Österreich, 6 Bde. München 1998–2002: Bd. I: Früh- und Hochmittelalter, hrsg. von Hermann Fillitz, Bd. II: Gotik, hrsg. von Günter Brucher, Bd. III: Spätmittelalter und Renaissance, hrsg. von Artur Rosenauer, Bd. IV: Barock, hrsg. von Hellmut Lorenz, Bd. V: Das 19. Jahrhundert, hrsg. von Gerbert Frodl, Bd. VI: Das 20. Jahrhundert, hrsg. von Wieland Schmied

Giersch, Robert: Die Passauer Jesuitenkirche St. Michael (Studienkirche) (Peda-Kunstführer Nr. 222). Passau 2003

Ginhart, Karl: Wiener Kunstgeschichte. Wien 1948

Grimschitz, Bruno: Johann Lucas von Hildebrandt. Wien 1932

Grimschitz, Bruno: Johann Michael Prunner. Wien 1958

Gropp, David: Das Ulmer Chorgestühl und Jörg Syrlin d. Ä. Untersuchungen zu Architektur und Bildwerk. Berlin 2000

Gutkas, Karl: Geschichte Niederösterreichs. München 1984

Haarmann, Harald: Das Rätsel der Donauzivilisation. Die Entdeckung der ältesten Hochkultur Europas. München 2011

Haas, Walter und Ursula Pfistermeister: Romanik in Bayern. Stuttgart 1985

Häring, Ludwig: Die Studienkirche in Dillingen/Donau. Lindenberg 2005

Haider, Siegfried: Geschichte Oberösterreichs. München 1987

Hanika, Günter: Imbach. 2. Aufl. St. Pölten 1991

Haslinger, Ingrid und Gerhard Trumler: So lebten die Habsburger. Kaiserliche und königliche Schlösser in der österreichisch-ungarischen Monarchie. Wien 2007

Hauck, Michael und Hubert W. Wurster (Hrsg.): Der Passauer Dom des Mittelalters. Vorträge des Symposiums Passau, 12. bis 14. März 2007 (Veröffentlichungen des Instituts für Kulturraumforschung Ostbaierns und der Nachbarregionen der Universität Passau; 60). Passau 2009

Hauer, Willibald: Asamkirche Aldersbach. Ehem. Zisterzienser-Abteikirche (Kleine Kunstführer Nr. 698). 10. Aufl. München/Zürich 1986

Heinzle, Joachim: Die Nibelungen. Lied und Sage. Darmstadt 2005

Hengerer, Mark: Kaiser Ferdinand III. (1608–1657). Vom Krieg zum Frieden. Wien 2008

Herget, Elisabeth (Hrsg.): Salomon Kleiner. Das florierende Wien. Vedutenwerk in vier Teilen aus den Jahren 1724–37 (Die bibliophilen Taschenbücher 104). Dortmund 1979

Heufelder, Emmanuel OSB. Niederalteich. Benediktinerabtei und Basilika (Kleine Kunstführer Nr. 120). 12. Aufl. München/Zürich 1981

Höbelt, Lothar: Die Habsburger. Aufstieg und Glanz einer europäischen Dynastie. Stuttgart 2009

Hoensch, Jörg K.: Matthias Corvinus. Diplomat, Feldherr, Mäzen. Graz 1998

Hösch, Edgar: Geschichte der Balkanländer von der Frühzeit bis zur Gegenwart. 5. erw. und aktualisierte Ausgabe München 2008

Hofstetter, Franz: Die Pfarrkirche Maria Laach am Jauerling. Kornneuburg o. J.

Holubanska, Stella und Patrik Guldan: Bratislava-Preßburg. Stadt an der Donau. Bremen 1991

Holzinger, Johannes und Friedrich Buchmayr: Augustiner Chorherrenstift St. Florian (Große Kunstführer). Regensburg 2009

Hubel, Achim: Die Glasmalereien des Regensburger Domes (Kleine Kunstführer Nr. 1299). München/Zürich 1981

Hubel, Achim und Peter Kurmann: Der Regensburger Dom. Architektur, Plastik, Ausstattung, Glasfenster (Große Kunstführer Nr. 165). Regensburg 1989

Hubel, Achim und Manfred Schuller: Der Regensburger Dom (Große Kunstführer Nr. 165). Regensburg 2010

Huber, Alfons und Hermann Reidel: Die Karmelitenkirche in Straubing (Kleine Kunstführer Nr. 885). 2. Aufl. Regensburg 1995

Hudec, Alfred: Pfarrkirche St. Marien und Wallseerkapelle in Enns (Christliche Kunststätten Österreichs Nr. 304). Salzburg 1997

Jahn, Peter Heinrich: Johann Lucas von Hildebrandt (1668–1745). Sakralarchitektur für Kaiserhaus und Adel. Petersberg 2011 (mit umfassender Bibliographie zur österreichischen Barockarchitektur)

Johann Michael Fischer, 1692–1766: Katalog der Austellung Burglengenfeld u. a. 1995, Bd. 1 hrsg. von Gabriele Dischinger und Franz Peter. Tübingen 1995, Bd. 2 hrsg. von Gabriele Dischinger. Tübingen/Berlin 1997

Kaiser, Andreas K.: Stift Dürnstein. Ried im Innkreis 1988

Kaspar, Peter Paul: Die Ursulinenkirche in Linz. Passau 1997

Katzinger, Willibald und Fritz Mayrhofer (Hrsg.): Geschichte der Stadt Linz, 2 Bde. Linz 1990

Katzinger, Willibald u. a. (Hrsg.): Geschichte von Enns. Enns 1996

Kaufhold, Walter und Peter Kempf: Schloss Sigmaringen (Kleine Kunstführer Nr. 580). 6. Aufl. München/Zürich 1991

Keller, Walter E., Der Karlsgraben. Treuchtlingen 1986

Kirnberger, Max und Georg Weber: Straubing St. Ursula (Kleine Kunstführer Nr. 890). 4. Aufl. München/Zürich 1990

Klauser, Manuela: Der betende Raum. Dominikus Böhms Kirche St. Johann Baptist in Neu-Ulm. Ein Schlüsselbau der modernen Sakralarchitektur. Lindenberg 2011

Kosa, Laszlo (Hrsg.): Die Ungarn, ihre Geschichte und Kultur. Budapest 1998

Kracher, Rudolf und Heinrich Wachter: Die St. Jakobskirche in Straubing (Kleine Kunstführer Nr. 870). 3. Aufl. München/Zürich 1979

Kreul, Andreas: Johann Bernhard Fischer von Erlach. Regie der Relation. Salzburg/München 2006

Krins, Hubert: Beuron an der Donau. Geschichte, Kirche und Kloster, Mönche und Werke, Ort und Umgebung. 2. Aufl. Beuron 2008

Lajta, Hans: Land an der Donau zwischen Passau und Pressburg. Ein Kunst- und Kulturlexikon. Wien 1986

Latzin, Mechthild: Das Altarretabel in Mauer bei Melk (erscheint 2012)

Lechner, Gregor Martin OSB: Das Benediktinerstift Göttweig in der Wachau und seine Sammlungen (Große Kunstführer Bd. 153). München/Zürich 1988

Lechner, Gregor Martin OSB und Michael Grünwald: Gottfried Bessel (1672–1749) und das barocke Göttweig. Zum 250. Todesjahr des Abtes (Katalog der Ausstellung Göttweig 1999). Bad Vöslau 1999

Lemoine, Serge: Klimt, Schiele, Moser, Kokoschka. Wien um 1900. Stuttgart 2005

Lidel, Albert: Hofkirche Neuburg an der Donau (Kleine Kunstführer Nr. 989). 5. Aufl. München/Zürich 1992

Lieb, Norbert: Die Vorarlberger Barockbaumeister. 3. völlig neubearb. und erw. Aufl. München/Zürich 1976

Lieb, Norbert: Johann Michael Fischer. Baumeister und Raumschöpfer im späten Barock Süddeutschlands. Regensburg 1982

Lieb, Norbert: Barockkirchen zwischen Donau und Alpen. 6. überarb. Aufl. München 1992

Linz »Kulturhauptstadt des Führers«. Kunst und Nationalsozialismus in Linz und Oberösterreich. Katalog der Ausstellung Linz, hrsg. von Birgit Kirchmayr. Linz 2009

Lorenz, Günter: Regensburg-Prüfening, ehem. Klosterkirche St. Georg (Große Baudenkmäler Heft 369). München/Berlin 1986

Lorenz, Hellmut: Domenico Martinelli und die österreichische Barockarchitektur (Österreichische Akademie der Wissenschaften, philosophisch-historische Klasse, Denkschriften 218). Wien 1991

Lorenz, Hellmut: Johann Bernhard Fischer von Erlach. Zürich/München/London 1992

Lorenz, Hellmut und Huberta Weigl (Hrsg.): Das barocke Wien. Die Kupferstiche von Joseph Emanuel Fischer von Erlach und Johann Adam Delsenbach (1719). Petersberg 2006

Matsche, Franz: Die Kunst im Dienst der Staatsidee Kaiser Karls VI. Ikonographie, Ikonologie und Programmatik des »Kaiserstils« (Beiträge zur Kunstgeschichte 16/1), 2 Bde. Berlin/New York 1981

Merl, Otho OCD: St. Joseph Regensburg. Kirche und Kloster der Karmeliten (Kleine Kunstführer Nr. 1309). München/Zürich 1982

Moritz, Hans Karl: Passau. Die alte Bischofsstadt an den drei Flüssen (Große Kunstführer Bd. 17). München/Zürich 1955

Morsbach, Peter: St. Emmeram zu Regensburg. Ehemalige Benediktinerabtei (Große Kunstführer Bd. 187). Regensburg 1993

Morsbach, Peter: Roriczer, Konrad. In: Allgemeine Deutsche Biographie, Bd. 22. Berlin 2005

Mraz, Gottfried: Prinz Eugen. Ein Leben in Bildern und Dokumenten. München 1985

Müller, Maximilian: Die ehemalige Prämonstratenserabtei St. Peter und Paul Marchtal. Obermarchtal 1994

Müller, Theodor: Ingolstadt (Große Kunstführer Bd. 24). 2. Aufl. München/Zürich 1963

Müllner, Franz und Josef Schrammel: Marienkirche Bad Deutsch-Altenburg. 6. Aufl. neu bearb. von Gertrude Geng-Sesztak und Wolfgang Reinisch. Mödling 2005

Münch, Ingrid: Heiligkreuztal (Kleine Kunstführer Nr. 1629). 2. Aufl. Regensburg 1995

Nemes, János u. a.: Baedeker Allianz Reiseführer Ungarn. Stuttgart 1993

Neueder, Hans: Eine Führung durch St. Peter und Paul in Oberalteich. Regensburg 2002

Neuhardt, Johannes: Baumgartenberg, OÖ. Ehem. Zisterzienserstiftskirche Mariä Himmelfahrt (Christliche Kunststätten Österreichs Nr. 73). 5. Aufl. Salzburg 2001

Pál, Jósef und Ádám Somorjai (Hrsg.): Mille anni di storia dell'Arciabbazia di Pannonhalma. Rom/Pannonhalma 1997

Paleczek, Rudolf: St. Paul in Passau (Kleine Kunstführer Nr. 1410). 2. Aufl. München/Zürich 1990

Pechloff, Ursula: Münster Zwiefalten Unserer Lieben Frau (Peda-Kunstführer Nr. 630). Passau 2005

Pée, Herbert: Das Ulmer Chorgestühl 1468–1474. Stuttgart 1962

Polleroß, Friedrich B. (Hrsg): Fischer von Erlach und die Wiener Barocktradition (Frühneuzeit-Studien 4). Wien u. a. 1995

Prandtauer, Jakob: Jakob Prandtauer und sein Kunstkreis. Katalog der Ausstellung Melk. Melk 1960

Prange, Peter: Salomon Kleiner und die Kunst des Architekturprospekts (Schwäbische Geschichtsquellen und Forschungen 17). Augsburg 1997

Pretsch, Hermann Josef: 900 Jahre Benediktinerabtei Zwiefalten. 2. Aufl. Ulm 1990

Prinz Eugen und das barocke Österreich. Katalog der Ausstellung Schlosshof und Niederweiden. Wien 1986

Prinz Eugen. Feldherr, Philosoph und Kunstfreund. Katalog der Ausstellung Wien, hrsg. von Agnes Husslein-Arco und Marie-Louise von Plessen. Wien 2010

Pühringer-Zwanowetz, Leonore: Matthias Steinl. Wien 1966

Reitsamer, Hans SJ und Gustav Schörghofer SJ: Jesuitenkirche – Universitätskirche Wien (Christliche Kunststätten Österreichs Nr. 333). 2. Aufl. Salzburg 2003

Röhrig, Floridus: Stift Klosterneuburg (Kleine Kunstführer Nr. 673). 7. Aufl. München/Zürich 1980

Röhrig, Floridus: Der Verduner Altar. 8. neu bearb. Aufl. Klosterneuburg 2004

Rosner, Willibald (Hrsg.): 1000 Jahre Krems – am Fluss der Zeit. St. Pölten 2000

Sagvari, Agnes: Budapest – die Geschichte einer Hauptstadt. Budapest 1974

Saliger, Artur: Der Stephansdom zu Wien. Graz 1992

Saliger, Artur: Dom- und Metropolitankirche St. Stephan (Peda-Kunstführer Nr. 600). Passau 2005

Saliger, Artur: Maria im Gestade in Wien (Christliche Kunststätten Österreichs Nr. 14). 6. Aufl. Salzburg 2008

Sauermost, Heinz Jürgen: Die Asams als Architekten (Schnell & Steiner Künstlerbibliothek). München/Zürich 1986

Schäffer, Gottfried: Kloster Niedernburg (in Passau) (Kleine Kunstführer Nr. 1407). München/Zürich 1983

Schäffer, Gottfried: St. Nikola vor Passau (Kleine Kunstführer Nr. 1419). München/Zürich 1983

Schiedermair, Werner (Hrsg.): Kaisheim. Markt und Kloster. Lindenberg 2001

Schmid, Peter (Hrsg.): Geschichte der Stadt Regensburg, 2 Bde. Regensburg 2000

Schnabel, Lothar: Vom Main zur Donau. 1200 Jahre Kanalbau in Bayern. Karlsgraben, Ludwig-Donau-Main-Kanal, Rhein-Main-Donau-Kanal. Bamberg 1984

Schnell, Hugo und Hans J. Utz: Pfarrkirche St. Peter, Straubing (Kleine Kunstführer Nr. 1005). 2. Aufl. München/Zürich 1979

Schödl, Günter (Hrsg.): Deutsche Geschichte im Osten Europas. Land an der Donau. Berlin 1995

Scholz, Hartmut: Die mittelalterlichen Glasmalereien in Ulm. München/Berlin 1994

Scholz, Hartmut: Albrecht Dürer und das Mosesfenster in St. Jakob in Straubing. München/Berlin 2005

Schönfellner, Franz: Krems und Stein. Das Tor zur Wachau (Kleine Kunstführer Nr. 652). 7. neu bearb. Aufl. Regensburg 2008

Schreiner, Klaus: Schwäbische Barockklöster. Glanz und Elend klösterlicher Gemeinschaften. Lindenberg 2003

Schütz, Bernhard: Die kirchliche Barockarchitektur in Bayern und Oberschwaben 1580–1780. München 2000

Schütz, Bernhard: Klöster. Kulturerbe Europas. München 2004

Schütz, Bernhard: Niederschönenfeld. Mariä Himmelfahrt. Ehem. Zisterzienserinnenklosterkirche (Kleine Kunstführer Nr. 966). 4. neubearb. Aufl. Regensburg 2009

Seeger, Ulrike: Stadtpalais und Belvedere des Prinzen Eugen. Entstehung, Gestalt, Funktion und Bedeutung. Wien u. a. 2004

Seitz, Reinhard H. und Friedrich Kaeß: Neuburg an der Donau. Stadt der Renaissance und des Barock. Weißenhorn 1982

Siller, Joseph: Ehemalige Benediktinerabteikirche Frauenzell (Kleine Kunstführer Nr. 563). 4. neubearb. Aufl. München/Zürich 1976

Soffner, Monika: Stift Engelszell (Peda-Kunstführer Nr. 68). Passau 1993

Soffner, Monika: Stein an der Donau (Peda-Kunstführer Nr. 186). Passau 2002

Soffner, Monika: Linz. Ehem. Minoritenkirche (Landhauskirche) (Peda-Kunstführer Nr. 219). Passau 2003

Stadlthanner, Helmut: Basilika Osterhofen-Altenmarkt (Große Kunstführer Bd. 106). 2. Aufl. München/Zürich 1987

Stadlthanner, Helmut und Gregor Peda: Klöster und Stifte an der Donau und im Bayerischen Wald. Von Weltenburg bis Altenmarkt (Kleine Pannonia-Reihe). Freilassing 1991

Stange, Alfred: Malerei der Donauschule. München 1971

Steiner, Peter B.: Basilika St. Margaretha Osterhofen-Altenmarkt (Kleine Kunstführer Nr. 291). 20. völlig überarb. Aufl. Regensburg 1994

Strobel, Richard: St. Jakob in Regensburg (Kleine Kunstführer Nr. 691). 8. neubearb. Aufl. München/Zürich 1975

Takacs, Imre: Sigismundus Rex et Imperator. Kunst und Kultur zur Zeit Sigismunds von Luxemburg (1387–1437). Mainz 2006

Theisen, Elmar u. a.: Oberelchingen. Pfarr- und Wallfahrtskirche St. Peter und Paul (Peda-Kunstführer Nr. 721). Passau 2008

Toman, Rolf (Hrsg.): Wien. Kunst und Architektur. Köln 2008

Torelló, Johannes B.: St. Peter in Wien (Christliche Kunststätten Österreichs Nr. 175). 2. Aufl. Salzburg 1993

Traeger, Jörg: Mittelalterliche Architekturfiktion. Die Allerheiligenkapelle am Regensburger Domkreuzgang. München/Zürich 1980

Traeger, Jörg: Der Weg nach Walhalla. Denkmallandschaft und Bildungsreise im 19. Jahrhundert. Regensburg 1980

Trapp, Eugen: Welterbe Regensburg. Ein kunst- und kulturgeschichtlicher Führer zur Altstadt Regensburg und Stadtamhof. Regensburg 2008

Urban, Heinz SJ: Alter Dom Linz. Ried 1994

Voglhuber, Eva: Linz. Maria-Empfängnis-Dom (Peda-Kunstführer Nr. 220). Passau 2004

Wagner-Rieger, Renate (Hrsg.): Das Kunstwerk im Bild. In: Die Wiener Ringstraße, Bd. 1. Wiesbaden 1969

Wagner-Rieger, Renate: Wiens Architektur im 19. Jahrhundert. Wien 1970

Waissenberger, Robert (Hrsg.): Die Türken vor Wien. Europa und die Entscheidung an der Donau 1683. Salzburg 1982

Weichselbaum, Josef: Wallfahrtsbasilika zur Schmerzhaften Muttergottes Maria Taferl (Kleine Kunstführer Nr. 694). München/Zürich 1987

Weigl, Huberta: Jakob Prandtauer 1660–1726. Die Klosterbauten (erscheint 2012)

Weinberger, Gabriel: Wilhering. Stift und Kirche. Wilhering o. J.

Weltenburg: Dokumentation der Gesamtinstandsetzung der Pfarr- und Abteikirche St. Georg in Weltenburg 1999–2008. Landshut 2008

Wiegandt, Herbert: Ulm. Geschichte einer Stadt. Weißenhorn 1989

Wimböck, Gabriele: Der Ingolstädter Münsteraltar. München 1998

Wimmer, Johann: Stiftskirche Waldhausen im Strudengau (Christliche Kunststätten Österreichs Nr. 235). 2. Aufl. Salzburg 1999

Winkler, Otto: St. Laurenz-Basilika zu Enns-Lorch. Enns 1999

Wortmann, Reinhard: Das Ulmer Münster (Große Bauten Europas, Bd. 4, hrsg. von Ernst Adam). 2. Aufl. Stuttgart 1981

Zacharias, Thomas: Joseph Emanuel Fischer von Erlach. Wien/München 1960

Donaulandschaft bei Ráckeve

BILDNACHWEIS

akg-images: S. 10, 46, 87, 232

akg-images/Erich Lessing: S. 184, 186, 192 rechts, 227

Archiv des Autors: S. 12, 182, 185, 189, 192 links, 192 Mitte, 193 unten, 226

Archiv des Verlages: S. 88, 140, 144, 146

Nicht in allen Fällen war es möglich, Rechteinhaber der Abbildungen ausfindig zu machen. Berechtigte Ansprüche werden selbstverständlich im Rahmen der üblichen Vereinbarungen abgegolten.

IMPRESSUM

Abbildungen auf dem Umschlag:
Vorderseite: Budapest, Stadtpanorama
Rückseite: Schlögener Schlinge; Linzer Dom; Schloss Sigmaringen; Donaustauf; Passauer Dom; Kelheimer Befreiungshalle; Kaisheim; Weltenburg; Wien, Grabdenkmal für Erzherzogin Marie-Christine von Antonio Canova, Kaiserforum, Kanzel im Stephansdom; Wachau bei Weißenkirchen
vordere Klappe: Metten, Bibliothek
hintere Klappe: Göttweig, Deckenfresko

Frontispiz: Schlögener Schlinge

S. 4: Weltenburg, Kuppel mit Durchblick auf das Deckenfresko von Cosmas Damian Asam

S. 6: Wien, Stephansdom, Kanzel, Büsten der Kirchenväter Hieronymus und Ambrosius von Anton Pilgram

Projektmanagement: Karen Angne
Lektorat: Margret Haase
Korrektorat: Stefanie Adam
Gestaltung und Satz: SOFAROBOTNIK, Augsburg & München
Produktion: Peter Grassinger
Lithographie: Reproline mediateam GmbH, München
Druck und Bindung: Printer Trento, Trento
Papier: Garda Matt
Schrift: Alright Sans, Expo Serif

Bibliographische Information der Deutschen Nationalbibliothek

Die Deutsche Nationalbibliothek verzeichnet diese Publikation in der Deutschen Nationalbibliographie; detaillierte bibliographische Daten sind im Internet über http://dnb.d-nb.de abrufbar.

ISBN 978-3-7774-2331-9

www.hirmerverlag.de